SOBRE O PERDÃO E A SOLIDARIEDADE DOS VIVENTES

Diálogos com Jacques Derrida e Evando Nascimento

SOBRE O PERDÃO E A SOLIDARIEDADE DOS VIVENTES

Diálogos com Jacques Derrida e Evando Nascimento

Nabil Araújo
(Organização)

alameda

Grafia atualizada segundo o Acordo Ortográfico da Língua Portuguesa de 1990, que entrou em vigor no Brasil em 2009.

Edição: Haroldo Ceravolo Sereza/ Joana Monteleone
Editora assistente: Danielly de Jesus Teles
Projeto gráfico e diagramação: Mari Ra Chacon Massler
Capa: Danielly de Jesus Teles
Assistente acadêmica: Tamara Santos
Revisão: Alexandra Colontini
Imagem da capa: Derrida em desenho de Evando Nascimento

CIP-BRASIL. CATALOGAÇÃO NA PUBLICAÇÃO
SINDICATO NACIONAL DOS EDITORES DE LIVROS, RJ

S661

Sobre o perdão e a solidariedade dos viventes : diálogos com Jacques Derrida e Evando Nascimento / organização Nabil Araújo. - 1. ed. - São Paulo : Alameda, 2021.

282 p. ; 23 cm.

ISBN 978-65-5966-053-7

1. Filosofia francesa. 2. Derrida, Jacques, 1930-2004 - Crítica e interpretação. 3. Desconstrução (Filosofia). 4. Nascimento, Evando, 1960- - Crítica e interpretação. 5. Perdão. 6. Solidariedade. I. Araújo, Nabil.

21-73573 CDD: 194
CDU: 1(44)

Alameda Casa Editorial
Rua 13 de Maio, 353 – Bela Vista
CEP 01327–000 – São Paulo, SP
Tel. (11) 3012–2403
www.alamedaeditorial.com.br

Sumário

Apresentação

Nabil Araújo

A Casa de Leitura Dirce Côrtes Riedel, posto avançado da Universidade do Estado do Rio de Janeiro (UERJ) no bairro de Botafogo, Rio de Janeiro, é um espaço voltado para as mais diversas atividades culturais. Em março de 2016, foram inauguradas, com grande êxito, as Jornadas Casa Dirce, cujo objetivo é discutir em profundidade títulos relevantes recém-lançados no mercado editorial brasileiro ou internacional. A primeira das Jornadas se deu em função do lançamento do livro de Pedro Meira Monteiro, professor titular de Princenton University, *Signo e Desterro: Sérgio Buarque de Holanda e a imaginação do Brasil* (Hucitec, 2015), com a participação de diversos especialistas.

Dando continuidade às Jornadas Casa Dirce, foi organizado, com o apoio da ABRALIC, em abril de 2017, um encontro em torno de *La solidarité des vivants et le pardon* (Éditions Hermann, 2016), livro que, além de uma conferência inédita de Jacques Derrida sobre o perdão – a última proferida por ele, em agosto de 2004, no Rio de Janeiro –, traz entrevistas com o autor e o ensaio introdutório de Evando Nascimento (UFJF), "*Derrida au Brésil*". Além do próprio Nascimento e do organizador do evento, Nabil Araújo (UERJ), participaram do debate convidados nacionais e internacionais, com reconhecido trânsito na obra do grande filósofo franco-argelino e conhecedores do trabalho de Nascimento. Os temas do perdão e da solidariedade dos viventes foram os fios condutores do colóquio, mas outros importantes aspectos políticos, éticos e estéticos da obra derridiana foram abordados: a arte, a poesia, a hospitalidade, a justiça, o estrangeiro, os animais, a espectralidade e as plantas.

O encontro aconteceu por meio de três modalidades. O colóquio principal aconteceu no Instituto de Letras da UERJ nos dias 17 e 18 de abril e contou com a participação de Fernanda Bernardo (Universidade de Coimbra), Ginette Michaud (Université de Montréal) e Evando Nascimento, como conferencistas, bem como com a presença de Marcos Siscar (Unicamp), Cláudia Perrone-Moisés (USP), Nabil Araújo, Alcides Cardoso (Unesp-Araraquara) e Marco Antônio Coutinho Jorge (UERJ), em mesa-redonda. Nos dias 19 e 20 de abril, Fernanda Bernardo realizou, no mesmo local, um minicurso a partir de sua tradução de *O monolinguismo do outro*, de Derrida (Chão da Feira, 2017). Na noite do dia 19, ocorreu na Mediateca do Consulado da França no Rio de Janeiro uma mesa-redonda em memória de encontros com Derrida, na qual participaram Ginette Michaud, Jean-Paul Lefèvre (Aliança Francesa) e Evando Nascimento; a sessão foi coordenada pela diretora do Escritório do Livro francês, Alice Toulemonde.

Derrida é, como se sabe, um dos filósofos mais influentes da segunda metade do século XX e do século atual. Autor de uma obra com cerca de oitenta volumes, foi traduzido em várias línguas e viajou diversas vezes para países da Europa, da América do Sul, da África e da Ásia. Derrida, vale ressaltar, desenvolveu, a partir dos anos 1960, sua carreira em universidades americanas. A "desconstrução", termo pelo qual seu trabalho é mais conhecido, foi e permanece uma referência teórica e crítica maior nos domínios de literatura, direito, arquitetura, educação e outras humanidades. Os estudos pós-coloniais, étnicos e de gênero também receberam forte contribuição do pensamento derridiano.

Os professores e pesquisadores, brasileiros e estrangeiros, envolvidos no evento puderam se reunir e discutir em profundidade o livro inédito do autor, recém-publicado na França por Evando Nascimento, além de apresentar à comunidade acadêmica e demais interessados o estado atual de suas pesquisas a partir de Derrida. O público presente – professores e pesquisadores universitários, alunos de graduação e de pós-graduação – não apenas acompanhou, mas participou ativamente dos debates que se seguiram nos quatro dias de atividades.

Com este livro, que reúne os textos das conferências e intervenções em mesa-redonda, bem como comentários de Nascimento acerca de cada uma delas, pretende-se estender a um público mais amplo o espectro das discussões empreendidas na ocasião, a título tanto de registro documental quanto de convite ao pensamento.

Fica aqui expresso, enfaticamente, o agradecimento a todas as instituições que colaboraram para a realização do encontro. À diretora da Casa de Leitura Dirce Côrtes Riedel, Maria Aparecida Andrade Salgueiro e a seu Presidente honorário, Ivo Barbieri. Aos dois coordenadores da Pós-Graduação em Letras da UERJ, em mandatos sucessivos, Roberto Acízelo e Júlio César França Pereira. A João Cezar de Castro Rocha, Presidente da Associação Brasileira de Literatura Comparada (ABRALIC), na gestão 2016/2017. À diretora do Escritório Francês do Livro no Rio de Janeiro, Alice Toulemonde, e a sua assistente, Madeleine Deschamps. Ao diretor geral e ao coordenador cultural da Aliança Francesa do Brasil, respectivamente, Jean-Paul Lefèvre e Thomas Brégeon. E, finalmente, à Fundação de Amparo à Pesquisa do Estado do Rio de Janeiro (FAPERJ) e à Coordenação de Aperfeiçoamento de Pessoal de Nível Superior (CAPES).

Provações do impossível: a desconstrução, o perjúrio e o perdão

Fernanda Bernardo

In memoriam
Jacques Derrida
no Rio em Agosto de 2004:
inolvidável e tocante memória de um filósofo
"em in-interrupta viagem" pelo seu pensamento

§ 1. A Desconstrução e o Perdão – provações do impossível

"Abtrünnig erst bin ich true.
Ich bin du, wenn ich ich bin.
//
Só infiel sou fiel.
Sou tu, quando sou eu."
Celan, *Lob der Ferne in Mohn und Gedächtnis*, p. 68

"Est-ce que le pardon doit passer par des mots
ou bien
passer les mots ?"
Jacques Derrida, *Pardonner*, p. 82.

... sim, perdão!

Tudo começa, tudo, absolutamente tudo – a começar pelo próprio "começo"! – a não começar.[1] Tudo começa assim, tudo, absolutamente tudo – *e* a mais fiel das

1 De lembrar que a Desconstrução é a desconstrução da origem (plena), do princípio, da principialidade, da presença, do fundamente e, *ipso facto*, da lógica oposicional e dialéctica: "No começo, em princípio, era o correio [poste], e eu não

fidelidades, a fidelidade incondicional à fé jurada de uma aliança e ao juramento mais solene, *e* o dom mais gracioso e dadivoso, *e* a palavra dada, *e* a mais incondicional hospitalidade, *e* a rectidão da promessa ou da relação dual de face-a--face, a rectidão do endereçamento único e da destinação única, *e* a justiça ou o desejo de justiça, *e* o perdão incondicional e graciosamente outorgado, *e* etc. ... –, tudo começa pois, dizia, a não começar: tudo começa assim a retirar-se, a demorar-se (*demorari*) e a apartar, a enviesar, a desviar e a desviar-nos, a adestinar-se e a disseminar-se, a perjurar e a pedir perdão, ou a ter de pedir perdão...

O que é sugerir que o perjúrio começa com a "primeira" palavra – com a proferição da "primeira" palavra: a fatalidade do perjúrio, de um perjúrio quase-transcendental ou originário e a obrigação do perdão, do dever de pedir perdão, têm a latitude, a idade e a *incondição* da proferição da "primeira" palavra – seja essa "primeira" palavra, como no fundo é sempre, um "sim". Um "sim incondicional"![2] Uma "primeira" palavra a expor o pensamento[3] ou a responder a outrem ou a dar voz ao silêncio[4] do segredo *absoluto*[5] da alteridade ou de uma véspera que, em boa verdade, nunca se faz dia – "c'est pas demain

me consolarei jamais com isso. [...] no começo o correio [poste] [...] e isso começa por uma destinação sem endereço, a direcção não é situável. Não há destinação", DERRIDA, Jacques. *La Carte Postale*: de Socrate à Freud et au-delà. Paris: Flammarion, 1980, p. 34.

2 O "sim" arqui-originário – a *Urwort* de Rosenzweig –, que todavia já responde, que começa a responder, constitui o sopro de toda a enunciação – que dobra, espectraliza e pluraliza toda a enunciação, cf. DERRIDA, Jacques. "Nombre de oui". In:__. *Psyché. Inventions de l'autre*. Paris: Galilée, 1987, p. 639-650.

3 "[...] falar é saber que o pensamento deve tornar-se estrangeiro a si mesmo para se dizer e aparecer.", DERRIDA, Jacques. *L'écriture et la différence*. Paris: Seuil, 1967, p. 19.

4 THOMAS, Ève. *Le viol du silence*. Paris: Le livre de poche, 1988. Como lembra Derrida em *L'écriture et la différence, op. cit.*, p. 385: "É preciso [e é o *Dever incondicional* que dita e magnetiza a hiper-eticidade da Desconstrução] encontrar uma palavra que guarde/salvaguarde o silêncio".

5 "O meu gosto do segredo (a-b-s-o-l-u-t-o): não consigo fruir senão nesta condição, por esta condição. MAS a fruição secreta priva-me do essencial. Gostaria que o mundo inteiro [...] soubesse, testemunhasse, assistisse. E não é uma contradição – é para isso, em vista disso que escrevo quando posso. Atiro o segredo contra os testemunhos fracos, os testemunhos particulares, mesmo se são multidão, porque são multidão.", DERRIDA, Jacques. *La Carte Postale, op.cit.*, p. 53.

la veille!", diz reiteradamente Jacques Derrida na sua obra –, e que atrai, dita, inspira e locomove a Desconstrução derridiana: a saber, a idade, a latitude e a *incondição* do *impossível* ou de uma certa *incondicionalidade* [*Inconditionnalité / Unbedingtheit*] que tanto nomeia a singularidade idiomática do pensamento da Desconstrução derridiana (ou do pensamento segundo a Desconstrução na sua distinção com a filosofia e a literatura),[6] quanto (nomeia) a singularidade da própria excepcionalidade do perdão, que, *impossível*, como ele é também em sede derridiana, *deve fazer o impossível*. Esta é, aliás, a condição para segundo a Desconstrução se lograr fazer alguma coisa digna do nome – é precisamente *fazer o impossível*, que é nela a medida sem medida de todo o "il faut" (é preciso/falta). A medida do Dever do dever que giza e comanda a hiper-eticidade da Desconstrução – aquilo a que Derrida chama "ética hiperbólica", ultra- ou hiper-ética, uma "ética para além da ética" normativa, sistemática ou filosófica, é não só o (não-)lugar-limite do pensamento,[7] do perdão, da literatura ou do "direito à literatura", mas, em boa verdade, o lugar sem lugar de onde brota a *incondicionalidade* de todos os *impossíveis* da Desconstrução derridiana. Assim

6 Lembremos que Derrida também distingue *Literatura* – como "experiência do pensamento na língua" ou como "escrita literária", e portanto como endereçamento e "drama da destinação" – de "instituição literária" ou de "literatura em geral": "O meu desejo de literatura explica-se evidentemente assim: não se trata do desejo por esta instituição a que se chama literatura, ou cultura literária; é de facto a experiência do pensamento na língua [...], é o pensamento literário que me interessa, o pensamento através da literatura.", DERRIDA, Jacques. In: *Les fins de l'homme*. Paris: Galilée, 1981, p. 193.

7 Lembremo-lo: "Tentei, de facto, e cada vez mais sistematicamente, encontrar um não-lugar, ou um lugar não filosófico, a partir do qual questionar a filosofia. [...] Um tal não-lugar, ou alteridade, seria radicalmente irredutível à filosofia.", Derrida, J., "La Déconstruction et l'Autre" in *Les Temps Modernes, Derrida – L'événement Déconstruction*, 67 année, nº 669/670, p. 9, juillet/octobre 2012.

como a sua imediata e singular *performatividade*[8] – na Desconstrução[9] *pensar* é imediatamente *fazer* ou *agir* – e o seu efeito na própria auto-desconstrução, bem como na promessa de perfectibilidade, do instituído: no caso específico do perdão destaca-se, na sua condição de graça absoluta, o apelo in-finito que ele configura, quer relativamente à exigência de uma perfectibilidade crescente das leis do político e do jurídico, quer relativamente a um exigente re-pensar do "humano", da responsabilidade e da dignidade do "humano", e do "viver juntos" no mundo. Um *bem* "viver juntos" com todos os viventes,[10] que não apenas com os humanos, pois, para Jacques Derrida, "absolutamente outro é absolutamente (qualquer) outro" ["*Tout autre est tout autre*"],[11] sintagma não apenas da mais radical a-teologia e heterologia, mas também da mais incondicional, hiperbólica e aporética responsabilidade.

Com efeito, segundo Derrida, só *fazendo o impossível* se faz realmente alguma coisa e o evento acontece, ou é susceptível de acontecer; de contrário desenrola-se e aplica-se uma regra, um cálculo e um programa, ou exercita-se meramente uma condição. Tal é a desmesura da "ética hiperbólica" ou da "lei da incondicionalidade", da "ética hiperbólica" que dita, corresponde e desenha a

---

8 Uma performatividade re-pensada ou contra-assinada por Derrida relativamente à *speech act theory* de Austin: de facto, não sem assinalar a fecundidade do *gesto performativo* relativamente ao *constativo* (que nada inaugura de novo e de diferente), Derrida salienta, no entanto, o registo ainda metafísico do *performativo* em sede Austiniana, nomeadamente ao nível dos pressupostos do sujeito e do tempo. Para esta questão, veja-se, nomeadamente, DERRIDA, Jacques. "Signature Événement Contexte". In:___. *Marges – de la philosophie.* Paris: Minuit, 1972; *Limited Inc.* Paris: Galilée, 1990 e *L'université sans condition.* Paris: Galilée, 2001.

9 Veja-se, nomeadamente, DERRIDA, Jacques. "Que faire – de la question "Que faire ?" - ?" in "Penser ce qui vient" In: MAJOR, René (Org.). *Derrida pour les temps à venir.* Paris: Stock, 2007, p. 45-62.

10 Cf. DERRIDA, Jacques. "Avouer – l'impossible: "Retours ", Repentir et Reconciliation", primeiramente editado no volume colectivo Colloque des Intellectuels juifs, *Comment vivre ensemble?* Paris: Albin Michel, 2001), p. 179-221 e posteriormente integrando o volume póstumo DERRIDA, Jacques. *Le dernier des Juifs.* Paris: Galilée, 2014, p. 13-64.

11 Cf. DERRIDA, Jacques. *Dar a Morte*. Tradução Fernanda Bernardo. Coimbra: Palimage, 2013, p. 104 ss.

"lei da incondicionalidade", que, em sede derridiana, tanto anima o pensamento como o perdão, cuja lógica é alheia à lógica judiciária:

"Confessar é confessar o inconfessável", diz Derrida em *Le dernier des Juifs* (2014), "tal como perdoar é perdoar o imperdoável: é fazer o impossível."[12] Eu sublinho.

E, em *Pardonner* (2005), o filósofo reitera:

> O perdão não assume o seu *sentido* (se, porventura, ele tiver de ter um *sentido*, o que não é certo [como todos os impossíveis da Desconstrução, o perdão tem um registo a-sémico[13] – um registo que se arvora em condição quase-transcendental do próprio *sentido em disseminação...*]), não encontra a sua *possibilidade* de perdão senão, ali, onde é apelado a fazer o im-possível e a perdoar o imperdoável. [...] Perdoar o perdoável, o venial, o desculpável, o que pode sempre perdoar-se, não é perdoar.[14]

E *Sur Parole* (1999) insiste:

> [...] não sei se o perdão é possível, mas se ele for possível, deve conceder-se ao que de uma certa maneira é e permanece imperdoável. Se se perdoa o que é perdoável, ou aquilo a que pode encontrar-se uma desculpa, isso não é mais perdão; a dificuldade do perdão, o que faz com que o perdão pareça impossível, é ele dever endereçar-se ao que permanece imperdoável.[15]

De facto, com outros – como o "sim", a "promessa", o "dom", a "justiça", a "hospitalidade", a "morte", o "amor", a "amizade", o "outro", a "decisão", a "invenção", a "fé", a "responsabilidade", o "evento", a "confissão", ... –, com todos

12 DERRIDA, Jacques. *Le dernir des Juifs, op. cit.*, p. 57.

13 "[...] o perdão puro e incondicional, para ter o seu sentido próprio, não deve ter "nenhum" sentido, nenhuma inteligibilidade mesmo. É uma loucura do impossível.", DERRIDA, Jacques. DERRIDA, Jacques. "Le siècle et le pardon". In:___. *Foi et Savoir*. Paris: Seuil, 2000, p. 119-120.

14 DERRIDA, Jacques. *Pardonner: l'impardonnable et l'imprescriptible*. Paris: L'Herne/carnets, 2005, p. 30-31.

15 DERRIDA, Jacques. *Sur Parole*. Paris: Ed. de l'Aube, 1999, p. 136.

estes outros e ainda alguns mais, o perdão é um dos *impossíveis* ou um dos *incondicionais* da Desconstrução derridiana: um dos nomes do *impossível* que dita, magnetiza, locomove e enuncia a hiper-radicalidade, a hiper-eticidade, a justiça e a espectralidade messiânicas do seu pensamento, ela que pensa e nos dá a pensar ou a sonhar a aparentemente impossível, mas necessária, distinção entre *incondicionalidade* e *soberania.*[16] Todos os *impossíveis* estão do lado da "loucura" da *incondicionalidade* – e todos, sem excepção, questionam e desconstroem a soberania (na sua multi-modalidade tradicionalmente de cariz determinantemente onto-teológico) ou salientam a sua auto-imunidade e mostram-na em *mal de soberania*. E todos, sem excepção, todos os *impossíveis* da Desconstrução, têm também de singularmente se inscrever (se *ex*-crever) na dita soberania que lúcida e vigilantemente assim interrompem e desconstroem, do mesmo modo que como Derrida lembra, intraduzível embora, uma certa arte do silêncio tem também de se endividar à palavra para ressoar e se dar a escutar. A tarefa desta dissociação e desta singular indissociação, desta heterogeneidade e desta indissociabilidade, é bem o idioma e o legado da Desconstrução derridiana – designam a sua indecidibilidade e a sua irredemível aporeticidade:

> A tarefa mais difícil", diz Derrida, "ao mesmo tempo necessária e aparentemente impossível, seria então dissociar incondicionalidade e soberania. Fá-lo-ão algum dia? *C'est pas demain la veille*, como se diz. Mas, uma vez que a hipótese desta tarefa inapresentável se anuncia, nem que seja como um sonho para o pensamento, esta loucura não é talvez assim tão louca...[17]

Com efeito, impossível *pensamento* ou impossível *experiência* do impossível, da *différance* ou da escrita no sentido de *arqui-escrita*, tal como nos primeiros tempos começou por ser conhecida, a Desconstrução derridiana não se

16 Cf. DERRIDA, Jacques. *Vadios*. Tradução Hugo Amaral, Gonçalo Zagalo, Fernanda Bernardo. Coimbra: Palimage, 2009, p. 34; DERRIDA, Jacques. *Inconditionnalité ou Souveraineté*. Athènes: Patakis, 2002; DERRIDA, Jacques. *A Universidade sem condição*. Tradução Américo Diogo. Coimbra: Angelus Novus, 2003.

17 DERRIDA, Jacques. "Le siècle et le pardon", *op. cit.*, p. 133.

conjuga apenas com a inevitável originariedade da prece,[18] do luto[19] e das lágrimas[20] – lembremos de passagem que, na peugada de Santo Agostinho, Derrida se assume mesmo como *o filósofo das lágrimas*, que para ele constituem também não só a verdade[21] ou a essência sem essência dos olhos e do seu "ponto de vista", do seu "ponto de vista" tocante, enfim tocante ou "*ab-ocular*", mas também do "*ponto fonte*" ["*point source*"], isto é, da "origem" líquida e da hiperbolicidade e espectralidade messiânicas do seu pensamento.[22] Na dimensão quase-transcendental ou ultra-transcendental,[23] que é a sua enquanto pensamento (distinto de filosofia), a Desconstrução derridiana conjuga-se também com a originariedade do perjúrio e do perdão: *ela perjura como respira. Jurar, ab-jurar, per-jurar* e *per-doar* (do lat. *per-donare*) têm nela a mesma originariedade, a mesma latitude e o mesmo sobressalto – o da sua *paixão*[24] pelo *impossível* e pela *singularidade* absoluta ou secreta, absolutamente secreta, precisamente, e *ipso facto* pela possibilidade do *im-possível*, que é a latitude que, contra a predominante

---

18 "[...] rezo como não deixei nunca de fazê-lo na minha vida", DERRIDA, Jacques. "Circonfession". In: BENNIGNTON, Geofrrey; DERRIDA, Jaqcues. *Jacques Derrida*. Paris: Seuil, 1991, p. 57.

19 "[...] o luto não espera a morte – ele é a própria essência da experiência do outro como outro, de uma alteridade inacessível e que não se pode senão perder, amando-a – ou então odiando-a, está-se sempre enlutado pelo outro.", DERRIDA, Jacques. *Séminaire, La Bête et le Souverain*, v. II. Paris: Galilée, 2010, p. 242. O luto é, pois, originário – a própria *experiência* originária do "eu": o luto *do* outro é o próprio luto do eu, do eu autonómico que faz de si o princípio e a medida de si.

20 "[...] passei a minha vida a ensinar para enfim voltar ao que mistura ao sangue a prece e as lágrimas [...] não amo senão as lágrimas, não amo e não falo senão através delas", DERRIDA, Jacques. "Circonfession", *op. cit.*, p. 22, 95.

21 "[...] a verdade do dom – como a do olho – seria (des)velada pelo véu das lágrimas mais do que pela vista.", DERRIDA, Jacques. "L'excuse et le pardon". In:____. *Donner le temps*. Paris: Galilée, 1991, p. 212.

22 DERRIDA, Jacques. *Memórias de Cego*. Tradução Fernanda Bernardo. Lisboa: Fundação C. Gulbenkian, 2010, p. 121 ss; DERRIDA, Jacques. *La voix et le phénomène*. Paris: PUF, 1993, p. 68 ss.

23 DERRIDA, Jacques. *De la Grammatologie*. Paris: Minuit, 1967, p. 90.

24 Na Desconstrução derridiana *provação* ou *paixão* remete sempre para um *segredo absoluto* – veja-se, por exemplo, DERRIDA, Jacques. *Passions*. Paris: Galilée, 1993, p. 63-64.

tradição do *possível*, e portanto da *possibilidade* e do *poder* (*dynamis*, *potentia*, *possibilitas*), de Aristóteles a um certo Heidegger, passando por Kant e Husserl, dinamiza e singulariza a Desconstrução.[25] Lembremo-lo aqui:

> [...] a desconstrução mais rigorosa", diz Derrida em *Psyché* (1987), "não se apresentou nunca [...] como qualquer coisa de possível [...] ela não perde nada em confessar-se impossível. O interesse da desconstrução, da sua força e do seu desejo, se ela os tiver, é uma certa experiência do impossível [...] a experiência do outro como invenção do impossível, noutros termos, como a única invenção possível.[26]

Daí também – quero dizer, em razão desta *im-possível* paixão pelo *impossível* – a "double bind" [o "duplo laço", o "duplo liame" ou a "dupla obrigação"] que imediatamente anuncia e movimenta a iminência da *catástrofe*,[27] do *desastre*,[28] da *contaminação espectral*[29] e, portanto, da *aporia* que se abate sobre a *impossibilidade* em torno da qual e em nome da qual, incansável, a Desconstrução derridiana se agita. "*Double bind*" que tanto desenha como assina a estrita impossibilidade da rectidão do duelo originário, desenhando a tensão da "estritura [*stricture*] da *double bande*",[30] a contaminação e, *ipso facto*, a inevitabilidade do

25 Cf. DERRIDA, Jacques. "Comme si c'était possible, "within such limits"...". In:___. *Papier Machine*. Paris: Galilée, 2001, p. 307.

26 DERRIDA, Jacques. *Psyché, Inventions de l'autre*. Paris: Galilée, 1987, p. 26-27.

27 "Desde sempre que eu sei que estamos perdidos, e que desta catástrofe muito inicial uma distância infinita se abriu esta catástrofe, [...] bem pertinho do começo [...], foi a condição de tudo", DERRIDA, Jacques. "Envois". In:___. *La Carte Postale, op. cit.*, p. 23.

28 "Como ele (M.B.), eu gosto da palavra "desastre", chamar assim a infelicidade sem fundo à qual a primeira manhã, a primeira noite branca nos tinham destinado. Apesar do tempo que, até ao fim dos tempos, nos interdita reunirmo-nos [...] o desastre reúne-nos.", ibid., p. 118-119.

29 "[...] a contaminação está por todo o lado e, ao incêndio, nós não o iluminaremos mais. A língua envenena o mais secreto dos nossos segredos, já nem mesmo se pode arder em si, em paz, traçar o círculo de um fogo, é ainda preciso sacrificar-lhe o seu próprio sacrifício.", ibid., p. 240-241.

30 DERRIDA, Jacques. *Résistances, de la psychanalyse*. Paris: Galilée, 1996, p. 40 e 50, nota 1; *Glas*. Paris: Galilée, 1974, p. 60 ss.

perjúrio e do perdão. E isto porque, em sede derridiana, o perdão, se o há ou quando o há, exige a rectidão da relação dual entre duas singularidades absolutas – ou seja, exige o face-a-face da vítima, a única a poder perdoar, e do culpado ou do criminoso. Relação de face-a-face tão necessária quanto impossível! E tão necessária quanto impossível como tal, porque o *terceiro* (*testis, terstis*) também já lá está – neste duo originário necessário há imediatamente *mais de dois*, pois, como Derrida também refere, só se pode perdoar ou pedir perdão a falar, e por conseguinte a partilhar a língua: e a língua, sabemo-lo, introduz imediatamente a *tercialidade*, a *tensão* da *tercialidade* (a universalidade ou a generalidade), e por conseguinte o *perjúrio*, na rectidão da relação dual entre duas singularidades absolutas. *Tensão* da "double bind" que configura a própria *aporia* do perdão em sede derridiana, configurando a estrita im-possibilidade da sua impossibilidade!

> Algo na significação do perdão exige que o perdão seja pedido, concedido ou recusado por experiências singulares.", diz Derrida, revelando o perdão como uma *experiência da singularidade*. "Não tenho o direito de pedir perdão ou de perdoar em nome de outros indivíduos, vítimas ou criminosos. Esta singularidade está no coração do perdão. Mas, ao mesmo tempo, não há cena de perdão sem testemunho, sem sobrevida, sem duração para além da experiência do traumatismo, da violência; e já nesta singularidade da experiência, do face-a-face entre criminoso e a vítima, um terceiro está presente e qualquer coisa como uma comunidade se anuncia. Daí o embaraço que se deve confessar, e a contradição: o perdão é uma experiência do face-a-face, do "eu" e do "tu", mas ao mesmo tempo há já comunidade, geração, testemunho; desde que há enunciado, perdão concedido ou não, há implicação da comunidade, logo de uma certa colectividade.[31]

Precisando sucintamente a passagem imediata da *impossibilidade* à *im-possibilidade*, sublinhemo-lo, porém: *impossível* como tal, a rectidão do duelo originário é, no entanto, requerida e absolutamente necessária. Uma *necessidade* (*ananke*) incondicionalmente hiperbólica, que, ditada e magnetizada pela *dif-*

---

31 DERRIDA, Jacques. *Sur parole, op. cit.*, p. 139.

férance (e pelos dois fios que a locomovem: a saber, *khôra* e messiânico), desenha o alcance simultaneamente justo, hiper-ético e hiper-político da Desconstrução derridiana na sua condição de idioma da resistência,[32] desenhando no mesmo gesto a "loucura" do perdão, e, em boa verdade, de todos os *incondicionais* ou *impossíveis* da Desconstrução – e, no mesmo lance, a *fatalidade quase-transcendental ou originária* do perjúrio[33] e a consequente necessidade do perdão: um perjúrio intrínseco, pois, notemo-lo, imanente à própria *afirmação* da rectidão da *fidelidade incondicional*, que é sempre e só *fidelidade infiel. Fidelidade infiel*, sim, mas, notemo-lo também, infiel porque fiel – infiel na mais estrita e hiperbólica e desejada fidelidade, por ela e para ela! Tal é o paradoxo da fidelidade ao outro em sede derridiana, que prescreve ao mesmo tempo a necessidade e a impossibilidade da fidelidade – tal como do luto.

> a fidelidade absoluta ao outro passa pela provação de um perjúrio originário e fatal", advoga Derrida, "cuja terrificante possibilidade não é somente mais um acidente que sobrevém à promessa: desde que há um, há dois, e portanto três, e o terceiro – possibilidade de justiça [da justiça = direito], diz Lévinas –, introduz então o perjúrio no próprio face-a-face, na mais recta relação dual.[34]

O que é dizer, enfatizemo-lo desde já, que o perjúrio não é aqui acidental – não sobrevém a uma *promessa* ou a uma *palavra dada* e, depois, traída e não honrada: não, de todo, o perjúrio está como que antecipadamente inscrito, como a flecha de um destino, como uma fatalidade destinal irremediável, na própria estrutura da *promessa* da mais fiel e justa fidelidade ao outro. Como uma inevitável assombração, o perjúrio está mesmo inscrito na *justiça* (pensada, como Derrida a pensa, como relação absoluta ao absolutamente outro

32 "Sonhei sempre com resistência.", DERRIDA, Jacques. *Papier Machine*, op. cit., p. 341. E ainda: "Desde sempre, tanto quanto me lembre, amo esta palavra – resistência.", DERRIDA, Jacques. *Résistances, de la psychanalyse*, op. cit., p. 14.

33 DERRIDA, Jacques. *Le Toucher, Jean-Luc Nancy*. Paris: Galilée, 2000, p. 108; DERRIDA, Jacques. *Adieu, à Emmanuel Lévinas*. Paris: Galilée, 1997, p. 66.

34 DERRIDA, Jacques. "Autrui est secret parce qu'il est autre". In ___. *Papier Machine, op. cit.*, p. 389-390.

– justiça com a qual, como também sabemos, a Desconstrução derridiana se identifica[35] –) e no próprio *perdão*: como se a própria *palavra de honra*, como se o *sim* mais incondicional, como se o próprio *perdão* fossem já um perjúrio! Como, de facto, são…

Mas tal é também a *chance*, ou seja, a condição de possibilidade para a efectivação, a performatividade ou a concretude desta *incondicionalidade* – que giza toda e qualquer *promessa de relação (sem relação) à alteridade* ab-soluta –, que todos os impossíveis da Desconstrução derridiana exigem, porque tal é também a possibilidade de falar… E a linguagem é por excelência o elemento da *tercialidade*, e portanto do instituído ou da universalidade, a macular, a dividir, a interromper, a heterogeneizar e a contaminar toda e qualquer rectidão e toda e qualquer singularidade.[36] Mas paradoxalmente também a efectivá-la – também a concretizá-la! Isto é, também a inscrevê-la [*ex-crevê-la*!] (à *incondicionalidade*) no registo das condições, a perverter aquela e a hetero-afectar estas e a melhorá-las. Ou a apelar ao seu melhoramento!

Tal é a *double bind/double bande* que movimenta a paixão (e a aporia irresolúvel!) da Desconstrução e do perdão, tanto da Desconstrução quanto do perdão, na sua mútua condição de *provações*[37] *do impossível*. E não mais do que *im-possíveis*. E tão-somente *im-possíveis* – mas, tê-lo-emos também notado, sem qualquer negatividade, sem qualquer niilismo ou tentação apocalíptica, antes num inquebrantável ímpeto afirmativo. Como Derrida lembra, "A ponta acessível e inacessível da fidelidade, da promessa de ser apesar de tudo fiel, não se afirma […] não se assina senão na provação desta aporia da fidelidade infiel ou da infidelidade fiel, do "quanto mais fiel sou, mais infiel sou", e reciprocamente."[38]

Daí *talvez* a interrogação (que temos por fundamental!) do filósofo a respeito do perdão – um filósofo que se quis "a sentinela de uma desordem [a da aporia,

35 "A desconstrução é a justiça.", DERRIDA, Jacques. "Do Direito à Justiça". In:____. *Força de lei*. Tradução Fernanda Bernardo. Porto: Campo das Letras, 2003, p. 26.

36 Cf. DERRIDA, Jacques. "Le siècle et le pardon", *op. cit.*, p. 117, 122-123.

37 É a experiência em sentido heteronómico-dissimétrico que se pretende dizer através da palavra *provação*.

38 Derrida, J., *La Bête et le Souverain*, v. II. Paris: Galilée, 2012, p. 244.

precisamente, a da crise ou da tensão da inultrapassável aporia],[39] o guardião cego e vigilante dos espectros e dos crimes":[40] "Deve o perdão passar pelas palavras, ou ultra-passar as palavras"? "Ou exceder as palavras"?[41] Eu sublinho.

Ou seja, se o perdão puro, absoluto, incondicional, louco, como ele deve ser em sede derridiana, exige a singularidade de um face-a-face absoluto entre a vítima e o culpado ou o criminoso, *qual é o elemento do perdão: a linguagem verbal ou o silêncio*? É, quem não fala, a linguagem verbal, incapaz de perdão? Por outras palavras, é porventura o perdão mais um dos muitos "*próprios*"[42] do homem na velha e ingrata tradição *carno-falo-logo/fono-cêntrica* do *zoon logon ekhon*? Ou um "próprio" de Deus? São, por exemplo, os viventes animais, que não falando não são mudos, alheios ao perdão?[43]

Eis algumas das questões aqui enredadas – questões que, notemo-lo também, atingem muito criticamente o registo abraâmico do perdão, tradicionalmente determinantemente condicional, humanista e antropológico, senão mesmo antropo-teológico.

E daí *talvez* também a razão do suspiro melancólico do filósofo – tanto quanto da *melancolia* que assumia como a sua mais própria e íntima *Stimmung*, bem como a da sua Desconstrução:[44] "terei passado a minha vida a pedir-te perdão"[45]... Entenda-se: terei passado a minha vida a "sonhar respirar sem escri-

39 "A última aporia é a impossibilidade da aporia *como tal*.", DERRIDA, Jacques. *Apories*. Paris: Galilée, 1996, p. 137.

40 DERRIDA, Jacques. "Lettres sur un aveugle. *Punctum caecum*." In: DERRIDA, Jacques; FATHY, Safaa. *Tourner les mots*. Paris: Galilée, 2000, p. 91.

41 DERRIDA, Jacques. *Pardonner, op. cit.*, p. 82.

42 É vasta a lista dos "próprios" do homem: o *logos*, a linguagem, a morte, o pudor, o riso, a história, o dom, o luto, o perdão, ...

43 Não, estima Derrida, que se quis o eleito secreto dos animais no contexto da ocidentalidade filosófico-cultural, cf. *Pardonner, op. cit.*, p. 82-84.

44 "Sim, há um afecto melancólico na Desconstrução.", DERRIDA, Jacques. "La mélancolie d'Abraham". In: *Les Temps Modernes, Derrida – L'événement Déconstruction, op. cit.*, p. 66.

45 DERRIDA, Jacques. "Envois". In: *La Carte Postale, op. cit.*, p. 15.

ta"[46] e, não obstante, a escrever, a "postumar",[47] a sobre-viver, e, *ipso facto*, a trair, a perjurar e a pedir perdão – pois, esclarece Derrida, "a escrita é *cruel*, [...]. O crime contra a humanidade, até mesmo o genocídio, começam aí",[48] razão pela qual se "escreve sempre para confessar, escreve-se sempre para pedir perdão".[49] O que é dizer, enfatizemo-lo, que a escrita se conjuga irremediavelmente com perdão – com a necessidade imperiosa de ter de pedir perdão!

Tal é a *hipó-tese* que, à laia d'a-tese ou de *quase*-tese, gostaria de começar por apresentar e por tentar justificar aqui, salientando, *num primeiro tempo*, o liame intrínseco entre a Desconstrução como pensamento – da escrita, do rastro [*trace*] ou da *différance* – e a fatalidade (*quase-transcendental*) do perjúrio originário, e, *ipso facto*, a fatalidade do luto, do luto tão originário quanto impossível, das lágrimas,[50] do perdão e do dever de pedir perdão. Uma fatalidade que, como vimos, é a do próprio *testemunho*, isto é, a do *terceiro* (*terstis*, *testis*) (da enunciação verbal, do instituído, da comunidade ou da obra) que, no modo e na figura da própria linguagem, espreita, assombra e interrompe *imediata-*

46 DERRIDA, Jacques. "La Veilleuse". In: TRILLING, Jacques. (Org.). *James Joyce ou l'écriture matricide*. Paris: Circé, 2001, p. 32.

47 "Postumo como respiro", DERRIDA, Jacques. "Circonfession", *op. cit.*, p. 28.

48 DERRIDA, Jacques. "La Veilleuse". In: *op. cit.*, p. 32.

49 DERRIDA, Jacques. *Pardonner, op. cit.*, p. 87.

50 "[...] e pergunto-me se, os que me lêem [...], vêem as minhas lágrimas, hoje, as lágrimas da criança de quem diziam que "chora por tudo e por nada", e se, de facto, [os que me lêem] adivinham que a minha vida não foi senão uma longa história de preces, e o retorno incessante do "tenho vontade de me matar" diz menos o desejo de pôr fim à minha vida do que uma espécie de compulsão para dobrar cada segundo, como uma viatura a ultrapassar outra ou, antes, a desdobrá-lo nele antecipadamente sobre-imprimindo o negativo de uma fotografia já tirada com um dispositivo "*retard*", a memória de quem me sobrevive para assistir à minha desaparição, interpreta ou repassa para si o filme, e já eu os surpreendo a verem-me deitado de costas, no fundo da minha terra; sim, percebo, [tais leitores] compreendem tudo, [...] excepto que vivi na prece, nas lágrimas e na iminência em cada instante da sua sobrevivência, terminável sobrevivência a partir da qual "me vejo viver" traduz "vejo-me morrer", vejo-me morto cortado de vós nas vossas memórias que amo, e choro como os meus próprios filhos à beira do meu túmulo, choro não apenas os meus filhos mas todos os meus filhos, por que unicamente vós, meus filhos?". DERRIDA, Jacques. "Circonfession", *op. cit.*, p. 40-41.

mente a cena (que deveria ser sem cena!) da dualidade[51] do face-a-face impossível-necessário do perdão. Do perdão ou do acolhimento do próprio evento. Que, no fundo, assombra, espectraliza e redige o "*plus d'une/e*" que (des-)estrutura e define a Desconstrução derridiana[52] como um pensamento do evento e, portanto, da singularidade.

O que é dizer que há perjúrio e necessidade de perdão, de pedir perdão, desde que no face-a-face dual há *mais de dois* – ou seja, imediatamente e desde sempre, "desde a primeira manhã do face-a-face", diz Derrida, "desde o primeiro olhar, desde o cruzamento do primeiro olhar que se vê olhar",[53] desde o primeiro rastro... Como uma espécie de "imperativo categórico",[54] no dizer de "Envois", o perjúrio revela-se assim, não só a própria condição de possibilidade do endereçamento e da relação (dual) à alteridade, revelando-se a própria *chance* da fala, mas também a verdade de todo o texto – a verdade da própria cena da escrita (uma cena de cinzas ou de restos precários – mas, ainda assim, monumentalizadores) e da própria leitura,[55] como a verdade do mais vivo da vida a viver-se – isto é, a *sobre-viver-se*. A monumentalizar-se. Toda a escrita digna do nome, como Derrida gosta de dizer, é aforística e um *post-scriptum* enlutado e testamentário – vem *a seguir* ao fogo do próprio evento que *mal porta*, a testemunhá-lo, a monumentalizá-lo, a salvaguardá-lo na sua precariedade ruinosa e a enviá-lo não importa para quem como para o próprio porvir.

> No fundo", diz Derrida, "não sou mais eu que assino a partir do momento em que isso está lançado no mercado literário, isso não vem mais de mim, isso não se endereça mais a ti, o rastro escapa-me, cai no mundo, está disponível para um terceiro, e

---

51 "há perjúrio desde que no face-a-face há mais de dois, [...] quer dizer, [...] desde o primeiro instante. Desde que há direito e três. E há pelo menos três desde a primeira manhã do face-a-face", Derrida, J., *Pardonner, op. cit.*, p. 88.

52 Lembremos: "Se tivesse de arriscar, Deus me valha, uma única definição da desconstrução, breve, elíptica, económica, como uma palavra de ordem, diria sem frase: mais de uma língua.", DERRIDA, Jacques. *Mémoires* – pour Paul de Man. Paris: Galilée, 1988, p. 38.

53 DERRIDA, Jacques. *Pardonner, op. cit.*, p. 88-89.

54 DERRIDA, Jacques. "Envois". In: *La carte postale, op. cit.*, p. 49.

55 DERRIDA, Jacques. *Pardonner, op. cit.*, p. 87.

> é nesta condição que se torna literatura, e é esta literatura que perverte a minha relação a ti. O sujeito que assina estes envios não esconde a sua inquietude.[56]

Com efeito, depois de em "Circonfession" (1990) confidenciar que escreve "sob a lei monstruosa do face-a-face impossível"[57] – *uma lei tão necessária quanto impossível*, notemo-lo –, Derrida não só assume que "perjura como respira"[58] e que o próprio perdão, tal como a própria justiça, já perjura, como, em "Abraham, l'autre" (2000), admite que "o tema do perjúrio" terá sido "um daqueles ao qual, no fundo, permaneceu mais fiel".[59] Fatalmente mais fiel, dir-se-á, porque, como temos vindo a sugerir, a *problemática do rastro* ou da *escrita* – a própria *problemática do testemunho*,[60] da *obra* ou da *herança* – coloca imediatamente em cena a *questão da indirecção (ou da obliquidade) e do mais de um e, portanto, do luto e do perdão*. Tal como a *questão do dom*,[61] da qual a *problemática do perdão* é indissociável, apesar do diferendo temporal[62] que os dita e os move. Se o há, ou quando o há, como a par e passo Derrida diz, o perdão é um *dom absoluto*. Excepcional, absolutamente gracioso – para quem o dá e para quem o recebe. Como o dom, o perdão é alheio ao princípio (económico-ontológico) de razão – como a rosa de Stein, o perdão é sem porquê, sem razão, sem fundamento. É mesmo alheio à moral (normativa da razão prática, a moral

56 DERRIDA, Jacques. *Sur Parole, op. cit.*, p. 26.

57 DERRIDA, Jacques. "Circonfession", *op. cit.*, p. 161.

58 DERRIDA, Jacques. "Circonfession", *op. cit.*, p. 98. Ideia reiterada em *Pardonner, op. cit.*, p. 89.

59 DERRIDA, Jacques. *Le dernier des Juifs*. Paris: Galilée, 2014, p. 89.

60 "[...] é a questão do testemunho que nos é colocada de cada vez que um "duelo" marca o segredo inviolável de uma cena.", DERRIDA, Jacques. *Donner le Temps*. Paris: Galilée, 1991, p. 198.

61 "[...] não há problemática do dom senão a partir de uma problemática consequente do rastro e do texto. Não pode nunca havê-lo a partir de uma metafísica do presente, inclusive do signo, do significante, do significado ou do valor. [...] *só uma problemática do rastro ou da disseminação pode colocar a questão do dom, e do perdão.*", DERRIDA, Jacques. *Donner le Temps*. Paris: Galilée, 1991, p. 131. Eu sublinho.

62 A temporalidade do perdão é a do passado – a da eternidade de um passado que, como que impassível, não passa e obceca –, enquanto a temporalidade do dom é a do presente, cf. DERRIDA, Jacques. *Pardonner, op. cit.*, p. 36-37.

sistemática ou filosófica), à deliberação da vontade e à própria lei,[63] que antecede e excede. A lógica do perdão e a lógica judiciária estão em rota de colisão!

Mas, se neste *primeiro momento* da minha comunicação saliento sumariamente o liame existente entre a Desconstrução e a imediata fatalidade do luto, das lágrimas, do perjúrio e, portanto, do perdão ou do pedido de perdão, salientando quer a sua estrita impossibilidade como pensamento quer a impossibilidade do próprio perdão; ou seja, salientando a adestinação e a aporeticidade destinal e estrutural que, enquanto pensamento impossível e do impossível, locomove a Desconstrução como *im-possível* na sua condição de pensamento da escrita; *num segundo momento* da minha comunicação, atentando no sentido da teatralização do perdão ocorrida na década de 90 do ainda tão recente século passado, tentarei sobretudo salientar, a par da sua reiterada *incondicionalidade* e *impossibilidade*, a *aporeticidade* do perdão em sede derridiana na sua distinção com as desculpas, a amnistia, a amnésia, a prescrição, o indulto ou o direito de graça ou de agraciamento: com efeito, para Derrida – um Derrida atento a *bem* herdar, isto é, a repensar a (contraditória) herança[64] abraâmica do perdão –, o perdão não é um conceito, filosófico, psicológico, antropo-teológico, onto-teológico ou jurídico-político, mas, sim, uma "loucura do impossível".[65] Mas, antes de mais, mas acima de tudo, uma "loucura do impossível"! A mesma "loucura" que, segundo o filósofo, deve igualmente pairar sobre a razão[66] – questionando o próprio princípio de razão (suficiente) e razoabilizando a razão[67] – e constitui

---

63 Cf. DERRIDA, Jacques. *Donner le Temps*, *op. cit.*, p. 197-198.

64 Do *conceito* ou da *ideia* herdada do *perdão*, diz Derrida que "deveremos interrogar a herança, talvez contestar a herança herdando-a, e é uma reflexão sobre a herança [do perdão] que aqui encetamos)", DERRIDA, Jacques. *Pardonner, op. cit.*, p. 47.

65 Cf. DERRIDA, Jacques. "Le siècle et le pardon", *op. cit.*, p.114, 120, 129, 133.

66 "O que é dizer que a loucura, uma certa "loucura", *deve* vigiar cada passo e, no fundo, velar pelo pensamento, como o faz também a razão.", DERRIDA, Jacques. "Le siècle et le pardon". "Une "folie" doit veiller sur la pensée". In:___ *Points de Suspension*. Paris: Galilée, 1992, p. 374.

67 É a frágil diferença entre *racional* [*rationnel*] e *razoável* [*raisonable*] "A razão razoa, é certo, ela tem razão [elle a raison], e dá razão a si mesma [se donne raison] por fazê-lo, para se resguardar, para salva-guardar a razão [raison garder]. É então aí que ela é e quer por conseguinte ser *ela mesma*, tal é a sua ipseidade soberana. Mas para chamar a sua ipseidade à razão, é também preciso razoá-la [la raison-

"a pulsão ou o pulso"[68] da própria Desconstrução. Da Desconstrução *derridiana*, mais precisamente, porque *há mais de uma*. O que denota dois aspectos absolutamente imbricados, que sucintamente importará talvez salientar - a saber:

- *por um lado*, importará salientar que, na Desconstrução derridiana, a cena (sem cena) da *incondicionalidade* do perdão é alheia a qualquer cena de reconciliação ou de reparação: na "loucura" da sua *incondicionalidade*, o perdão exige a estrita dualidade da vítima e do culpado. Esta exigência de dualidade é indissociável da *incondicionalidade* do respeito pelas vítimas, bem como do apelo à crescente perfectibilidade do Direito - na *incondicionalidade* do perdão ecoa, pois, a *incondicionalidade* do respeito pela vítima. Pela singularidade insubstituível da vítima e pela incomensurabilidade do seu sofrimento. E, *ipso facto*, ecoa a singular distinção, em sede derridiana, entre Direito e Justiça - uma singular distinção que põe em cena a relaçao de heterogeneidade e de indissociabilidade existente entre ambos.

- *por outro lado*, importará também salientar que, na Desconstrução derridiana, o perdão é "uma loucura do impossível" e não um conceito - filosófico-moral, jurídico, psicológico, religioso ou político -, como ele parece ainda ser no âmbito da reparação e da reconciliação, onde a instância terceira (*terstis, testis*), na figura da linguagem e/ou da própria lei (Justiça como Direito), está em cena:

> O perdão, diz Derrida, é portanto louco - deve mergulhar, mas lucidamente, na noite do ininteligível. Chamem a isto o inconsciente ou a não-consciência, se quiserem. Desde que a vítima "compreende" o criminoso, desde que conversa, fala, e se entende com ele, a cena da reconciliação começou, e, com ela, este perdão corrente que é tudo excepto um perdão. [...] o terceiro interveio. E o perdão puro acabou.[69]

De notar, porém, que esta predicação derridiana do perdão - como uma "loucura", um "impossível" ou como uma "loucura do impossível" - não visa desqualificá-lo. Longe disso: visa antes re-pensá-lo na peugada da sua tradição

---

ner]. Uma razão deve deixar-se razoar [se laisser raisonner].", DERRIDA, Jacques. *Vadios, op. cit.*, p. 277.

68 DERRIDA, Jacques. *Papier Machine, op. cit.*, p. 308.

69 DERRIDA, Jacques. "Le siècle et le pardon", *op. cit.*, p. 123.

judaico-cristã-islâmica, dando-o a pensar na sua pureza ou na sua excepcionalidade como heterogéneo à ordem psicossociológica e jurídico-política do instituído:[70] o perdão está *antes*, *acima* e *para além*, sempre *para além*, do instituído (social, jurídico e político). Tal é o seu "lugar sem lugar", e tal é a sua "loucura"! Uma "loucura do impossível" que acompanha – e reflecte ou atesta – a "hiperbolite" [*hyperbole*] que dita e locomove a própria Desconstrução como pensamento,[71] atestando a lucidez e a probidade da responsabilidade e da justiça que a animam: com efeito, a sua exigência de *re-pensar* o perdão, o sentido da palavra ou do conceito de perdão, não traduz um mero purismo semântico ou filosófico. Ou um qualquer jogo retórico – ou estético. Reflecte antes a *incondicionalidade* do seu respeito pela excepcionalidade da singularidade – neste caso concreto, pela singularidade absoluta, insubstituível, da própria vítima que só ela pode perdoar – e a sua heterogeneidade relativamente ao instituído.

Em suma, o rigor da exigência conceptual relativamente à *incondicionalidade* do sentido do perdão – um sentido a-sémico, an-económico e a-político – traduz, *por um lado*, a responsabilidade extrema da Desconstrução na sua condição de pensamento filosófico que sabe de cor que a herança, mormente a herança filosófica, não é um *dado*, um *legado* morto, pelo que, *a cada passo*, deve interrogar-se a genealogia da conceptualidade que ela porta e nos lega e, se possível, re-inventá-la.[72] E traduz, *por outro lado*, o seu gosto e o seu respeito pela singularidade ou pela alteridade ab-soluta,[73] aqui, na figura das vítimas de

---

70 *Ibid.*, p. 114.

71 Em *O monolinguismo do outro* (p. 80-82), Derrida explicita o sentido do "hiperbolismo" ou da "hiperbolite" que terá invadido a sua vida e o seu trabalho – "hiperbolismo" do qual "releva tudo quanto avança a título da desconstrução" e que denomina o ininterrupto movimento de transcendência que porta *para-além* do ser ou da entidade e que, no dizer de *Sauf le nom* (Paris: Galilée, 1993, p. 74), ultra-passa mesmo "o próprio Deus, o ser, a essência, o próprio ou o si-mesmo, o *Selbst* ou o *Self* de Deus, a divindade de Deus".

72 "Um filósofo é sempre alguém para quem a filosofia não é *dada*, alguém que, por essência, deve interrogar-se sobre a sua essência e a destinação da filosofia. E re-inventá-la.", DERRIDA, Jacques. *Le droit à la philosophie du point de vue cosmopolitique*. Paris: Unesco/Verdier, 1997, p. 16.

73 "A crítica do logocentrismo é acima de tudo a procura do *outro* e do *outro da linguagem*. [...] É abertura ao *outro*.", DERRIDA, Jacques. "La déconstruction et l'autre", *op. cit.*, p. 26.

crimes atrozes e no sentimento do inesquecível e do irreparável. Porque, pensando a impunidade e a atitude face ao crime, nomeadamente face ao "crime contra a humanidade", o perdão puro, o perdão absoluto não implica nem apela ao esquecimento – pelo contrário, supõe a memória intacta de um passado im-passável. De todo im-passável! E imperdoável!

2. *A Desconstrução e o Perdão* – aporias do im-possível

"je parjure comme je respire"
Derrida, *Pardonner*

"tous mes parjures faits de mots"
J. Derrida, *Circonfession*

"on ne pardonne que l'impardonnable"
J. Derrida, *Papier Machine*

É sabido, os anos 1990 do ainda tão próximo século passado foram o palco de uma mundialização do arrependimento e do perdão que se estende até aos nossos dias – o palco do que Derrida designa por uma "teatralização" da confissão pública da falta, do auto-arrependimento e do perdão, com o intuito de lograr uma reconciliação sócio-política e a restauração de uma possível normalidade na memória dorida de crimes com a silhueta do irreparável.

À data, a questão do perdão visava muito claramente a resolução de problemas de emancipação, de reparação e de apaziguamento da memória como, segundo a sua história, parece ser-lhe determinantemente próprio – e como, para além de Kant, de Hegel, de Nietzsche, de Heidegger, de Lévinas[74] e de Jankélévitch, também Arendt[75] e Lyotard[76] o sublinharam, folheando a longa história do perdão. Longa história, sim... Uma história na qual sobressai o (pro-

74 Lévinas é um adepto do perdão condicional – "o mal engendra o mal e o perdão ao infinito encoraja-o. Assim marcha a história. Mas a justiça interrompe esta história. Nós insistimos nesta interrupção da história onde se constitui o Nós. O dinheiro deixa entrever uma justiça de redenção substituindo-se ao círculo infernal ou vicioso da vingança e do perdão.", LÉVINAS, Emannuel. *Entre Nous*. Paris: Grasset & Fasquelle, 1991, p. 51.

75 ARENDT, Hannah. *La condition de l'homme moderne*. Tradução G. Fradier. Paris: Calmann-Lévy, 1961.

76 LYOTARD, Jean-François *Misère de la Philosophie*. Paris: Galilée, 2000.

blemático)[77] registo condicional e antropológico do perdão, que a maioria destes filósofos privilegiadamente reivindica,[78] como correlato da possibilidade de julgar e punir – ou de agraciar.[79] Uma história que se confunde com a história da ocidentalidade abraâmica, e na qual se patenteia a íntima relação existente entre o perdão e o tempo – configurando o tempo do perdão uma espécie de eternidade "no" tempo que, incicatrizável ferida na memória, aparentemente não passa. Tempo e perdão andam, pois, de mãos dadas. Bem como condicionalidade, trabalho de luto e reparação.

Razão pela qual à primeira vista se dirá também – e, de um certo ponto de vista, talvez de todo não sem razão! – que a problemática do perdão terá *explicitamente* entrado em cena na obra imensa de Jacques Derrida[80] sobretudo no decurso da segunda metade dos anos 1990: data, de facto, desse tempo a inserção do motivo do perdão nos seminários então leccionados pelo filósofo, na École des Hautes Études en Sciences Sociales de Paris, sob a rúbrica geral de *Questões da Responsabilidade* (1991-2003): o seminário leccionado nos anos lectivos de 1997-1999 intitulava-se, precisamente, "Le Pardon et le Parjure" – "O Perdão e o Perjúrio". Um "e" ("O perdão e o perjúrio") a dar que pensar... – a dar a escutar e a pensar o liame intrínseco, e mais ou menos obscuro, entre o perdão e o perjúrio. Um "e" que, em boa verdade, alimenta e sustenta a hipótese que aqui defendemos – um "e" que significa que, tudo quanto há a perdoar, é ou pressupõe *primeiramente* um perjúrio.[81] Um "e" que pressupõe mesmo que

---

77 Jacques Derrida questionará veementemente o registo antropológico tradicionalmente reivindicado pelo perdão – o perdão seria coisa estritamente humana. Em *Pardonner* (*op. cit.*, p. 82-84), nomeadamente, o filósofo estende a questão do perdão aos animais – à própria animalidade da besta.

78 ARENDT, Hannah, *La condition de l'homme moderne*, *op. cit.*, p. 271; JANKÉLÉVITCH, Vladimir, *L'imprescriptible*. Paris: Seuil, 1986, p. 22, 29.

79 O *direito de graça* denota ainda uma afirmação de soberania, cf. DERRIDA, Jacques. "Le siècle et le pardon", *op. cit.*, p. 132. Veja-se também "L'impardonnable. Entretien avec Pierre Legendre". In: "Figures de l'impossible". In: *Autrement*, nº 4, p. 18-32, abril 1991.

80 Observo que as referências bibliográficas que aqui faço do filósofo são apenas relativas à obra publicada até à data, isto é, até hoje: abril de 2017.

81 "Toda a falta, todo o crime, tudo quanto haveria a perdoar ou pelo qual haveria que pedir para ser perdoado é ou supõe algum perjúrio: toda a falta, todo o mal

a própria *incondicionalidade* do perdão, ou que, em sede derridiana, deve ser a do perdão, perjura... Que pressupõe mesmo que não há *justo* que não perjure... *por* ser justo, precisamente, ou *para* ser justo. Em suma, um "e" que tanto insinua a tensão (ou a aporia) do perdão, quanto o tormento do próprio justo em sede derridiana.

E, embora mais indirectamente, a problemática do *perdão* continuou ainda presente nos seminários leccionados pelo filósofo nos anos seguintes – nomeadamente, subjacentemente à problemática da "pena de morte" no decurso do ano académico de 1999-2001: residindo o liame entre ambos, entre o perdão e a pena de morte, no facto de esta pressupor uma falta ou um crime tido por imperdoável neste mundo.[82] E acontece que, para um Jacques Derrida *incondicionalmente abolicionista*[83] e a pensar os pressupostos teórico-filosóficos tanto da pena de morte como do abolicionismo – foi, aliás, o único filósofo a fazê-lo!

é primeiramente um perjúrio, a saber, a falta a alguma promessa [...] O perdão concerne sempre um perjúrio – e devemos perguntar-nos o que é, então, um perjúrio, uma abjuração, uma falta à fé jurada, ao juramento, à conjuração, etc. E, por conseguinte, o que é primeiramente jurar, prestar juramente, dar a sua palavra, etc. [...]", DERRIDA, Jacques. *Pardonner, op. cit.*, p. 87-88.

82 "[...] a pena de morte significa que o crime sancionado permanece para sempre, na terra dos homens e na sociedade dos homens, im-perdoável. Uma vítima pode perdoar, no seu coração, a um acusado condenado à morte e executado, mas a sociedade – ou o dispositivo jurídico – que condena à morte e passa à execução, até mesmo o chefe de Estado ou o governador que, dispondo do direito de graça ou do *right to clemency*, o recusa ao condenado, esta sociedade, esta hierarquia social assim representada não perdoa mais. Tudo se passa como se estes poderes decretavam que o crime imputado devesse permanecer para sempre imperdoado: a pena de morte significa a este respeito o inexpiável ou o imperdoável, o irreversivelmente imperdoado. O perdão, o poder de perdoar é devolvido a Deus.", DERRIDA, Jacques. *Séminaire. La peine de mort*, v. I (1999-2000). Paris: Galilée, 2012, p. 78-79.

83 Lembremos: "Sim, eu sou pela abolição incondicional da pena de morte, ao mesmo tempo por razões de princípio (insisto neste ponto: por princípio e não por razões de inutilidade ou de exemplaridade duvidosas [...] e por razões do coração", Jacques Derrida em Derrida, J., Roudinesco, E., *Quoi demain?*. Paris: Fayard/Galilée, 2001, p. 149.

–, o perdão, puro, secreto, absoluto,[84] *incondicional*, só perdoa, se perdoa ou quando perdoa, o imperdoável...

Mas, notemo-lo também, a problemática do perdão já havia estado presente no ensino de Jacques Derrida aquando da sua leccionação, no decurso dos anos 1970, das problemáticas do *dom*[85] (1977-1978) e, no decurso dos anos 1980, da problemática da *justiça* (lembro, por exemplo, que "Du droit à la justice" data precisamente de 1989) – e lembro também ainda que *dom* e *justiça* são dois outros *incondicionais* ou dois outros *impossíveis* da Desconstrução na sua condição de impossível pensamento do impossível de feição aporeticamente *im-possível*. Se existir, como a par e passo Jacques Derrida diz, "impossível verdade do dom impossível",[86] o perdão visa precisamente fazer *justiça* – ou, em linguagem levinasiana,[87] visa o amor sem *eros* ou sem concupiscência, a caridade ou a misericórdia (*Rachmana*) da *Justiça, como a própria Justiça*, antes, para além e através do Direito. *Justiça* que, lembremo-lo de novo de passagem também, pensada como relação absoluta ao absolutamente outro,[88] Derrida dis-

84 "[...] se perdão há, ele deve ser secreto, reservado, improvável e, portanto, frágil.", Derrida, J., *Sur Parole*, *op. cit.*, p.

85 A problemática do dom – e *ipso facto* a do perdão – integrou a leccionação de J. Derrida no decurso dos anos 1977-1978 na École Normale Supérieure, de Paris, nos anos 1979-1980 na Universidade de Yale (USA) e em 1991 na Universidade de Chicago (USA). À data, o traço publicado deste ensino é sobretudo *Donner le Temps. La fausse monnaie*, 1 (Paris: Galilée, 1991) – embora a problemática do dom tivesse já estado presente e operativa nas obras em que o filósofo trata da desconstrução do *próprio*, da *economia* e do *nome*, bem como das problemáticas do *rastro* e do *resto*.

86 DERRIDA, Jacques. *Pardonner*, *op. cit.*, p. 85.

87 Veja-se, nomeadamente, "Philosophie, Justice et Amour". In: *Entre Nous*, *op. cit.*, 1991, p. 126.

88 "Estaria tentado, até um certo ponto, a aproximar o conceito de justiça – que qui tendo a distinguir do direito – do de Lévinas. Fá-lo-ia, justamente, em razão desta infinitude e da relação heteronómica com outrem, com o rosto de outrem que me ordena, de quem não posso tematizar a infinitude e de quem sou refém. Em *Totalité et Infini*, Lévinas escreve: "[...] a relação com outrem – quer dizer, a justiça"" DERRIDA, Jacques. *Força de Lei*. Tradução Fernanda Bernardo. Porto: Campo das Letras, 2003, p. 36. O "até um certo ponto" insinua a demarcação crítica de Derrida do antropocentrismo e do androcentrismo, numa palavra, do carno-falo-

tingue igualmente do Direito, que ela tanto excede quanto reclama, e que em *Force de loi* (1994) equaciona à própria *Desconstrução.*[89]

> Se existir, o perdão", diz Derrida em *Pardonner*, "não é portanto possível, não existe como possível, não existe senão exceptuando-se da lei do possível, senão im-possibilitando-se, se assim posso dizer, e na *provação [endurance]* infinita do im-possível como im-possível; e é o que ele teria em comum com o dom.[90]

Com o dom e, poderíamos acrescentar, com a Justiça – e, em boa verdade, com todos os *impossíveis* da Desconstrução, que, na *incondicionalidade* do seu excesso ou da sua "loucura", têm, todos eles, uma estrutura aporética. Irremediável e irredutivelmente aporética.

E data também ainda do fim dos anos 1990, o texto de conferências que, com o título de *Pardon et Parjure*, Derrida proferiu nas Universidades de Cracóvia, de Varsóvia e de Atenas, em 1997, e depois, em 1998, nas Universidades de Western Cape e de Capetown, na África do Sul, e de Jerusalém. Intitulado *Pardonner: l'impardonnable et l'imprescriptible*, o texto destas conferências – que, no essencial, corresponde às duas primeiras sessões do seminário leccionado sobre o título "Le parjure et le pardon"[91] – foi depois editado em 2004 no *Cahier de l'Herne* (nº 83) dedicado a Jacques Derrida,[92] antes de vir a ser editado em volume autónomo, em 2005 nos *Carnets de l'Herne*, de onde aqui o cito, e em 2012 pelas editions Galilée.

Intitulada "Le pardon, la vérité, la réconciliation: quel genre ?", a conferência proferida, em Agosto de 2004, por Derrida no Rio de Janeiro integra também o corpus dos seminários sobre *Le Pardon et le Parjure* (EHESS, 1998-1999), de que constitui a transcrição de uma das suas sessões.

-logo-centrismo, da meta-ética levinasiana.

89 "A desconstrução é a justiça", DERRIDA, Jacques. *Força de Lei, op. cit.*, p. 26.

90 DERRIDA, Jacques. *Pardonner, op. cit.*, p. 84.

91 Cf. Ibid., p. 90, nota 1.

92 *L'Herne Derrida*, n. 83, s/d Mallet, Marie-Louise e Michaud, Ginette. Paris: Éditions de l'Herne, 2004, p. 541-560.

E data também de 1998 o título "Avouer – l'impossible"[93], que é o texto de uma conferência proferida no XXXVII° Colóquio dos Intelectuais Judeus sob a rúbrica da interrogação "Comment vivre ensemble?" – interrogação que o filósofo traduz, à sua maneira, para "Comment *bien* vivre ensemble?", salientando a diferença existente entre paz, perdão e reconciliação a partir da sua primazia outorgada à "ética hiperbólica" da sua concepção da paz messiânica e do perdão incondicional, e apelando à urgência da necessidade do "*bem* viver juntos" com todos os viventes, e não apenas com os viventes humanos. É o *espírito sacrificialista* da tradição humanista que é duramente posto em questão.

E impossível é também esquecer aqui a conferência de 1998, intitulada "Qu'est-ce qu'une traduction "relevante"?",[94] na qual Derrida aborda e salienta a *excepcionalidade* do perdão a partir da sua leitura de um dito de Portia em *O Mercador de Veneza* de Shakespeare: "When mercy seasons justice...". Quando a misericórdia (no sentido de Justiça ou de Caridade) tempera (isto é, adoça, eleva e releva) a justiça (no sentido de Direito). Por outras palavras, quando o poema – dito "a ferida áfona que de ti desejo aprender de cor"[95] –, quando uma linha poemática assina e assinala a admirável *excepcionalidade* do furor do desejo de Justiça, que é sempre a má consciência e o remorso do Direito!

Finalmente, datam também do fim dos anos 1990 diversas entrevistas concedidas pelo filósofo em torno do motivo do perdão – intitulada "Justice et Pardon", data de Setembro de 1998 a entrevista concedida por Derrida a Antoine Spire no âmbito das emissões "à voix nue" de France Culture: entrevista posteriormente incluída em *Sur Parole*[96] (1999). Tal como data também de Dezembro de 1999 a longa entrevista concedida por Derrida a Michel Wieviorka com o título "Le siècle et le pardon" – editada primeiramente no n° 9 do *Monde des Débats* (Dez. 1999), foi depois editada, em 2000, no volume *Foi*

93 DERRIDA, Jacques. "Avouer – l'impossible: 'Retours', Repentir et Reconciliation", primeiramente editado no volume colectivo Colloque des Intellectuels juifs, *Comment vivre ensemble?* Paris: Albin Michel, 2001, p. 179-221 e posteriormente integrando o volume póstumo *Le dernier des Juifs*. Paris: Galilée, 2014, p. 13-64.

94 Trata-se da conferência inaugural proferida por Derrida na *Quinzièmes Assisses de la traduction Littéraire* (Arles 1998). Arles: Actes Sud, 1999, p. 21-48.

95 DERRIDA, Jacques. *Che cos'è la poesia ?* Tradução Osvaldo Silvestre. Coimbra: Angelus Novus, 2003, p. 9.

96 DERRIDA, Jacques. *Sur Parole, op. cit.*, p. 123-142.

et Savoir[97] (a conferência de Capri datada de 28 de Fevereiro de 1994), de onde aqui a citamos.

A par de me ajudar a demonstrar a minha hipótese, esta enunciação um pouco avulsa da presença do motivo do perdão na leccionação e na obra (à data publicada) de Jacques Derrida no decurso dos anos 1990 visa, em primeiro lugar, salientar o quanto as importantes ocorrências e mutações geopolíticas à data em curso encontraram nele um *eco pensante* – para além de mostrar à evidência também como o motivo do perdão é um dos que, por excelência, exemplifica a dita "mundialização" em termos de "mundialatinização",[98] como Derrida a designará, uma vez que o perdão põe precisamente a nu a marca de cristandade romana na linguagem do direito, da política e mesmo do chamado "retorno do religioso".[99]

Com efeito, lembremo-lo também de passagem com Derrida, acontece ser no decurso dos anos 1990 que, a par da expansão da dita mundialização, se assiste a uma proliferação mundial de cenas de arrependimento e de pedidos de perdão: um pouco por todo o lado no decurso desta década se multiplicaram as cenas de "arrependimento" e de pedido de perdão da parte de algumas corporações, comunidades, nações, instituições e mesmo religiões, que, num gesto muito abraâmico de rememoração e de remorso, se viraram para o passado sob a injunção do dever de memória, se auto-acusavam e, *comparecendo diante de uma instância que não era mais nem nacional nem estatal*, pediam perdão: é, por exemplo, o caso do memorável gesto de Willy Brandt diante do monumento ao gueto de Varsóvia; é, por exemplo, também o gesto de Chirac ao declarar que a França, sob o regime de Vichy, tinha cometido "o irreparável" contra os judeus; é também o caso do Japão a pedir perdão à Coreia e à China pelas violências cometidas no passado; tal como é também o caso, na África do Sul, da *Comissão Verdade e Reconciliação*[100] [*Truth and Reconciliation Comission*] criada em 1995,

97 DERRIDA, Jacques. *Foi et Savoir*, *op. cit.*, p. 101-133.

98 *Ibid.*, p. 47-49, 66.

99 *Ibid.*, p. 108.

100 Sem competência judicial, a Comissão, ao serviço do trabalho de luto, de cura e de reconstituição do corpo do Estado-Nação, era constituída por três subcomissões: uma *Comissão dos Direitos Humanos*, que ouvia os testemunhos e prosseguia as investigações; uma *Comissão de Amnistia* composta por cinco membros, dois comissários e três juízes independentes, totalmente independente da Comissão; e

no prosseguimento da investidura do presidente Nelson Mandela, e que, presidida por Desmond Tutu, se destinava a sarar as feridas[101] do *Apartheid,* tido entretanto pela comunidade internacional, na sua representação onusiana, por um "crime contra a humanidade".

E é também ainda o caso do Chile, com o levantamento da imunidade a Pinochet, ou o caso do próprio Presidente Clinton a reconhecer a responsabilidade americana na história do tratamento dos negros africanos, ou na história dos índios e da violência da escravatura inseparável da fundação dos próprios Estados Unidos.[102]

E, mais recentemente, é também ainda o caso da própria Igreja Católica que, primeiramente, através do Papa João Paulo II, em junho de 2004, pediu perdão pelos crimes cometidos pela Inquisição, e, mais recentemente, em jde 2016, o próprio Papa Francisco pediu perdão aos protestantes pela perseguição católica do passado, e, em 29 de julho de 2016, aquando da sua tocante visita ao campo de concentração de Auschwitz pediu perdão a Deus pela "tanta crueldade" de que aquele lugar e aquele nome eram a referência.

E a universidade? Tendo em conta a missão que, na sua *incondição*, deveria ser a sua – a de ser luz para as Luzes do mundo –, a universidade, que Derrida também apostrofou, é a única que, tanto quanto sei, parece permanecer silenciosa diante das faltas à sua missão!

Em suma, todos estes exemplos – e outros ainda que aqui se silenciam por economia de tempo! – atestam que, no decurso dos anos 1990, a expansão da dita mundialização foi acompanhada por uma mundialização do perdão, e que tal facto encontrou um *eco pensante* no pensamento e na obra de Derrida. Como reiteradamente aconteceu, não só o filósofo cor*respondeu* às urgências mais gritantemente apelativas e concretas do seu tempo, *pensando-as,* como

---

uma *Comissão de Reparação e Reconciliação*, que socorria os sobreviventes, auxiliando-os, nomeadamente, a encontrar os corpos para, enfim, possibilitar o trabalho do luto.

101 A escritora Antjie Krog, que assistiu às sessões da Comissão, deu dela um testemunho impressionante no livro *Country of my skull: Guilt, Sorrow, and the Limits of Forgiveness in the New South Africa* (Paperback, 2000).

102 Veja-se, nomeadamente, "Déclarations d'Indépendance", In:___. *Otobiographies*: L'enseignement de Nietzsche et la politique du nom propre. Paris: Galilée, 1984, p. 11-32.

muitas vezes as antecipou mesmo, *re-pensando-as* e abrindo caminho ao seu re-pensar vigilante e exigente no âmbito do seu ensino e da sua obra muito antes de, *espectacularmente*, elas virem a invadir o espaço mediático e geopolítico-social: assim aconteceu, por exemplo, com os seus seminários em torno da problemática da hospitalidade,[103] da soberania e da dita animalidade, que ocuparam a sua leccionação muito antes de, com estrondo, virem a ocupar a cena política e mediática. E, de certa forma, assim aconteceu também com o motivo do perdão que, com o do perjúrio, entrou em cena no pensamento e na obra de Derrida muito antes de, em resposta às urgências e à análise do seu tempo, nos anos 1990 o filósofo se interrogar sobre o *sentido daquela teatralização do perdão*, interrogando e contestando, mais sistemática e directamente, a *herança ocidental do perdão*, repensando-a e *contra-assinando-a*. *Contra-assinando-a*, isto é, herdando-a singular ou idiomaticamente – procedendo ao seu *levantamento* ou lembrando-a, dando-lhe voz, pois, deixando-a falar e falar-lhe, *enxertando* nela o seu próprio pensamento do perdão e *alongando-a* ou re-inventando-a: *levantamento, enxertia e extensão* ou *alongamento* são, como bem sabemos, os

103 A questão dos "sem papéis" data, em França, do começo dos anos 1990, quando a então primeira-ministra, Edith Crésson, freta *charters* para a expulsão em massa do país dos chamados "sem papéis". Na segunda metade dos anos 90, o reforço da implementação das "leis Pasqua-Debré" (1993) levou à agudização do problema e à criação do sintagma "delito de hospitalidade", que associava a hospitalidade concedida a um delito. Derrida empreendia então, no âmbito dos seus seminários, uma reflexão sobre a hospitalidade [DERRIDA, Jacques. *De l'hospitalité.* Paris: Calmann-Lévy, 1997 e *Cosmopolites de tous les pays, encore un effort!* Paris: Galilée, 1997], apelava à "desobediência civil" relativamente aos "sem papéis" e tomava posições públicas ("M. Pasqua, son conseiller et les étrangers", com Pierre Bourdieu, *in Le monde*, 10 janeiro de 1995; "Pour un débat sur le sort des étrangers", com Pierre Bourdieu e Danièle Lochaak, in *Libération*-1995; "Quand j'ai entendu l'expression "délit d'hospitalité"..." in *Plein Droit*, nº 34, avril) e participava em manifestações, nomeadamente numa manifestação de apoio aos "sem papéis" no *Théâtre des Amandiers* em 21 Dez. 1996, de cuja intervenção improvisada resultou o texto "Manquements du droit à la justice. (Mais que manque-t-il donc aux "sans-papiers" ?)" (in: DERRIDA, Jacques, GUILLAUME, Marc; VINCENT, Jean-Pierre. *Marx en jeu.* Paris: Descartes & Cie., 1997, p. 73-91. Data também da mesma época a tomada de posição de Derrida, a 30 de novembro de 1999 no jornal *Humanité*, "Pour José Rainha", *leader* dos "sem terra" – carta posteriormente incluída em *Papier Machine, op. cit.*, p. 333-336.

3 momentos da leitura paleonímica,[104] híper-ética, híper-política e inventiva, praticada pela Desconstrução derridiana.

Uma leitura exemplarmente atestada na problemática do perdão na qual Derrida começa por mostrar - em 1: *levantamento* - como na sua herança abraâmica, sobretudo na sua vertente cristã, coexistem duas lógicas aparentemente em conflito: *uma* - a *lógica condicional*, largamente predominante, que compromete o sentido puro e estrito do perdão, e segundo a qual só há lugar a perdão se o culpado confessar a falta, pedir perdão e mostrar arrependimento. E *uma outra* - *a lógica incondicional* -, de acordo com a qual o perdão é concedido como uma graça absoluta ao próprio imperdoável: sem pedido, portanto, sem arrependimento e, por conseguinte, sem mudança do culpado. Nesta herança heterogénea, Derrida vai sobretudo salientar a *lógica do perdão incondicional*, vai relevá-la - e é 2: a *enxertia* -, salientando-lhe agora a impossibilidade e a aporia: a singular im-possibilidade do perdão, agora introduzida pela linguagem, ou seja, pela própria enunciação e concessão do perdão - e é 3: *a extensão*, o *alongamento* ou a *re-invenção* do legado assim *bem* herdado do perdão. *Re-invenção* que atesta a responsabilidade da resposta derridiana à dupla injunção da problemática do perdão, que lhe era enviada pela tradição abraâmica da ocidentalidade filosófico-cultural, onde inscreve o seu idioma e, por conseguinte, o da sua Desconstrução. Que, em boa verdade, lhe era endereçada pela melancolia[105] do próprio pedido de perdão de Abraão a Deus.[106] Sonhando com a hipótese de um "outro Abraão" - um Abraão menos ciente da provação da sua eleição -, eis como Derrida o confessa:

> Eu tentei primeiramente responder pela ideia do perdão como de uma herança abraâmica (judaica, cristã, sobretudo cristã, e

104 Cf. DERRIDA, Jacques. *Posições, op. cit.*, p. 81-82.

105 Para esta questão, veja-se, nomeadamente, DERRIDA, Jacques. "Abraham, l'autre". In:___. *Le dernier des juifs, op. cit.* e "La mélancolie d'Abraham". In: *Derrida*, J., *L'événement Déconstruction* in *Les Temps Modernes, op. cit.*

106 Para a leitura descristianizante que Derrida faz da leitura cristianizante que Kierkegaard faz deste episódio do Antigo Testamento (*Gén.* 22) em *Temor e Tremor*, veja-se nomeadamente, DERRIDA, Jacques. *Dar a Morte, op. cit.*, e "Abraham, l'autre" in *op. cit.*

> islâmica). [...] Nesta tradição, e sobretudo na cristã, duas postulações parecem contradizer-se:
> 1. Por um lado, não se pode perdoar ou pedir a Deus para perdoar (enorme questão: saber quem perdoa quem ou quem perdoa o quê a quem) senão se o culpado confessa, pede perdão, se arrepende e portanto muda, se enreda numa outra via, promete ser um outro. Aquele que pede perdão é já, numa certa medida, um outro. Então quem, a quem é que se perdoa? E o quê?
> 2. Por outro lado, o perdão concede-se como uma graça absoluta, sem troca, sem mudança, sem arrependimento nem pedido de perdão. Sem condição. Estas duas lógicas (perdão condicional ou graça incondicional concedidos ao próprio imperdoável) estão em conflito mas coexistem na tradição, mesmo se a lógica do perdão condicional nela é largamente predominante, como o próprio bom senso. Mas este bom senso compromete de antemão o sentido e estrito de um conceito rigoroso do perdão. Mesmo se nada nunca lhe corresponde, de facto, nós herdamos deste conceito de incondicionalidade e é também preciso dar conta dele. Haveria que responder por ele de modo responsável. [...] O único perdão possível é assim o perdão impossível."[107]

Sublinhemo-lo: foi sobretudo a *incondicionalidade* do perdão que Derrida herdou, fez questão de herdar, e que, desde sempre, salientou no tecido da ocidentalidade, filiando o seu pensamento no rastro do *impossível* – um *impossível* esquecido, denegado, silenciado ou pretensamente reflectido e apropriado pela ocidentalidade filosófico-cultural. Razão pela qual eu advogo que se pode dizer do perdão exactamente o mesmo que o próprio filósofo disse, em 2004, em entrevista a Evelyn Grossmann[108] a respeito da problemática do político na sua obra – a saber, que o político sempre nela esteve presente, que desde sempre a atitude e as premissas de uma nova problemática quanto ao político estiveram presentes na sua obra[109] – nomeadamente através da desconstrução da *origem*

---

107 DERRIDA, Jacques. "Autrui est secret parce qu'il est autre". In: *Papier Machine, op. cit.*, p. 395-396.

108 DERRIDA, Jacques. "La vérité blessante". In: *Revue Europe*, 2004, p. 11-13.

109 Como não lembrar, por exemplo, que o *processo da escrita*, contra o qual a Desconstrução se inaugura no modo de pensamento da arqui-escrita, é também o

plena, do *próprio*, da *propriedade*, da *apropriação* e, portanto, da *soberania* ou da aparentemente plácida autonomia ou *unidentidade* –, gizando uma orientação e um *idioma de pensamento* que foi preliminarmente necessário perscrutar e firmar a fim de, explicitamente, preparar a elaboração de uma nova concepção do político[110] (em termos de política messiânica), da democracia (em termos de democracia por vir) e da própria mundialização (em termos de "altermundialização").[111] Uma elaboração que, depois, a precipitação de importantes eventos e repentinas mutações geopolíticas tornaram mais manifesta e expressiva, acentuando o teor *singularmente* político dos seus textos e das suas obras, tornando assim esse teor mais imediatamente identificável e, portanto, legível. Obras que cor-*respondiam* a esses eventos e mutações em curso. O que sobretudo acontece também no decurso dos anos 1990 – com obras como *Spectres de Marx* (1993), *Politiques de l'amitié* (1994), *Force de loi* (1995), *De l'hospitalité* (1997), *Cosmopolites de tous les pays, encore un effort!* (1997), *L'autre cap* (1991), *Moscou aller-retour* (1995), *Du droit à la philosophie du point de vue cosmopolitique* (1997), "Manquements – du droit à la justice" (1997), *Marx § Sons* (2002), e etc.

---

processo da própria democracia? Como não lembrar, nomeadamente, "La Pharmacie de Platon" (1968), que tão intensamente ecoa em *Voyous* (2003)? Como não lembrar também os pressupostos e o alcance "político" – e quanto ao político – da *Disseminação* em relação à *Polissemia* e à tendência desta para a *reunião*, e por conseguinte para o apagamento da *différAnce*, tão patente, por exemplo, na *Versammlung* heideggeriana? *Disseminação* que patenteia aquilo que não volta ao pai, e que contém portanto já uma desconstrução do *falocentrismo* … etc. etc.

110 Cf. BERNARDO, Fernanda. "Derrida – *toujours déjà* "politique". Qu'appelle-t-on *la justice* dans *la pensée*?" In: colectivo, *Derrida – o dom da différance*. Coimbra: Palimage, 2019.

111 "Creio muito na altermundialização. Não nas formas que ela assume actualmente, frequentemente confusas e heterogéneas. Mas no futuro, eu creio que as decisões se tomarão a partir daí, os Estados-nações hegemónicos e as organizações que deles dependem (nomeadamente as "cimeiras" económicas e monetárias) deverão ter em conta este poder. Os partidos políticos, tais como existem actualmente, em França ou noutros lados, são incapazes de integrar um discurso altermundialista. […] A nova força a que aludimos é sem partido – atravessa todo o campo social, não pertence também a uma classe social, todos os tipos de trabalhadores nela se encontrarão.", DERRIDA, Jacques. "Si je peux faire plus qu'une phrase…". In: *Les Inrockuptibles*, nº 435, p. 29, de 31 mar. a 6 abr. 2004.

Pois bem, creio que outro tanto se poderá dizer a respeito do motivo do perdão, cujas premissas teóricas (*incondicionalidade/impossibilidade*) estiveram *desde sempre* presentes e actuantes na obra de Derrida, tratando-se muito simplesmente agora de as detectar e de as dar a ler e a pensar. De facto, se a generalização da teatralização da confissão do crime ou da falta, do arrependimento e do pedido de perdão nos anos 1990 levou Jacques Derrida a interrogar-se acerca da sua *significação* e a ver nela um sinal de um desejável progresso da humanidade – apesar do cálculo, da hipocrisia e da instrumentalização sempre possíveis desta teatralização! –, a verdade é que a problemática do perdão não fez a sua aparição no pensamento e na obra do filósofo apenas neste momento e neste contexto – *o contexto específico de uma mutação geo-política cuja existência apelava à responsabilidade do pensamento filosófico para pensar o que estava a acontecer*. Apelo a que, neste momento, isto é, na década de 1990, Derrida respondeu, salientando uma vez mais, não apenas a *especificidade* da sua concepção de perdão a partir da sua tradição abraâmica, melhor, a partir do seu re-pensar da própria tradição abraâmica, mas pensando também a *significação* do sintoma desta generalização da teatralização mundana do perdão. Uma teatralização generalizada que visava responder publicamente à urgência universal da memória ferida. Mas, justamente: porquê entretanto esta urgência? Porquê, naquele momento preciso, uma tal generalização da teatralização do perdão? A que era ela devida? Era ela o sintoma de quê, exatamente?

Por outras palavras e precisando-o: neste momento concreto, *não estava apenas em questão re-pensar a herança abraâmica do perdão*, salientando e repensando a sua íntima contradição – embora também, claro: *estava sobretudo em questão pensar a significação específica da generalização geo-política das cenas de assunção da falta e de arrependimento públicos*, e, *ipso facto*, do pedido de perdão generalizado num *espaço público* transformado e em acelerada transformação pelas tele-tecnologias. Um espaço público virtualmente universal instituído, notemo-lo também, quer em *testemunha* universal deste arrependimento, quer em tribunal ou em confessionário mundial.[112] O que tem muito que se lhe diga no tocante ao perdão que, para Derrida, na pureza da sua *incondiciona-*

112 Cf. DERRIDA, Jacques. "Avouer – l'impossible". In:___. *Le dernier des Juifs*, *op. cit.*, p. 44.

lidade configura o face-a-face da vítima e do culpado. Ou seja, é alheio à cena! Alheio ao teatro. Alheio às luzes da ribalta.

Ora, no tocante à *especificidade da significação* destes eventos, Derrida detectou neles o sintoma de uma notável, embora ainda frágil, *mutação*[113] na história do político e do jurídico, das relações entre a sociedade civil e a soberania do Estado, o Direito Internacional e as Organizações não-governamentais: uma *mutação* configurada pelo facto, *sem precedentes na história da humanidade*, como o filósofo o sublinha, de Estados ou de Estados-nações, ou mesmo de instituições como a igreja, se verem obrigados a comparecer diante de uma instância supra-estatal[114] – uma *mutação* na qual manifestamente ecoa (como não o notar?) a auto-desconstrução do próprio instituído,[115] da soberana soberania do instituído, porque, como reiteradamente Derrida também lembra, a Desconstrução é uma desconstrução do instituído em geral e não apenas da genealogia estruturada dos conceitos ou dos filosofemas inscritos na língua da tradição herdada[116] – o que ela é também, claro!

Uma *mutação* geo-política, no entender do filósofo, essencialmente ditada pela criação do conceito de "crime contra a humanidade" instituído, em 1945, pelo Tribunal Internacional de Nuremberga na memória traumática do horror do projecto do "holocausto".

De facto, aos olhos de Derrida, uma das principais fontes passíveis de explicarem o fenómeno da súbita proliferação mundial das cenas de arrependimento e de demanda de perdão ocorrido nos anos 1990 terá precisamente sido *a criação e a implementação do conceito de "crime contra a humanidade"* – um conceito jurídico *para além* do Direito nacional e da soberania do Estado-nação, sublinha o filósofo, e que então se tendia a confundir com o perdão.[117] E

113 *Ibid.*, p. 43-44.

114 *Ibid.*, p. 47.

115 Uma *mutação* que significa a própria auto-desconstrução do instituído, porque, como reiteradamente Derrida diz: "ça se déconstruit" – há desconstrução antes da Desconstrução derridiana ou, à letra, "A desconstrução não tem necessidade da desconstrução", DERRIDA, Jacques. "Les arts de l'espace". In:____. *Penser à ne pas voir*. Paris: La Différence, 2013, p. 54.

116 Cf. DERRIDA, Jacques. *Posições*. Tradução Maria Margarida Barahona. Lisboa: Plátano, 1974, p. 14.

117 "O perdão não devolve a justiça, é certo, não se substitui à justiça, o valor do perdão é heterogéneo ao valor de julgamento jurídico.", DERRIDA, Jacques. *Sur Parole, op. cit.*, p. 132.

um conceito que portava a promessa de um progresso do Direito e da própria "humanidade", a qual, sem idade, é também em si mesma sempre um infinito ponto de interrogação – e isto, porque um tal conceito era portador da promessa de um inestimável progresso na concepção do respeito e da responsabilidade pela dignidade do vivente. Do vivente *humano*, notemo-lo também, notando o *carno-falogocentrismo* que ainda o impregna, e não ainda do *vivente em geral*, como Derrida observa, lastimando-o.

E um conceito que portava e configurava (e configura!) a possibilidade de um inestimável progresso do Direito e da "humanidade", porque se trata de um conceito que se eleva acima do Direito nacional e do próprio político dimensionado pela *polis*, e, portanto, pela soberania do Estado-nação. Um conceito que tem, se não a latitude, a amplitude e o alcance, pelo menos a inquietude do *espírito da Justiça* tão heterogénea quanto indissociável do Direito – o espírito que, *a cada passo*, literalmente, apela ao "mais um esforço" solicitado ao registo cosmopolita do instituído para, na urgência mais extrema, saudar o luar da promessa de novas Luzes por virem, sem todavia por isso cair no *juridicismo*, que pretende reduzir a Justiça ao Direito e é susceptível de configurar uma nova obsessão inquisitorial:[118]

> Por mais problemático e insuficientemente elaborado que aos meus olhos ele permaneça", diz Derrida, "este conceito [de "crime contra a humanidade"] anuncia um progresso irreversível. Está implicado em todas as cenas de arrependimento, de confissão e de pedido de perdão. [...] Por mais imperfeito que permaneça, este conceito está assim no horizonte de todos os progressos por virem do direito internacional, do estabelecimento difícil, mas irresistível, de tribunais internacionais tal como do pôr em prática (largamente por vir, se se tiverem em conta as desigualdades incomensuráveis nas condições de vida dos homens) de toda a declaração dos direitos do homem, sem falar do que, na vida daquilo a que se chama animais e no viver-conjuntamente com os viventes a que se chama, de modo indiferenciado, os animais [...] apela a tarefas que excedem mesmo o conceito de direito e de dever e deveria obrigar-nos a repensar a grande questão do sacrifício.[119]

118 Cf. DERRIDA, Jacques. "Avouer - l'impossible", *op. cit.*, p. 49-50.

119 *Ibid.*, p. 47-48.

Mas, se nos seminários e nas obras dos anos 1990 Derrida se debruçou *sobre o significado específico da generalização universal do teatro do perdão no decurso dos anos 90*, nela detectando um ainda frágil, mas promissor, sinal de progresso, *ao mesmo tempo que salientava a especificidade do perdão* na sua distinção com outros gestos políticos e jurídicos aparentemente similares e com os quais manifestamente o perdão era então confundido – como o pedido de desculpas, a amnistia, a prescrição e o agraciamento, por exemplo –; a verdade é que não data apenas dos anos 1990 a aparição do motivo do perdão na sua obra. Não, de todo. Em boa verdade, e como comecei por referi-lo (em § 1), a problemática do perdão tem exactamente a idade e a latitude da própria Desconstrução derridiana que, à semelhança do perdão, *perjura como respira*: data precisamente do nascimento da própria Desconstrução na sua condição de pensamento do impossível, da singularidade e do evento ou do que acontece,[120] tanto quanto de pensamento da escrita, do rastro ou da *différance*: o dom da *différance*, aquele de que o pensamento e o nome de Jacques Derrida é portador e nos legou, é tão inseparável do dom do perdão e do apelo ao dom do perdão – do perdão puro, do perdão absoluto, do perdão incondicional, do perdão impossível –, quanto da sua estrita im-possibilidade. Quanto da sua aporia: se existir, o perdão perdoa precisamente o imperdoável – o tão-somente im-perdoável:

> Teremos de nos debater incessantemente", diz Derrida em *Pardonner*, "nas malhas de uma aporia, de que a forma abstracta e seca, de que a formalidade lógica seria tão implacável quanto irrecusável: não há perdão, se houver, senão do im-perdoável. Por conseguinte, o perdão, se existir, não é possível, não existe como possível, não existe senão exceptuando-se da lei do possível, senão im-possibilitando-se, se assim posso dizer, e na provação infinita do im-possível como impossível.[121]

O perjúrio, o imperdoável, e, por conseguinte, o perdão, o dom do perdão, a urgência e a necessidade do perdão e/ou o pedido de perdão, andam pois

120 "Acontece-me frequentemente definir as desconstruções [...] dizendo: "é o que acontece", mas também "é a possibilidade do impossível"", Derrida, J., *Papier Machine, op. cit.*, p. 340.

121 DERRIDA, Jacques. *Pardonner, op. cit.*, p. 84.

de mãos dadas com a hiper-radicalidade do registo quase-transcendental da Desconstrução: "pede-se sempre perdão quando se escreve", escreve Derrida em "Circonfession" - ou mesmo "desde que se fala",[122] acrescenta o filósofo, insinuando a (arqui-)escrita como a escrita (isto é, o desvio, a separação, a interrupção, a divisão, o silêncio, o espaçamento, a elipse, o tom ou o timbre) *na* fala ou *na* voz, que assim se perde a proferir-se ou a escrever-se: "perco a voz a chamar", a "chamar-te",[123] lamenta-se o signatário de "Envois", cujo pensamento e cuja obra "chora a voz perdida em lágrimas negras como rastro de tinta".[124] E, insinuando tanto o liame do perjúrio com a própria fidelidade da relação/destinação dual, quanto a íntima associação do perjúrio, do perdão e da escrita,[125] o signatário de "Circonfession" explicita:

> [...] a frase "pede-se sempre perdão quando se escreve" deixa "suspensa a questão de saber se, finalmente, se pede perdão por escrito por algum crime, blasfémia, perjúrio anterior, ou se se pede perdão por escrever, perdão pelo crime, pela blasfémia ou pelo perjúrio nos quais consiste presentemente o acto de escrever.[126]

122 *Ibid.*, p. 398.

123 DERRIDA, Jacques. "Envois". In:___. *La carte postale, op. cit.*, p. 22.

124 DERRIDA, Jacques. *L'écriture et la différence, op. cit.*, 110.

125 Lembramos também que Derrida advoga a afinidade existente entre o segredo da aliança firmada entre Deus e Abraão, em *Génesis 22*, e o segredo da literatura: filiada no hiper-segredo de Abraão, a própria literatura está obrigada ao perdão pela traição da sua filiação simultaneamente possível e impossível: "a literatura herda, certamente, de uma história santa de que o momento abraâmico permanece o segredo essencial (e quem negará que a literatura permanece um resto de religião, um laço e uma réstia de sacro-santidade numa sociedade sem Deus?), mas ela renega também esta história, esta pertença, esta herança. Renega esta filiação. Trai-a no duplo sentido da palavra: é-lhe infiel, rompe com ela no exacto momento de manifestar a sua "verdade" e de lhe desvelar o segredo. A saber, a sua própria filiação: possível impossível. [...] Por esta dupla traição a literatura não pode senão pedir perdão. Não há literatura que, desde a sua primeira palavra, não peça perdão. No começo houve o perdão. Por nada. Por nada querer dizer.", DERRIDA, Jacques. "A literatura no segredo". In:___. *Dar a Morte, op. cit.*, p. 190-191.

126 *Ibid.*, p. 47.

E por que razão – pergunte-se – é a fala ou o simples "acto de escrever" um crime, uma blasfémia ou um perjúrio? Um crime, uma blasfémia e um perjúrio subjacentes a toda e qualquer falta ou a todo e qualquer crime cometido, notemo-lo? Por que razão toda a falta e todo o crime cometidos têm *primeiramente* a feição de um perjúrio? Por que razão se pede "sempre perdão quando se escreve"? Por que razão são o perjúrio e o perdão indissociáveis da Desconstrução derridiana? Indissociáveis da sua *paixão pelo impossível*, que é preciso e que falta, sempre? Indissociáveis da sua paixão pela justiça? Indissociáveis da sua paixão pela singularidade? Pelo segredo absoluto da singularidade? Numa palavra, por que razão é o pensamento da escrita, do rastro ou da *différance* – as primeiras designações da Desconstrução derridiana, lembremo-lo também aqui neste ano em que saudamos os 50 anos das edições de 1967 do filósofo – indissociável do perjúrio e do perdão?

Pois bem, e tendo em conta que, como vimos antes, para Derrida há perjúrio desde que na relação dual, na rectidão do face-a-face há *mais de dois*, porque o rastro [*la trace*] configura precisamente a interrupção, a contaminação e a indiscrição desse "mais de dois": *o rastro é indiscreto* – e é indiscreto porque a palavra proferida ou enunciada, quer em voz alta quer mesmo em silêncio ou grafada, que o rastro configura no modo do testemunho de uma dada experiência ou de um dado evento,[127] perde imediata e fatalmente a singularidade do destinatário ou da destinatária a quem, à partida, em exclusivo se endereçava e se destinava, assim interrompendo e assim desviando, tanto quanto possibilitando e efectivando, a rectidão da relação dual. A fala ou a escrita, a escrita *na* fala, o rastro [*trace*], o texto ou a obra traem *a-priori* a fidelidade incondicional que os terá ditado: a-*destinam-se* imediatamente, assim perdendo a singularidade ou a unicidade do destinatário ou da destinatária a quem, à partida, se endereçavam. À semelhança da carta enviada na mono-língua *do* outro – carta que imediatamente se torna cartão-postal, simultaneamente aberta e secreta, tão aberta quanto criptada –, à semelhança, pois, da carta enviada, a fala, a escrita,

127 Lembramos: "O rastro é a própria experiência por todo o lado em que nada se resume ao presente vivo e onde cada presente vivo é estruturado como presente pelo reenvio ao outro ou a outra coisa, como rastro de algo de outro, como reenvio a. Deste ponto de vista [...] tudo é rastro.", Derrida, J., "Penser à ne pas voir", *op. cit.*, p. 69.

ou a obra são, em si mesmos, o próprio *testemunho* da traição e do perjúrio intrínsecos à mais fiel das fidelidades que as terá ditado ou inspirado.

O que é dizer que a problemática do texto, do rastro ou da escrita – problemática privilegiada por Derrida nos anos 1960 e 1970, como é sabido – coloca imediatamente em cena a problemática do perjúrio e do perdão em razão da imediata e tão fatal quanto necessária (na Desconstrução o risco é também uma *chance*, lembramos!) interrupção da rectidão da relação dual e da a-destinação com a consequente disseminação da palavra endereçada/enviada – uma "escrita digna deste nome confessa para pedir perdão pelo pior"[128] reitera Derrida em "Envois" (1980), talvez por excelência a obra do filósofo que mais explicitamente ponha isto em cena, mimetizando a cena tanto da abertura da carta/letra/palavra enviada, que, não obstante, permanece selada, quanto da sua a-destinação: qualquer um/a de nós "a recebe", e, na nossa condição de leitores (leitura cujo gesto mimetiza a mesma cena *quase*-dual), sente-se um pouco o destinatário ou a destinatária deste cartão-postal de Derrida que são "Envois".

> [...] o primeiro traço [trait] de uma letra divide-se", escreve Derrida, "e deve suportar a partição para se identificar – não há mais senão cartões-postais, pedaços anónimos e sem domicílio fixo, sem destinatário intitulado, cartas abertas, mas como criptas. Toda a nossa biblioteca, toda a nossa enciclopédia, as nossas palavras, as nossas imagens, as nossas figuras, os nossos segredos – um imenso castelo de cartões-postais.[129]

Tudo, absolutamente tudo – no fundo, toda a civilização no seu sem fundo... –, é pois, e desde sempre, "um imenso castelo de cartas-postais": esta também a razão pela qual há desconstrução antes da própria Desconstrução derridiana,[130] e esta também a razão pela qual esta se confessa a *provação* desta

128 DERRIDA, Jacques. "Envois". In: *La carte postale*, *op. cit.*, p. 47.

129 *Ibid.*, p. 60.

130 *A différance* é sem idade e sem história: "A desconstrução não tem, pois, necessidade da desconstrução.", DERRIDA, Jacques. "Les arts de l'espace", *op. cit.*, p. 54. E *em Mémoires* – pour Paul de Man. Paris: Galilée, 1987, p. 123, Derrida reitera: "Há já sempre desconstrução a operar [...] na memória ocidental."

divisão e desta disseminação de uma letra/carta/palavra também órfã de pai,[131] assumindo o seu *sofrimento* por esta irremediável e incurável "patologia da destinação". É ainda o signatário de "Envois" que o confessa:

> Sofro (mas como toda a gente, não? Mas eu sei-o) de uma verdadeira patologia da destinação: endereço-me sempre a outro qualquer [...]. Absolvo-me notando que isso se deve, antes de mim-mesmo, ao poder, para qualquer sinal que seja, o "primeiro" traço, a "primeira" marca, de ser remarcado, precisamente, repetido, logo dividido, desviado de qualquer destinação singular que seja, e isso pela sua própria possibilidade, pelo seu próprio endereçamento. É o seu endereçamento que dele faz um cartão-postal multiplicando, até à multidão, a minha destinatária. E no mesmo lance, claro, o meu destinatário. Patologia normal, não é, mas é para mim a única mortífera: mata-se alguém endereçando-lhe uma carta que não lhe é destinada, declarando-lhe assim o amor ou mesmo o ódio. *Mato-te a cada instante, mas amo-te. [...] Eis o desastre a partir do qual eu te amo, unicamente.*[132]

"Mato-te a cada instante, mas amo-te. [...] Eis o desastre a partir do qual eu te amo, unicamente", sublinho. Por outras palavras: eis o perjúrio como a própria verdade da cena da palavra proferida, endereçada ou enviada; eis o perjúrio como a própria verdade da escrita – razão pela qual dissemos antes que a problemática do texto, do rastro ou da escrita coloca imediatamente em cena a problemática do perdão: perdão pelo pior, isto é, pela desfiguração da singularidade secreta do destinatário ou da destinatária e pela interrupção da relação dual com a consequente traição da a-destinação. Como a própria a-destinação. Como a *destierrância* de toda e qualquer destinação – de todo e qualquer envio, de todo e qualquer endereçamento. Derrida confessa-o na melancolia das palavras do seu "adeus" à mãe *a morrer*: palavras que são precisamente o fio da sua relação sem relação, da sua *des-ligação* à mãe na iminência da sua morte; pala-

131 "Lapidarmente: a disseminação figura aquilo que não volta ao pai.", DERRIDA, Jacques. *Posições, op. cit.*, p. 95.

132 *Ibid.*, p. 123.

vras que, na mais rente proximidade dela, lhe são endereçadas e, não obstante, naquele preciso instante já o desviam dela, ditando-lhe o perdão. O mesmo perdão que Santo Agostinho também pedia a Deus por dele se desviar na própria pregação da sua palavra aos seus irmãos...

> [...] espero a interrupção de uma corrida contra o relógio entre a escrita e a sua vida, a sua, a sua, a sua unicamente, aquela de que eu me afasto à medida que dela falo, para a trair ou a caluniar em cada palavra, mesmo quando a ela me endereço sem que ela me ouça para lhe dizer que te traio, peço-te perdão, confidencio-te, a ti, peço-te perdão por te confidenciar, a ti, a ti, que representas tudo, neste duelo, todos os meus endereçamentos, imagina, perdão por te confessar aí onde não me ouves mais, aí onde talvez nunca te tenhas ouvido, nem em mim nem comigo, nem mesmo em ti, contento-me em rodar em torno de ti neste silêncio onde figuras não importa quem, meu deus, peço-te perdão por não me endereçar a ti, por me endereçar ainda a ti para te dizer, mesmo se tu não me ouves, não me ouvistes nunca.[133]

E como resistir a lembrar também ainda aqui duas cenas do filme *D'ailleurs, Derrida*, de Safaa Fathy, que exemplarmente figuram a associação do perjúrio, do perdão e da escrita ou da própria obra? Uma primeira cena mostra Derrida no seu "sublime" a escrever no computador e a dissertar em voz alta sobre as razões pelas quais se deveria sempre pedir perdão por escrever – porque, diz, quando se escreve se perjura *a priori*, perdendo-se fatalmente a singularidade do destinatário ou da destinatária. A a-destinação ou a *destinerrância* são o destino da escrita – ou da palavra como escrita.

A outra cena é a que mostra Derrida a deitar uma carta num marco de correio – gesto que podemos considerar uma espécie de metonímia do pensamento que a obra do filósofo (nos) envia...

133 *Ibid.*, p. 155-156.

Jacques Derrida no filme *D'ailleurs Derrida*, de Safaa Fathy

Cenas que o próprio Derrida comenta em "Lettres sur un aveugle. *Punctum caecum*" (2000), assumindo-se como "a sentinela de uma desordem, como o guardião cego e vigilante dos espectros e dos crimes"[134] – a desordem da aporia ou da *im-possibilidade* da Desconstrução tanto quanto do perdão. Razão pela qual toda e qualquer falta, ou todo e qualquer crime pelo qual há que pedir perdão, pressupõe *primeiramente* perjúrio – um perjúrio originário inerente à própria *palavra dada* ou enviada:

> Falando [...] de uma escrita que trai sempre a singularidade do destinatário, e que deve fazê-lo para ser legível; falando então do imperdoável pelo qual não se pode senão pedir perdão, o Actor designava, entre outras coisas, o próprio filme. A traição, o crime e o perjúrio estão por todo o lado [...] Não há metalinguagem que não perjure ainda a respeito do perjúrio, não há verdade da traição.[135]

134 DERRIDA, Jacques. "Lettres sur un aveugle. *Punctum caecum*.", *op. cit.*, p. 91.

135 *Ibid.*, p. 89.

"Não há verdade da traição": o perjúrio detém pois a primeira e a última palavra!

Mas que não haja verdade da traição não reenvia também para qualquer "pós-verdade", tão em voga hoje em dia nos meios mediáticos e políticos. Tal como não envia também para qualquer facilitismo retórico ou estético, para qualquer relativismo ou laxismo relativamente ao perdão. Pelo contrário! Que não haja verdade da traição quer tão-somente lembrar-nos o imparável tremor da letra – o tremor que afecta toda e qualquer letra na memória (ou na imemorialidade?) do *a* mudo da *différAnce* – e a impossibilidade da *boa consciência*. A *boa consciência* é impossível! Não é só indesejável – é impossível! É mesmo impossível ao mais justo dos justos, porque, como começámos por dizer, tudo começa, tudo, *literalmente* tudo, por um *irremediável e imperdoável perjúrio*[136] basta tão-somente "abrir a boca", nem que seja para saudar outrem ou para pedir perdão *para* tentar ser justo, ou então *por* ser justo: na sua excepcionalidade, na "loucura" da sua excepcionalidade, o próprio perdão, a própria demanda de perdão – "perdão!" – (já) perjura. Tal é a contradição – outra que não a que atravessa e divide a tradição abraâmica –, tal é a irreparável aporia que loco-*move*/lo-*comove* a sua *im-possibilidade*. A estrita *impossibilidade* do perdão apenas possível, em sede derridiana, como *im-possível*. O filósofo di-lo assim – e é dele aqui a última palavra:

> Tenho de pedir perdão – *por/para* [*pour*] ser justo. Entendam bem o equívoco deste "pour" [*por/para*]. Tenho de pedir perdão a fim de ser justo, *para* ser justo, em vista de ser justo; mas tenho igualmente de pedir perdão por ser justo, pelo facto de ser justo, porque eu sou justo, porque, por ser justo, sou injusto e traio. Tenho de pedir perdão por (pelo facto de) ser justo. Porque é injusto ser justo. Traio sempre alguém por ser justo; traio sempre um pelo outro, perjuro como respiro. E é sem fim, porque não somente eu peço sempre perdão por um perjúrio, mas corro sempre o risco de perjurar perdoando, de trair qualquer outro perdoando, porque se está votado a perdoar sempre em nome de um outro (abusivamente, portanto).[137]

136 DERRIDA, Jacques. *Le toucher, Jean-Luc Nancy*. Paris: Galilée, 2000, p. 108.

137 DERRIDA, Jacques. *Pardonner, op. cit.*, p. 89.

Perdoar, a propósito de Derrida

Marcos Siscar

Quem, entre os participantes do colóquio do Rio de Janeiro, pode se colocar como responsável da memória absoluta daquilo que aconteceu, quem de nós carrega em si, como ato absoluto de memória, a autenticidade de todos os gestos, dos discursos preferidos?

Evando Nascimento[1]

Pedir perdão, a propósito de Derrida

Teria preferido começar como Derrida, me perguntando "O que ainda poderei inventar?"[2], remetendo ao impossível pela via do começo, e da fábula do começo. Mas, como de fato as coisas não se separam, me deixarei guiar novamente pela economia da memória e pelo ditado do coração. Uma vez mais às voltas com a data e seu segredo, dos quais não se exclui o golpe da história.

Em minha participação no "Colóquio Internacional Jacques Derrida – Pensar a desconstrução", de 2004, no Rio de Janeiro, o texto que apresentei fazia uma espécie de homenagem a Derrida, a propósito da questão do coração e das vísceras.[3] Antes de iniciar minha fala, ocorreu-me explicar que eu não

1 In: DERRIDA, Jacques; NASCIMENTO, Evando. *La solidarité des vivants et le pardon*. Paris: Hermann, 2016, p. 17. As citações contidas no texto, salvo outra indicação, são traduzidas por mim.

2 DERRIDA, Jacques. *Psyché*: Inventions de l'autre. Paris: Galilée, 1987, p. 11.

3 "O coração transtornado", publicado posteriormente no livro *Jacques Derrida*: Pensar a Desconstrução, organizado por Evando Nascimento (São Paulo: Estação Liberdade, 2005) e em *Jacques Derrida*: literatura, política, tradução (Campinas: Autores Associados, 2013), de minha autoria.

era um especialista em Derrida, mas sobretudo alguém interessado em poesia. A declaração era curiosa, porque contradizia abertamente o fato de eu haver defendido uma tese e publicado um livro sobre a obra Derrida (que, aliás, ele conhecia bem);[4] contradizia, ainda, o fato de eu ter publicado outros textos sobre o mesmo assunto (dois deles apresentados diante de Derrida, em Cerisy-la-Salle), além da própria realização de um pós-doutorado sob sua supervisão, em 2003. Mais do que curiosa, improvisada, tratava-se de uma declaração despropositada, no mínimo inoportuna, sobretudo diante de um público brasileiro, ao qual eu tinha alguma dívida em relação à divulgação de meu trabalho anterior. Comparada ao reencontro com Derrida naquele evento, ocasião na qual ele se mostrara tão acolhedor e mesmo afetuoso, minha declaração – apesar de elíptica e até certo ponto desmentida pelo texto que apresentei – caía mal.

Para além do equívoco diplomático, por assim dizer, ela envolvia outras razões que não podiam nem deveriam estar em pauta naquele momento. Seria um pouco leviano, em contexto tão pessoal, remeter à questão do perdão – ou à impossibilidade do perdão, que a morte de Derrida viria selar, em seguida –, não só levando-se em consideração a pouca importância do fato que acabo de relatar (provavelmente percebido por Derrida como insignificante, desprovido de interesse), mas também o descompasso entre esse desconforto pessoal e as problemáticas amplas tratadas naquela ocasião: o *apartheid* sul-africano ou ainda (como sublinha Evando Nascimento na introdução de *La solidarité des vivants et le pardon*), a questão dos negros no Brasil, a herança da ditadura militar, a situação dos índios etc. Ou seja, situações que envolvem também questões históricas, políticas, e questões de direito com grande impacto. Acresce, para aumentar o sentimento de desproporção que sinto agora, que tais feridas históricas não estavam tão abertas, em 2004, no Brasil, como estão hoje. Pareceria, em suma, indecente remeter à questão do perdão pessoal quando um mal-estar social de tão amplas dimensões, advindo de um golpe parlamentar e jurídico, apoiado naquilo que nomeia como "crise", justifica os piores retrocessos políticos e sociais, colocando em risco a própria integridade da lei, a integridade dos direitos sociais de populações inteiras, cuja cidadania e mesmo a sobrevida dependem em grande parte da existência das leis e (e é importante que se diga, no Brasil) da aplicação dessas leis.

4 Refiro-me a *Jacques Derrida*: rhétorique et philosophie. Paris: L'Harmattan, 1998.

Cheguei a pensar que, num evento como o de hoje, com certa abertura temática, embora a propósito de Derrida, haveria efetivamente que se abordar a questão do *golpe*, imaginando um lugar possível entre o *coup de dés* e o *coup d'état*. Seria uma forma de *acusar o golpe*, no sentido tanto ativo quanto passivo da expressão: "acusar o golpe" pode ser ouvido tanto como denúncia de um colapso da lei (um *j'accuse*), quanto como confissão do sentimento de ter sido atingido (um *touché!*). Pensei que falar sobre o imperdoável, hoje, envolveria necessariamente uma reflexão sobre o golpe. Se há um ambiente hostil, politicamente, em muitos contextos, inclusive dentro da universidade, *aqui e agora*, um aqui e agora dos quais a UERJ é o lugar sensível, não seria necessário pensar sobre a questão do golpe associada à questão do perdão? Como pensar a questão do perdão? Ou antes, em que momento exatamente deve ser colocada a questão do perdão? Precisamente em que momento devemos considerar que as feridas estão em processo de cicatrização? Um golpe é algo que fere, é quando as feridas se abrem. De que maneira se poderia entender a questão do perdão, colocada em momento de golpe? Uma pergunta sobre o perdão parece pressupor uma avaliação preliminar, uma análise, um esforço de explicitação do mal cometido. Parece pressupor um sentido histórico minimamente compartilhado, no qual haja clareza sobre a ideia desse mal. Qual a natureza e a abrangência do mal, no presente caso? Estaria concluído? A quem concerne, em primeiro plano? Quem são as principais vítimas? Quem poderia nomeá-lo?

De modo que colocar a questão do perdão, nesse contexto, não é tão simples quanto, à primeira vista, me pareceu que seria. Por isso, cheguei a pensar que, ao invés de explorar essas grandes vias, deveria retomar primeiramente o sentido de histórias pessoais – como o caso daquele pai goiano que perseguiu e matou o filho por estar descontente com sua participação em movimentos sociais – que soam também como tragédias míticas, culturais, políticas.[5] Um caso lamentável, infelizmente, entre muitos outros, que tendem a se misturar com nossa experiência cotidiana da violência rural e urbana. Coisas dessa ordem nos levam a pensar que, antes da reconciliação (uma reconciliação *democrática*, por exemplo), o que está em jogo num contexto como o do Brasil de hoje é a com-

5 A notícia (de 16/11/2016) está disponível em: http://www1.folha.uol.com.br/cotidiano/2016/11/1832566-apos-discussao-pai-mata-filho-de-20-anos-e-comete-suicidio-em-goias.shtml. Última consulta 05 abr. 2018.

preensão da natureza do pacto que foi rompido, ou da fragilidade de um pacto (um pacto democrático, por exemplo) que nunca chegou a existir plenamente. Em que condições, em suma, colocar a questão da reconciliação?

Eu me fazia essas perguntas. Mas eram perguntas ao mesmo tempo muito localizadas e muito genéricas, muito preliminares e muito intuitivas. A fim de me colocar mais próximo deste evento, ou deste acontecimento, que remete ao mesmo tempo a um outro, que comemora esse outro, preferi o tom que tomo agora e que se assemelha muito mais a um depoimento ou a uma auto-explicação – uma *confissão*, se quisermos.

A propósito da obra de Derrida, cujo nome próprio está no título do nosso encontro, hoje, devo dizer que meu interesse não enfraqueceu. Mas relevou-se, revezado. De 2004 para cá, cheguei a publicar outro livro sobre o assunto contendo, é verdade, muitos textos anteriores ao evento do Rio.[6] Mas o fato é que tenho me dedicado prioritariamente a outros objetos de reflexão, que se agregam em torno da palavra "poesia". É fato também que eu não poderia voltar a falar sobre Derrida em um evento abertamente derridiano sem me referir a essa dimensão pessoal, sobretudo quando nos reunimos a propósito do pensamento e da atuação sempre coerente e consistente de Evando Nascimento e, por que não dizer, com o beneplácito de sua cumplicidade, quando solicita amigavelmente minha participação em iniciativas dessa natureza.

Perdoar Derrida, a propósito da poesia

Então, ainda no mesmo tom, me perguntaria: *de que é preciso me perdoar, a propósito de Derrida?* E, para completar, acrescentaria: *de que Derrida precisa ser perdoado, a propósito da poesia?* No fundo, tal como as coloco aqui, as questões não se separam.

A primeira interrogação ("de que é preciso me perdoar?") envolveria o problema da infidelidade, da ingratidão, ou seja, da "paixão ingrata". A ingratidão do leitor que se nutriu da obra alheia e que precisa liberar-se dela, confirmando-a, de certo modo, ao tentar fazer isso. Aquele leitor, cujo desejo de contradição e cuja situação contraditória nunca excluem um certo *pathos*, portanto um lugar relacionado ao coração, que explicita eventualmente sua condição

6 SISCAR, Marcos. *Jacques Derrida*: Literatura, política, tradução, *op. cit.*

transtornada ("coração transtornado") – expressões que intitulam textos meus, mas que não deixam de soar como formulações ou tópicos derridianos.

Num certo momento (não exatamente um momento biográfico, mas sobretudo um momento do pensamento), a escrita e o pensamento de Derrida assumem para mim uma condição comparável a de um "poema". Soam ao meu coração como se fosse pela primeira vez, sem memória, elipticamente, e eu os retomo por assim dizer "decor", prestes a repeti-los involuntariamente.[7] Em seguida, num outro momento, essa exigência relacionada à poesia me diz respeito também de uma outra maneira, menos imediatamente compreensível. Há algo em Derrida que não me permite fazer uma passagem tão simples com aquilo que me mobiliza na direção da poesia. Por isso, a segunda pergunta me interessa de modo mais imediato, hoje.

De que é preciso perdoar a Derrida, a propósito da poesia?

A propósito de poesia, se formos olhar de perto, sem contexto, a questão não faz muito sentido, por mais de uma razão. O que exatamente teríamos a objetar nas leituras intensas e rigorosas que Derrida faz de Jabès, de Mallarmé, de Ponge, de Baudelaire, de Celan? Como, contrariamente, não agradecer ao autor, não saudar a própria frequência com que falou sobre literatura em textos que deram novo empenho e novo rigor aos estudos literários em nível mundial?

Começando pelo óbvio, é possível dizer que Derrida é um filósofo para quem a poesia é um lugar importante da constituição do pensamento. Não apenas a poesia, mas a literatura, de modo geral. Como se sabe, Derrida evita criteriosamente estabelecer uma diferença de gêneros (literatura e filosofia), recusando-se a reproduzir a velha estratégia filosófica que consiste em justificar seu sentido próprio por meio da marginalização da ilegitimidade literária; a velha estratégia de oposição que resulta, portanto, em uma hierarquização dos gêneros de escrita. Toda a obra de Derrida opera nos limites entre filosofia e literatura, e pode-se dizer que essa operação a constitui de modo mais íntimo. A produção "conceitual" da escrita de Derrida que, em determinado momento, preferiu chamar de "capacidade trópica", toma forma a partir de suas leituras tanto de *filosofemas* quanto de *po-emas* (se pudermos ouvir esta palavra como

---

7 Retomo aqui os termos usados por Derrida para "definir" a poesia em "Che cos'è la poesia" (In:____. *Points de suspension:* Entretiens. Paris: Galilée, 1992).

Michel Deguy, no paralelo com a outra, no sentido da unidade mínima de uma proposição poética).[8]

Por outro lado (e aí acrescento uma razão de dúvida), com base no acontecimento retórico-metodológico de Derrida, dos textos de Derrida como escrita e pensamento indissociados, algo me leva a perguntar se não haveria diferenças significativas entre o tratamento que ele dá às obras de filósofos e as de prosadores e poetas. Uma hipótese de leitura sobre esse assunto, proposta em outra oportunidade,[9] é que a literatura ocuparia o lugar de um "indesconstrutível", pelo qual a desconstrução se determina como modo característico de seu ter lugar, traço de sua "assinatura". Como se, diante da literatura, a desconstrução se mostrasse mais claramente atenta à *demanda* ética que vem do texto, mais explicitamente mobilizada pelo *excitante* do outro. Enquanto que, no diálogo com filósofos, se poderia flagrar uma relação mais próxima da *estratégia*, na qual nomes e conceitos são mantidos sob lente mais analítica, num jogo mais calculado entre aproximação e distanciamento.

Do ponto de vista teórico, é uma hipótese temerária e tem aspecto relativamente inábil, uma vez que se limita a questionar, ou a inverter, uma proposição de base. Mas me parece necessária. E creio que poderia ser colocada, como parte da própria força de autoexplicação do texto de Derrida. A verificação dessa hipótese envolveria, é claro, o exercício muito preciso de uma espécie de *close reading* retórico-metodológico, mas isso não seria suficiente. Dos seus pressupostos faz parte toda a formulação que Derrida empreende da noção de forma, de retórica, de estilo, isto é, daquilo que chama de *tom* – modalidade de relação que não deixa de evocar questões de ética, de alteridade, de hospitalidade. Entretanto, acredito que uma distinção preliminar dessa ordem, por precária que seja do ponto de vista da elaboração derridiana desses problemas (*inadequada*, desse ponto de vista, e de certo modo ingrata), é necessária para

8 "As ciências humanas manipulam de bom grado os termos *mitema, filosofema, teologema*. Trata-se, em cada caso, para cada campo de referências, da unidade mínima, do elemento inteligível em composição, nos dois sentidos: o d*a* componente diferencial e o do meio, dia-lético, interessado. Ocorre-me procurar auscultar 'po--ema' nesse tipo de entendimento." (DEGUY, Michel. *Reabertura após obras*. Tradução Marcos Siscar e Paula Glenadel. Campinas: Editora da Unicamp, 2010, p. 118).

9 "O indesconstrutível da desconstrução", em *Jacques Derrida*. Literatura, política, tradução, *op. cit.*

entender o tipo de presença que a literatura e a poética da modernidade têm em Derrida, inclusive em termos daquilo que ele dispensa para poder pensá-la.

Ainda na perspectiva da determinação retórica do trabalho com a indeterminação, diria que, em relação à poesia (em relação a Francis Ponge e Paul Celan, por exemplo), há por vezes em Derrida um *tipo especial de atenção*, uma atitude que parece mais estudada e mesmo relativamente mais tradicional, a despeito da maneira teoricamente nada convencional com que retoma esses textos. Há algo como uma admiração, um reconhecimento do sucesso da performatividade encenada pelo texto dos poetas que vem a dar um perfil característico à leitura Derrida sobre poesia.

Mas não é por aí que gostaria de retomar o assunto. Até porque me parece que essa ideia deveria ser matizada. Derrida não deixa de mobilizar *estratégias* na leitura de poesia, o que configura um modo bem definido de atenção crítica. As precauções metodológicas chegam a ser explícitas e didáticas em textos como *Schibboleth*.[10] Já nas primeiras páginas, o autor expõe critérios como a necessidade de ouvir/olhar o poeta, de deixá-lo falar, de não separar seus poemas e sua prosa crítica, de ir além da história literária, de levar em conta o *risco* da tradução, e daí por diante. São proposições críticas relacionadas à poesia como algo a ser observado de perto, formuladas em termos de estratégia. Em conjunto, essas estratégias não deixam de constituir um protocolo possível, digamos "derridiano", de leitura de poesia.

Estratégias menos parcimoniosas se destacam em estudos sobre objetos mais canônicos, do ponto de vista da literatura francesa. Uma ambivalência retórica, ou trópica, por exemplo, faz com que uma mulher assine o início de um trabalho a propósito de Baudelaire,[11] poeta em que chamam a atenção proposições normalmente consideradas misóginas. A solução de diálogo com o poeta, neste caso, destacando um tipo de resistência que seria constitutiva de sua obra, gerando exclusões, é simétrica àquela que é usada, por exemplo, em estudo sobre Nietzsche.[12]

10 DERRIDA, Jacques. *Schibboleth*. Pour Paul Celan. Paris: Galilée, 1986.

11 DERRIDA, Jacques. *Donner le temps, I, La fausse monnaie*. Paris: Galilée, 1991.

12 DERRIDA, Jacques. *Éperons*: les styles de Nietzsche. Paris: Flammarion, 1978.

Expansão e restrição do campo da poesia

Em relação à poesia, creio que é possível falar de dois gestos derridianos, que não são exatamente "metodológicos". Esses gestos de pensamento estão em continuidade, mas também oferecem resistência um ao outro.

O primeiro é o de *expansão* do campo. Trata-se, aqui, do procedimento de generalização, que não deixa de estar presente na própria compreensão que o autor tem da relação entre os gêneros de escrita. Generalizar responde à necessidade de não restringir a leitura de poesia ao poema, de considerar por exemplo determinados textos em prosa do poeta, seus escritos reflexivos, suas cartas, suas tomadas de posição, elementos de sua recepção crítica. Trata-se, portanto, de uma expansão do âmbito tradicional da leitura de poesia, geralmente limitada ao texto poético ele mesmo. Há nesta decisão uma preocupação em problematizar a aura de verdade do texto poético, o idealismo da revelação, a mística contida na ideia de poema. Isso é feito em benefício da coerência intelectual do pensamento contido na obra e em sua tradição de leitura. Trata-se de substituir a mera noção da verdade formal ou temática do texto por uma espécie de *cena discursiva* que seria preciso levar em conta toda vez que se lê um autor. Creio que esta é uma das mais básicas e mais relevantes práticas derridianas de leitura de texto, baseada na mobilização inclusive de elementos considerados marginais à reflexão mais tradicional sobre a produção artística dos autores discutidos.

Segundo uma epígrafe de Montaigne, oriunda de um dos primeiros textos de Derrida, "Mais vale interpretar as interpretações do que interpretar as coisas".[13] No fundo, seria possível dizer que não há *coisa* propriamente dita, apenas interpretações. Consequentemente, não há porque excluir da análise os sentidos que seu "objeto" já pressupõe, os sentidos que lhe são habitualmente atribuídos, quer seja pelos próprios autores, quer seja por comentários considerados secundários, parasitários, pertencentes a outros gêneros (o gênero crítico, o gênero epistolar, o gênero jornalístico etc.).

Pois bem, a este gesto de expansão da leitura derridiana, poderíamos acrescentar um outro, que é de mesma natureza, mas que caminha em sentido inverso. Ao segundo procedimento do pensamento relacionado à poesia eu chamaria de *restrição*. Ele se refere à necessidade de não confundir aquilo que

13 DERRIDA, Jacques. *L'écriture et la différance*. Paris: Seuil, 1967, p. 409.

há de fundamental na leitura do poeta com aspectos "regionais" de sua discussão, ou seja, com aquilo que é filosoficamente considerado como marginal.

Em *Schibboleth*, por exemplo, Derrida faz a seguinte distinção:

> essa observação do hoje [relacionada à questão da data, da datação, na obra de Celan] talvez nos diga algo sobre a essência do poema hoje, para nós, agora. *Não a essência da modernidade ou da pós-modernidade poética, não de uma época ou de um período em alguma história da poesia*, mas aquilo que acontece "hoje" de "novo" com a poesia, com os poemas, aquilo que acontece nesta data.[14]

A precaução formulada por esse "não" ("Não a essência da modernidade...") vem da tradição fenomenológica, no caso mais especificamente heideggeriana, e é frequente em Derrida: trata-se de pensar em uma historicidade mais fundamental, a fim de destacar o acontecimento, o ter lugar do poema como sentido do contemporâneo. Devem permanecer em segundo plano categorias filosoficamente regionais, ingênuas, nomeadamente as da disciplina histórica, tratamento que se estende também às discussões características da teoria literária.

De fato, Derrida raramente dá espaço em seus escritos às questões da história da literatura, às convenções poéticas, às particularidades da fortuna crítica do autor, às controvérsias da vida literária, às particularidades da poética e da teoria da literatura ou, ainda, àquilo que está em jogo nas discussões sobre o lugar cultural da poesia. Quando questões dessa ordem são evocadas, como no caso de Jean Genet ou de James Joyce,[15] trata-se justamente de valorizar os gestos de afastamento e de ironia. Constato que maior atenção é dada às informações laterais que concernem à obra de filósofos, isto é, à sua marginalia, à situação de determinado autor na história da filosofia, às polêmicas acadêmicas ou jornalísticas em torno dessas obras – cuidadoso não só com questões biográficas conhecidas, mas por vezes com detalhes da vida familiar dos autores, com questões da esfera da intimidade (como no caso característico da vida pessoal de Hegel, em *Glas*), requisitadas via psicanálise e reinterpretadas filosoficamen-

14 DERRIDA, Jacques. *Schibboleth*, *op. cit.*, p. 19. Grifos meus.

15 Em *Glas* (Paris: Galilée, 1974) e *Ulysse gramophone:* deux mots pour Joyce (Paris, *Galilée*, 1987), respectivamente.

te. Conhecemos inclusive trabalhos de Derrida que poderíamos chamar "textos de intervenção", como *Mémoires: pour Paul de Man*,[16] mas, salvo engano, nada dessa ordem relacionado a circunstâncias da vida literária.

Tudo se passa como se esse conjunto de informações marginais – precárias do ponto de vista do tratamento filosófico, ruídos que a análise mobiliza como forma de tecer uma teia interpretativa reveladora de cumplicidades mais amplas – constituísse de fato uma *cena* discursiva relevante quando relacionada ao texto e aos autores próximos da filosofia, mas não fosse significativa no caso da poesia, da miséria ou da trivialidade da vida literária, da precariedade filosófica da poética e dos estudos literários, do destino da poesia como prática de escrita e como perspectiva discursiva relacionada ao comum.

Derrida e a vida literária

Justamente porque não se trata, para Derrida, de aprofundar as divisões e as hierarquias internas do pensamento sobre os gêneros, sobre determinadas disciplinaridades, é evidente que não caberia esperar uma formulação que atribuísse estatuto privilegiado a um campo da escrita associado à fachada mais geral da "literatura". Por outro lado, e apesar disso, as diferenças internas perceptíveis no tratamento desses discursos não deixam de nos reconduzir legitimamente à questão de base. Como se a divisão de gêneros fosse negada e reafirmada, ao mesmo tempo.

É preciso lembrar que não é incomum que a filosofia se aproxime da poesia. Se determinados filósofos passam, no final de sua carreira de pensadores, a uma escrita elíptica e figurativa, remetendo, por vezes explicitamente, à poesia, à ambição da poesia, não é sem colocarem-se ao mesmo tempo fora e dentro da poesia. O que um filósofo faz ao escrever *poeticamente* só pode ser considerado como "poesia" em sentido amplo, digamos conceitual; não integra (não pretende integrar) efetivamente o corpus daquilo que é considerado como "poesia", no sentido da tradição de escrita que leva esse nome. O processo funciona como *relance* da poesia e igualmente como *substituição* da poesia, gênero mundano doravante redimido pelo gesto do filósofo. O filósofo convertido em poeta não é apenas mais um poeta, ele pretende ser de alguma forma um *arquipoeta*, o poeta do poeta, aquele que o retoma e o substitui. Estaríamos, talvez, diante de uma forma da "relève" (para retomar a tradução que Derrida faz do termo

16 DERRIDA, Jacques. *Mémoires* - pour Paul de Man. Paris: Galilée, 1988.

hegeliano *Aufhebung*) na qual o pensamento associado à poesia evita cuidadosamente constituir-se como *perspectiva de* poesia.

No caso de Derrida, a questão é infinitamente mais complexa que o uso instrumental que a filosofia faz da retórica da poesia. Entretanto, creio que é possível distinguir em seus textos a recusa de uma visão mundana, disciplinar ou regional da poesia. A miséria da vida literária parece muito rala, muito derivada, sem interesses ou razões suficientes para chegar a compor uma cena discursiva. A vida literária não vale como indício, como motivo, como referência para a interpretação de questões mais fundamentais. Ela não constitui por si só um lugar no qual se dá o acesso ao sentido.

E é justamente essa impossibilidade de acesso ao sentido por meio do campo mundano da vida literária que me traria hoje de volta à questão do perdão, a propósito de Derrida.

Sem prejulgar aquilo tudo que seria necessário pensar a respeito da problemática do *retorno* à poesia, dessa "volta" que Derrida destaca justamente em seu estudo sobre a "comemoração" em Celan, sinto hoje a necessidade de manter unidas minha leitura de Derrida e minha mais antiga relação com o pensamento e com a arte, que vem da poesia e da escrita de poesia – esse corpo e esse corpus. É provavelmente essa ambivalência relacionada às fronteiras que vem me movendo, me fazendo sofrer aquilo que a volta implica como conflito entre o relance e a reiteração, a necessária abertura do pensamento e o risco do fechamento da disciplinaridade.

Para mim, a cena da poesia é um acesso ao sentido como qualquer outro. Ou melhor, pelas razões que menciono neste texto, e também por outras que tenho explorado no meu trabalho de pesquisa, a poesia *não é* um acesso como qualquer outro. Ela me solicita. Tem historicidade e discursividade que precisam ser descritas, exploradas, deslocadas, radicalizadas, até mostrarem seus impasses. Há um *ter lugar* do discurso poético como fenômeno moderno não apenas na condição de fim de uma história que começa em Platão, mas na condição de acontecimento *a partir do qual* estão em jogo a passagem ao sentido, uma estética e uma ética – em suma, na condição de uma *po-ética*. A poesia *tem lugar* e esse lugar não deixa de incluir suas ilusões e suas ambições de abertura, suas ilusões e ambições de perspectiva.

A cena da poesia é um acesso como qualquer outro; a cena da poesia não é um acesso como qualquer outro. Uma questão de história ou de crítica literária, a obra de um poeta secundário, determinada convenção, uma questão biográfica, uma discussão jornalística, um acontecimento relacionado ao mercado da poesia, tudo isso me parece constituir matéria pertinente para se pensar a diferença, a passagem ao sentido, suas potências históricas. Não me parece possível excluir de antemão, em nome da recusa à lógica de gênero ou em nome da suspensão filosófica, a necessidade crítica de um poema. Prefiro ver "poesia" como nome possível do acesso, um nome, é verdade, bastante pesado, na sua gravidade ou na sua leviandade, a ser pego com as ferramentas das aspas, sempre na forma de citação, mas ao mesmo tempo expropriado, esvaziado, colocado à margem pela cultura da novidade, um nome que se falta a si mesmo, que se define, que vem se definindo e redefinindo à medida que procura um nome, nomes, outros nomes ("prosa", por exemplo),[17] na necessidade que experimenta de colocar em questão suas fronteiras, em plena metamorfose.

Creio que a cena da escrita em Derrida poderia ser pensada inclusive como uma passagem ao sentido *relacionada à poesia*. Algo aí se torna pensável, juntamente com Derrida, mas não necessariamente *por ele*. E, nesse sentido, talvez fosse interessante dialogar mais de perto, não apenas com Derrida, mas igualmente com a apropriação da questão por parte de outros pensadores que, quanto mais se aproximam daquilo que chamam "poesia", mais decisivamente se separam da trivialidade que a ilustra e a alimenta, ou seja, sua prática do sentido, suas convenções, sua política. Trata-se, é claro, de um programa amplo, que envolve não apenas a questão do "estilo da filosofia", mas uma reflexão sobre a *política disciplinar* relacionada a diferentes gêneros de escrita e aos lugares institucionais que eles ocupam, incluindo aí situações peculiares de seu modo de inserção na mídia e na escola.

Por ocasião do lançamento de *La solidarité des vivants et le pardon* e, portanto, de alguma maneira, em memória do Colóquio Jacques Derrida de 2004, me pergunto o que a poética deve à filosofia, se de fato a reflexão sobre a literatura nasce do modo de fazer sentido que é o da filosofia. Cito uma última vez Derrida:

> Se o poema *deve* à data, se ele deve à sua data como à sua coisa (*Sache*), sua causa ou sua assinatura mais própria, se ele deve a

17 Como ocorre na discussão francesa empreendida por autores como Jean-Marie Gleize e Pierre Alferi.

> seu segredo, ele somente fala ao se dar por quite, por assim dizer, em relação a tal data – a essa data que também foi um dom –, por desligar-se dela sem denegá-la, sem sobretudo renegá-la.[18]

Pensar com Derrida, mas não exatamente em seu lugar. Pensar com Derrida, hoje, teria algo a ver com, diante de vocês, perdoar-me a propósito de Derrida, liberar-me dessa data sem renegá-la. E para isso, igualmente, perdoar Derrida a propósito do poema – daquilo que nos devemos.

Rio de Janeiro, abril de 2017.

---

18 DERRIDA, Jacques. *Schibboleth, op. cit.*, p. 22.

Os crimes contra a humanidade e o enigma do perdão

Cláudia Perrone-Moisés

Jacques Derrida passou a se interessar mais intensamente pelo tema do perdão nos anos 1990, dedicando-lhe um seminário na École des Hautes Études en Sciences Sociales (EHESS), em Paris, e efetuando uma viagem à África do Sul onde participou dos trabalhos da Comissão da Verdade e Reconciliação. Um fato importante que lhe chamou a atenção em relação ao tema foi o que ele denominou de "*mondialisation du pardon*", ocorrida a partir da Segunda Guerra Mundial e de forma mais acelerada no final do século XX quando os atos de arrependimento, de confissão e de pedidos de perdão se multiplicaram na cena internacional.

Exemplos não faltam, Jacques Chirac pede perdão pelas deportações dos judeus durante a Segunda Guerra; a Igreja Católica pede perdão pelos crimes ocorridos no mesmo período, as Forças Armadas chilenas confessam seus crimes e se arrependem; o governo belga pede perdão por não ter agido em relação ao genocídio em Ruanda; o primeiro ministro do Japão pede perdão aos coreanos e chineses.[1] Podemos acrescentar ainda o pedido de perdão de Gerhardt Schöreder pelo passado nazista e o de Bill Clinton pela atitude de seu país diante do genocídio de Ruanda, pelo tráfico de escravos e pelo apoio aos regimes ditatoriais da América Latina.

De acordo com Derrida, a "cena original" das discussões acerca do perdão é constituída pelos *eventos extraordinários* ocorridos durante a Segunda Guerra, os quais produziram a criação do conceito jurídico de *crime contra a humanida-*

1 DERRIDA, Jacques. *Foi et savoir*: suivi de Le Siècle et Le Pardon. Paris: Seuil, 2000, p. 104.

de. "Este evento performativo estruturou o espaço teatral no qual se interpreta sinceramente ou não o "grande" perdão ou a grande cena de arrependimento".[2] Para Derrida, é o conceito de *crime contra a humanidade* que ensejou o discurso e a legitimação do tema do perdão na esfera pública.

Para o filósofo, quando falamos dos atos que geraram o conceito de *crimes contra a humanidade* tocamos o enigma do perdão e do imperdoável e nesse contato existe uma espécie de "loucura" da qual o jurídico-político não pode se aproximar e, menos ainda, se apropriar. O perdão não pertenceria, nesta hipótese, à esfera política ou jurídica. Derrida entende que punir e perdoar não devem ser colocados lado a lado. O perdão não deve também ser confundido com os conceitos jurídicos de anistia ou de prescrição. Para Derrida, no entanto, é "uma determinada ideia do perdão e do imperdoável, de um além do direito, que inspirou a produção de normas que tornaram imprescritíveis os crimes contra a humanidade". Os homens não têm o direito de subtrair o crime praticado ou de se subtrair ao julgamento, qualquer que seja o tempo decorrido.[3]

O perdão, para Derrida, não pode ser oficial. O fenômeno da *mundialização* do perdão colocou em evidência entidades como governos e igrejas pedindo perdão. Ora, diz Derrida, não são *pessoas*, mas entidades coletivas pedindo perdão, e a pessoa é a única categoria que poderia produzir o verdadeiro perdão. O filósofo nos convoca a ficar atentos ao "simulacro, ao ritual automático, à hipocrisia e ao cálculo que as cenas de perdão podem representar."[4] Para ele, a generalização dos pedidos de perdão pode trazer também o perigo de tornar todos culpados, já que todos somos herdeiros de pessoas e acontecimentos marcados de forma indelével e essencial por *crimes contra a humanidade*. Não havendo nenhum inocente, ninguém mais poderia ser colocado na posição de juiz ou árbitro.

> A proliferação de cenas de arrependimento e pedidos de perdão representam, sem dúvida, uma urgência universal de memória: é necessário voltar ao passado, mas esse ato de memória, de au-

---

2 *Ibid.*, p. 105.

3 *Ibid.*, p. 109 e 127. As traduções das citações foram feitas pela autora.

4 *Ibid.*, p. 105.

> to-acusação, de arrependimento, de comparecimento, é necessário levá-lo além da instância jurídica e do estado-nação.[5]

Derrida propõe ainda uma distinção entre o perdão condicional e o perdão incondicional, duas lógicas que podem entrar em contradição e que disputam a herança da tradição que é, neste caso, ao mesmo tempo, judaica e islâmica, mas predominantemente cristã.[6] No caso do perdão condicional, ele só tem sentido se aquele que fez algo pede perdão. Nessa hipótese, a pessoa já estaria a caminho da transformação, tendo reconhecido seu erro e se arrependido. Estamos diante de uma troca. Nesse aspecto, o diálogo de Derrida se dá com Vladimir Jankélévitch, para quem os alemães não deveriam ser perdoados de forma nenhuma, pois não pediram perdão pelos crimes que cometeram durante a Segunda guerra.[7]

Essa hipótese foi testada na vida real pelo escritor Simon Wiesenthal e traz a luz outra questão. Quem seria o titular do perdão? Em junho de 1942, o escritor encontra um jovem SS que, agonizando, lhe solicita o perdão pelos crimes que cometeu contra os judeus que morreram nos campos de concentração para, segundo ele, "morrer em paz após obter o perdão de um judeu". Wiesenthal não lhe confere o perdão pretendido, mas obcecado pelo acontecimento continuará a indagar se deveria ou não ter perdoado e solicita uma resposta a pessoas dos mais diversos campos. Em uma das respostas obtidas, o filósofo protestante Olivier Abel responde que seu interlocutor agiu corretamente ao negar o pedido de perdão ao criminoso. Segundo ele, quem poderia perdoar é quem sofreu diretamente a ofensa e, citando Emmanuel Levinas afirma: "posso perdoar em meu nome, mas pelos outros, peço justiça".[8]

No caso do perdão incondicional, que para Derrida é o único legitimo, este é concedido qualquer que seja a atitude do culpado, mesmo que ele não peça perdão ou não se arrependa; perdoa-se o culpado enquanto culpado. Para Derrida, ainda:

---

5 *Ibid.*, p. 2.

6 DERRIDA, Jacques; ROUDINESCO, Elisabeth. *De quoi demain...* Dialogue. Paris: Fayard/Galillée, 2001, p. 259.

7 JANKÉLÉVITCH, Wladimir. *L'imprescritible.* Paris: Seuil, 1986, p. 50.

8 WIESENTHAL, Simon. *Les fleurs du soleil.* Paris: Albin Michel, 2004, p. 153.

> [...] quando o perdão está a serviço de uma finalidade, seja ela nobre ou espiritual, como a redenção ou a reconciliação, ou seja, cada vez que ele tenciona restabelecer a normalidade social, nacional, política ou psicológica, por um trabalho de luto ou terapia, ele não é puro.[9]

O perdão só responde à sua vocação pura se ele conseguir perdoar o imperdoável e, desta forma, colocar-se acima do direito ou de toda sanção calculável. Perdoar o perdoável seria uma tarefa fácil. Só seria possível perdoar, de forma legítima, o imperdoável. O perdão deve ser puro, não pode se banalizado, deve ser sempre excepcional. O perdão é uma graça absoluta, além de todo cálculo, de toda pena ou julgamento.[10]

> O perdão é louco e deve penetrar, lucidamente, na noite do ininteligível. Chamem isso de inconsciente ou da não-consciência, se quiserem. A partir do momento em que a vítima 'compreende' o criminoso, a partir de o momento em que ela troca, fala, se entende com ele, a cena de reconciliação começou, e com ela, ocorre o perdão corriqueiro, que é tudo, menos um verdadeiro perdão.[11]

No ano de 2015 uma senhora judia, Eva Kor, que foi submetida juntamente com sua irmã gêmea às experiências médicas no campo de extermínio de Auschwitz, resolveu promover um perdão público. Orkar Groening, ex-oficial nazista do mesmo campo onde ela esteve, estava sendo julgado na Alemanha pela cumplicidade na morte de pelo menos 300 mil pessoas. Eva foi ao tribunal, caminhou em direção a ele, estendeu a mão e abraçando-o perdoou. Esse gesto, lhe rendeu a fama de "a mulher que perdoou o nazismo" e foi duramente criticado por outras vítimas, ao que Eva respondeu: "O meu perdão é porque como vítima eu tenho o direito de ser livre. Não é porque ele mereça, mas porque eu mereço. Sou hoje uma mulher vitoriosa que tem sido capaz de superar a dor e

---

9 DERRIDA, Jacques. *Foi et savoir, op. cit.*, p. 107-108 e 119.

10 DERRIDA, Jacques. *Sur parole.* Paris: L'Aube, 1999, p. 137.

11 DERRIDA, Jacques. *Foi et Savoir, op. cit.* p. 123.

perdoar".[12] Na visão de Derrida podemos supor que este seria um caso de perdão incondicional e, desta forma, o verdadeiro perdão.

Hannah Arendt em *A condição humana*, tratou igualmente do tema do perdão nos seguintes termos: "o perdão constitui sempre assunto eminentemente pessoal (embora não necessariamente individual ou privado,) no qual *o que* foi feito é perdoado em consideração *a quem* o fez.[13] (Derrida conhece a visão de Arendt acerca do perdão e refere-se a ela em *Le siècle et le pardon* e *De quoi demain... Dialogue*).

Como lembra ainda Arendt:

> [...] o descobridor do papel do perdão no domínio dos assuntos humanos foi Jesus de Nazaré. O fato de que ele tenha feito esta descoberta num contexto religioso e tenha enunciado em linguagem religiosa não é motivo para levá-la menos a sério num sentido estritamente secular.[14]

Derrida chama a atenção para o fato de que:

> [...] para Arendt, o perdão é uma experiência puramente humana, mesmo quando se refere a Cristo, que ela chama de Jesus de Nazaré para lembrar suas raízes terrestres, o lugar *humano* de seu nascimento e de sua palavra - da *ação de sua palavra*.[15]

Segundo Arendt, o perdão tem a intenção de pôr fim a algo que, sem a sua interferência, poderia prosseguir indefinidamente "O perdão é a única reação que não *re-age* apenas, mas age de novo e inesperadamente, sem ser condicionada pelo ato que a provocou e de cujas consequências liberta, por conseguinte, tanto o que perdoa quanto o que é perdoado".[16] Derrida também chama a

---

12 Disponível em: <https://www.youtube.com/watch?v=w 4YbZzZUkKs>. Última consulta 4 abr. 2017.

13 ARENDT, Hannah. *A condição humana*. Tradução Adriano Correia. Rio de Janeiro: Forense, 2010, p. 253.

14 *Ibid.*, p. 297.

15 DERRIDA, Jacques; ROUDINESCO, Elisabeth. *De quoi demain...op. cit.*, p. 263.

16 ARENDT, Hannah. *A condição humana*, *op. cit.*, p. 300.

atenção para esta característica do perdão: "Colocando à prova o impossível, o perdão interrompe o curso ordinário da temporalidade humana".[17]

Em sua análise do tema do perdão Arendt coloca em relevo a seguinte afirmação no que diz respeito à relação entre a justiça e o perdão: "é bastante significativo e um elemento estrutural no domínio dos assuntos humanos que os homens não possam perdoar aquilo que não podem punir, nem punir o que se revelou imperdoável".[18] Referindo-se ao "que se revelou imperdoável", ela tem em mente os crimes cometidos pelo regime nazista na Segunda guerra mundial. Dentre os crimes mais graves, os campos de extermínio que ela definiu como "massacres administrativos" que resultavam na produção em massa de cadáveres e que seriam posteriormente definidos como *crimes contra a humanidade*. Para ela, "a escala monstruosa e inacreditável dos crimes nazistas, tornou inadequada e absurda qualquer punição prevista em lei".[19] Trata-se do que Kant definiu como "mal radical", isto é, segundo ela, "ofensas que transcendem o domínio dos assuntos humanos e as potencialidades do poder humano" e que, portanto, não poderiam ser punidas ou perdoadas.[20] Para Derrida, ao contrário, podemos manter uma acusação penal mesmo perdoando, ou inversamente, podemos não julgar, mas perdoar.

> O representante estatal pode julgar mas, justamente, o perdão não tem nada a ver com o julgamento. Nem com o espaço público ou político. Mesmo se ele fosse "justo" o perdão seria justo no contexto de uma justiça que não tem nada a ver com a justiça ordinária, com o direito.[21]

Segundo Arendt, nenhuma das razões que justificam a punição, como a necessidade de a sociedade ser protegida contra o crime, a reabilitação do criminoso, a força dissuasiva do exemplo ou a justiça retributiva, seria válida para a punição dos criminosos nazistas. Os crimes cometidos nos campos de con-

17 DERRIDA, Jacques. *Foi et savoir, op. cit.* p. 107.

18 ARENDT, Hannah. *A condição humana, op. cit.*, p. 301.

19 ARENDT, Hannah. *Origens do totalitarismo.* Tradução de Roberto Raposo. São Paulo: Companhia das Letras, 1989, p. 490.

20 ARENDT, Hannah. *A condição humana, op. cit.*, p. 301.

21 DERRIDA, Jacques. *Foi et Savoir, op. cit.* p. 118.

centração e extermínio transcenderam todas as categorias morais e explodiram os padrões de justiça.

> Aqui estamos nós, exigindo e impondo punição de acordo com nosso senso de justiça, enquanto por outro lado, esse mesmo senso de justiça nos informa que todas as nossas noções anteriores, sobre punição e suas justificativas, nos desapontaram.[22]

Nos casos, onde não se pode punir ou perdoar, segundo ela, "só resta realmente repetir com Jesus de Nazareth: seria melhor para ele que se lhe atasse ao pescoço uma pedra de moinho e que fosse precipitado ao mar".[23]

Cabe lembrar, neste ponto, o que diz Derrida acerca da relação entre a pena de morte e o perdão: "a pena de morte significa que o crime sancionado permanecerá para sempre, na terra dos homens e nas sociedades humanas, im-perdoável".[24]

Os crimes contra a humanidade e o perdão na África do Sul

Derrida assim como Arendt apontam em suas falas para a complexa e difícil relação entre o perdão e os *crimes contra a humanidade.* Em todos os casos de pedidos de perdão citados por Derrida e em especial no caso da Comissão da Verdade e Reconciliação da África do Sul estamos diante dos crimes mais graves e cruéis que o homem já definiu em lei. No julgamento dos criminosos nazista em Nuremberg, os promotores, ao se depararem com os crimes cometidos nos guetos e nos campos de concentração, foram forçados a criar uma tipificação nova no âmbito do direito: *o crime contra a humanidade.* Não se tratava mais dos já conhecidos crimes comuns ou dos crimes de guerra. Algo "inédito" e monstruoso havia acontecido.

No entanto, apesar de serem inéditas determinadas categorias de ações, seus fundamentos não eram novos. Em *As origens do totalitarismo,* ao analisar o imperialismo europeu do século XIX, Arendt já assinalava determinados fatores que se cristalizariam criando condições para o advento do totalitarismo

---

22 ARENDT, Hannah. *Responsabilidade e julgamento.* Tradução Rosaura Eichenberg. São Paulo: Companhia das Letras, 2004, p. 87-88.

23 ARENDT, Hannah. *A condição humana, op. cit.*, p. 301

24 DERRIDA, Jacques; NASCIMENTO, Evando. *La solidarité des vivants et le pardon.* Paris: Hermann, 2016, p. 29.

nazista: o conceito de raça superior, a lógica mercantil-capitalista e a burocracia. E é precisamente na África do Sul que a utilização das ideias de raça e o consequente racismo surgem no contexto do Imperialismo. Segundo Arendt, a África do Sul era o "campo de cultura do imperialismo".[25]

No nazismo, o racismo foi utilizado como uma arma política e como fundamento para justificar o cometimento de *crimes contra a humanidade*, enquanto na África do Sul, desde o século XIX, o racismo já era uma consequência do *status quo*, daí porque, posteriormente, foi considerado um dos mais graves crimes contra a humanidade cometidos no século XX: o *apartheid*. Segundo Arendt, para os nazistas, o racismo não seria uma arma nova ou secreta:

> [...] as possessões coloniais tornaram-se o solo mais fértil para que florescesse o grupo que viria a ser mais tarde a elite nazista. Eles viram ali como era possível transformar povos em raças e como, pelo simples fato de tomarem a iniciativa desse processo podiam elevar o seu próprio povo à posição de raça dominante.[26]

Mas o que pode significar o termo humanidade quando nos referimos aos *crimes contra a humanidade*? O termo humanidade é utilizado geralmente em um duplo sentido designando o conjunto dos homens ou também, como no latim clássico "humanitas", o conjunto de características que definem a natureza humana, ou seja, o que seria "próprio do homem". No que diz respeito à "humanidade" como um bem juridicamente protegido podemos também considerar os dois aspectos. De um lado, o crime constitui um atentado aos valores compartilhados pela humanidade em seu conjunto, e de outro é um "atentado contra a dignidade humana", ou seja, contra a diversidade inata dos seres humanos e também de suas qualidades comuns, que os faz pertencerem à humanidade. Derrida possui uma posição crítica em relação ao termo "humanidade". Mas, conforme ele mesmo indica, "mesmo se o conceito de humanidade deve ser desconstruído, devemos tentar compreender que são esses performativos,

25 ARENDT, Hannah. *Origens do totalitarismo*, *op. cit.*, p. 188.

26 *Ibid.*, p. 237.

esses acontecimentos jurídicos que criaram um conceito jurídico como o *crime contra a humanidade*".[27]

Para Derrida, "somente a sacralidade do humano pode, em última instância justificar o conceito (de *crime contra a humanidade*). O crime contra a humanidade é um crime contra o mais sagrado do vivente, contra o divino no homem".[28] Para Arendt, os campos de concentração constituíram laboratórios onde mudanças na natureza humana forma testadas e, portanto, a infâmia não atingiu apenas os presos e aqueles que o administraram; atingiu todos os homens. "A questão não é o sofrimento, que sempre houve demasiado na terra, nem o número de vítimas. O que está em jogo é a natureza humana".[29]

Em decisão do tribunal para a ex-Iugoslávia encontramos a seguinte afirmação:

> [...] o que caracteriza essencialmente o crime contra a humanidade é o conceito de humanidade como vítima. O crime contra a humanidade transcende o indivíduo, pois quando o indivíduo é agredido por meio de atos inumanos, ataca-se e nega-se toda a humanidade.[30]

A Comissão da Verdade e Reconciliação da África do Sul foi o instrumento escolhido para efetuar a *justiça de transição* naquele país. Em outros países Comissões da Verdade foram igualmente utilizadas para auxiliar na transição de regimes ditatoriais para a democracia. No entanto, a Comissão da África do Sul foi especial em pelo menos três aspectos que a diferenciam de outras comissões.

Do ponto de vista do direito, primeiramente pelo fato de que o antigo regime, que era o pano de fundo dos crimes cometidos, constituía em si mesmo um *crime contra a humanidade*: o *apartheid*. Em segundo lugar porque anistias foram concedidas durante o processo da Comissão para aqueles que se comprometessem em revelar toda a verdade (*full disclosure*). Em regra geral, as anistias são concedidas aos combatentes de forma generalizada ao final de períodos de

---

27 DERRIDA, Jacques; NASCIMENTO, Evando. *La solidarité des vivants et le pardon*, *op. cit.*, p. 130.

28 DERRIDA, Jacques. *Foi et savoir*, *op. cit.*, p. 107.

29 ARENDT, Hannah. *Origens do totalitarismo*, *op. cit*, p. 510.

30 Promotoria VS. Drazen Edermovic, sentença de 29.11.1996, www.un.org/icty.

conflitos armados, respeitando-se a proibição para os *crimes contra a humanidade* e para o *genocídio*. As anistias são proibidas pelo direito internacional para esses crimes pelo fato, entre outros, de impedirem o exercício do direito à verdade e fomentarem a impunidade. Na Comissão da África do Sul o uso da anistia foi especial: foram concedidas anistias individuais em relação aos atos cometidos como decorrência do *apartheid* e desde que esses atos fossem amplamente revelados no curso dos trabalhos da comissão, garantindo-se assim a produção da verdade e o reconhecimento da responsabilidade. E, em terceiro lugar, pela primeira vez no âmbito da justiça de transição de um país o perdão foi previsto como possibilidade para as vítimas e algozes. A Comissão foi encarregada de administrar "o sacramento cívico do perdão". Após cada testemunho, Desmond Tutu perguntava às vítimas se elas estariam dispostas a perdoar o acusado.[31]

Essas características propiciaram a Derrida um material extremamente fértil para sua análise do tema do perdão e uma experiência concreta de seu uso na esfera pública. A partir de suas reflexões somos interpelados a continuar desconstruindo a ideia usual do perdão. Não podemos esquecer que o perdão quando verdadeiro, deve ser concedido ao que se considera imperdoável, sem que haja pedido, troca ou condição.

Em 2004, no Rio de Janeiro, Derrida fez sua última conferência. Escolheu como tema o perdão tendo em vista sua vontade de contribuir para a discussão do lugar dos afro-descendentes latino-americanos, a partir de sua experiência na África do Sul.[32] Sua vinda ao Brasil foi um ato de coragem e de generosidade já que seu estado de saúde não autorizava tal viagem. Num último esforço, pudemos ouvi-lo dizer, num ambiente de muita emoção, que o perdão não deve ter nenhuma finalidade, pois seus laços essenciais o unem ao amor.

31 ANDRIEU, Kora. *La justice transitionelle*. Paris: Folio, 2012, p. 26 e 237.

32 DERRIDA, Jacques; NASCIMENTO, Evando. *La solidarité des vivants et le pardon*, *op. cit.*, p. 61-120.

Do julgamento inaugural – e sua (im)possibilidade: perdão, justiça, crítica[1]

Nabil Araújo

Il est d'ailleurs normal, prévisible, souhaitable, que des recherches de style déconstructif aboutissent dans une problématique du droit, de la loi et de la justice. Ce serait même leur lieu le plus propre, si quelque chose de tel existait.[2]

Le concept de critique, en tant qu'il implique la décision sous la forme de jugement et la question au sujet du droit de juger, a ainsi un rapport essentiel, en lui-même, à la sphère du droit.[3]

O *perdão* foi o tema da última conferência proferida por Jacques Derrida, em agosto de 2004, no Rio de Janeiro, intitulada "*Le pardon, la verité, la réconciliation: quel genre?*" [O perdão, a verdade, a reconciliação: qual gênero?], cujo texto foi recentemente recolhido em livro por Evando Nascimento, acompanhado de duas entrevistas que o próprio Evando fez com Derrida. Na conferência e numa das referidas entrevistas, Derrida é enfático ao demarcar a "ordem do perdão" do "domínio do direito": "o perdão não tem nenhuma comensurabilidade, nenhuma analogia, nenhuma afinidade possível com um

1 Uma primeira versão deste trabalho foi apresentada no Colóquio Internacional "A solidariedade dos viventes e o perdão: Jacques Derrida – Evando Nascimento: questões de ética, política e estética" (UERJ, 2017), com o título: "O juízo estético no horizonte da indecidibilidade: liberdade, decisão, responsabilidade".

2 DERRIDA, Jacques. *Force de loi*: le fondement mystique de l'autorité. Paris: Galilée, 1994, p. 22. [Ed. bras.: DERRIDA, Jacques. *Força de lei*: o fundamento místico da autoridade. Tradução Leyla Perrone-Moisés. São Paulo: Martins Fontes, 2007].

3 *Ibid.*, p. 80.

dispositivo jurídico ou político", afirma, com efeito, arrematando: "A ordem do perdão transcende todo direito e todo poder político, toda comissão e todo governo. Não se deixa traduzir, transportar, transpor para a língua do direito e do poder".[4] E ainda:

> O perdão, se é possível, deve ser um conceito incondicional. Não é um conceito jurídico. O perdão é estrangeiro ao domínio do direito, do direito penal. O perdão não é um julgamento, um veredicto público. [...] O perdão em si mesmo, isso que chamo o perdão incondicional, não pertence ao domínio que lhe reservaria o direito; ele sequer tem que ser pedido [...]. [...] pedir perdão é já condicioná-lo; o perdão incondicional sequer tem que ser pedido. Isso pode parecer uma loucura, qualquer coisa de impossível, mas o perdão é um tipo de loucura, ele realiza o impossível.[5]

Curiosa antítese essa aí projetada por Derrida: o perdão se contraporia ao direito, na medida mesma em que o "incondicional" se contraporia ao "jurídico" – mas também ao "julgamento" (sinteticamente: ao "julgamento jurídico"). E que medida seria essa, afinal? Em entrevista anterior na qual trata do assunto, Derrida esclarecera: "o perdão é uma graça absoluta, *para além de todo o cálculo*, de toda avaliação de pena possível, para além de todo julgamento. Deve ser, por consequência, incondicional";[6] e ainda: "Não o digo para dizer que o perdão é impossível, digo que, se é possível, é ao preço dessa resistência do impossível, *do que não se pode fazer, prever, calcular*, e *daquilo*

---

4 DERRIDA, Jacques. Le pardon, la verité, la réconciliation: quel genre? In: DERRIDA, Jacques; NASCIMENTO, Evando. *La solidarité des vivants et le pardon*: conférence et entretiens. Paris: Hermann, 2016a, p. 59-120, p. 99. Salvo indicação contrária, esta e as demais traduções de trechos em língua estrangeira citados neste artigo são de minha responsabilidade.

5 DERRIDA, Jacques. La solidarité des vivants. In: DERRIDA, Jacques; NASCIMENTO, Evando. *La solidarité des vivants et le pardon*: conférence et entretiens. Paris: Hermann, 2016b, p. 121-140, p. 135.

6 DERRIDA, Jacques. *Sur parole*: instantanés philosophiques. Paris: L'Aube, 1999, p. 137; grifo meu. [Ed. port.: DERRIDA, Jacques. *Sob palavra*: instantâneos filosóficos. Trad. de Miguel S. Pereira. Lisboa: Fim de século, 2004].

para que não temos nem critérios gerais, normativos, jurídicos, nem mesmo morais no sentido das normas morais".[7]

Incalculabilidade, ausência de critérios e/ou normas *a priori*: eis, afinal, o que distinguiria o perdão "*en lui-même*", "o perdão em si mesmo", dito "incondicional", do julgamento jurídico – este, infere-se, efeito de previsibilidade, de calculabilidade, logo, de condicionalidade. Assim: "o valor do perdão é heterogêneo ao valor do julgamento jurídico", arremata Derrida, sem deixar de alertar, contudo, que "há muitas vezes contaminação entre a lógica do perdão e a lógica judicial".[8]

Quanto a isto, o autor tem em vista concretamente a atuação de Desmond Tutu no âmbito da Comissão Verdade e Reconciliação na África do Sul, na década de 1990, o qual procurava fazer do arrependimento dos criminosos a condição para a sua anistia. Derrida reconhecerá, então, a propósito dessa "cristianização do perdão" – "a anistia torna-se perdão, um perdão precedido de um testemunho acompanhado de arrependimento" –, a ocorrência de um "perdão *condicional*" ("trocado pelo arrependimento, pelo pedido de perdão, pela transformação do pecador, etc."), em contraposição ao "perdão puro e *incondicional*", "aquele que excede graciosamente toda troca, todo pedido de perdão com arrependimento, reconciliação, conversão, redenção, toda *economia*, toda finalidade (psicológica, terapêutica, política)".[9] Tratar-se-ia, nesse caso, como se vê, menos de uma clivagem no conceito de perdão, do que de uma deturpação do perdão "em si mesmo", "puro e incondicional", pela via de sua "contaminação" por uma "lógica judicial" (calculabilidade, normatividade), resultando em sua *condicionalização*, isto é, em sua degradação em "perdão condicional".

É de se perguntar se esse seria um fenômeno exclusivo da "ordem do perdão". Isso porque, em Derrida, o horizonte da incalculabilidade/incondicionalidade transcende, em muito, essa ordem, abarcando, na verdade, uma variedade de fenômenos tradicionalmente enquadrados nos domínios da *ética* ou da *política* – termos estes, contudo, quase não empregados (ou empregados com reserva) pelo autor. Questionado, por Evando Nascimento, pela razão disso, Derrida esclarece:

---

7 *Ibid.*, p. 138; grifo meu.

8 *Ibid.*, p. 132.

9 DERRIDA, Jacques. Le pardon, la verité, la réconciliation: quel genre?, *op. cit.*, p. 114.

> Um dos paradoxos do que eu tento propor, é que não há ética, não há responsabilidade moral como se diz, ou decisão ética a não ser onde não há mais regras ou normas éticas. Se temos regras ou se temos uma ética disponível – ou um conjunto de normas, de regras atuais –, basta saber quais são essas normas e tomar as decisões que resultam da aplicação das mesmas; não há, pois, decisão ética. Consequentemente, o paradoxo é que, para que haja decisão ética, não deve haver ética, regras ou normas prévias. [...] Logo, se tenho muita dificuldade de me servir dessas palavras, é em particular porque, paradoxalmente, sinto que a exigência de uma responsabilidade ética implica a ausência de ética, de sistema e de norma éticas. Eu diria exatamente a mesma coisa para a política [...].[10]

Eis aí aquela paradoxalidade constitutiva do perdão – "o perdão é um tipo de loucura, ele realiza o impossível" –, ora reconhecida em toda sua amplitude ético-política, por assim dizer, vindo a ser enunciada, alhures, ainda mais amplamente, à guisa de teorema: "Como procurei demonstrar, somente o impossível *pode* acontecer".[11] Remetendo, então, aos motivos que estiveram no centro de suas publicações e seminários a partir de meados dos anos 1980, Derrida observa que:

> Todos os exemplos por meio dos quais procurei fazer justiça a esse pensamento (a invenção, o dom, o perdão, a hospitalidade, a justiça, a amizade, etc.) confirmavam esse pensamento do possível impossível, do possível *como* impossível, de um possível-impossível que não se deixa mais determinar pela interpretação metafísica da possibilidade ou da virtualidade.[12]

10 DERRIDA, Jacques. La solidarité des vivants, *op. cit.*, p. 124-125.

11 DERRIDA, Jacques. *A universidade sem condição*. Trad. de Evando Nascimento. São Paulo: Estação Liberdade, 2003. p. 78. Derrida acrescenta: "Lembrando, muitas vezes, a respeito da desconstrução, que ela era impossível ou o impossível, e que não era um método, uma doutrina, uma metafilosofia especulativa, mas *o que acontece*, confiava-me ao mesmo pensamento" (*Ibid.*).

12 *Ibid.*

Em vista da contiguidade entre *perdão* e *justiça* nessa sequência de exemplos do "possível-impossível", e pensando-se, por outro lado, no estatuto reservado por Derrida à "lógica judicial" e ao "julgamento jurídico" em suas considerações sobre o perdão, torna-se inevitável perguntar se *também em relação à esfera jurídico-judicial* não se constataria algo análogo ao que se dá na passagem do perdão incondicional ao condicional.

***

No livro em que se dedica especificamente ao assunto, *Force de loi* [Força de lei] (1994), Derrida havia descrito a justiça nos mesmos termos em que o fará com o perdão – "A justiça é uma experiência do impossível. Uma vontade, um desejo, uma exigência de justiça cuja estrutura não fosse uma experiência da aporia não teria nenhuma chance de ser o que ela é" –,[13] inclusive enfatizando a irredutibilidade da justiça ao direito:

> Cada vez que as coisas acontecem, ou acontecem satisfatoriamente, cada vez que se aplica tranquilamente uma boa regra a um caso particular, a um exemplo corretamente subsumido, segundo um juízo determinante [*jugement déterminant*], o direito, talvez e às vezes, se beneficia disso, mas se pode ter certeza de que a justiça não se beneficia jamais. O direito não é a justiça. O direito é o elemento do cálculo, é justo que haja direito, mas a justiça é incalculável, ela exige que se calcule com o incalculável; e as experiências aporéticas são experiências tão improváveis quanto necessárias da justiça, isto é, momentos em que a *decisão* entre o justo e o injusto não é jamais garantida por uma regra.[14]

Tal como com o perdão, a justiça seria irredutível ao direito na (des)medida mesma de sua incalculabilidade, em franca oposição ao caráter calculável e regrado do julgamento jurídico. Este é aí, então, denominado e caracterizado em termos reconhecidamente kantianos: um "*jugement déterminant*" – um "juízo determinante", dir-se-ia em português –, no qual "se aplica tranquilamente uma boa regra a um caso particular, a um exemplo corretamente subsumido".

13 DERRIDA, Jacques. *Force de loi, op. cit.*, p. 38.

14 *Ibid.*

Segundo Kant,[15] a faculdade de juízo determinante opera "sob leis transcendentais universais que o entendimento dá", o que faz dela uma faculdade estritamente "subsuntiva" [*subsumierend*]: "a lei lhe é estabelecida [*vorgezeichnet*] *a priori*, e, por isso, não tem necessidade de pensar uma lei para si mesma de modo a poder subsumir [*unterordnen*] o particular na natureza ao universal". A faculdade de juízo reflexiva, em compensação, "tem a obrigação de elevar-se [*aufzusteigen*] do particular na natureza ao universal", necessitando, assim, de um princípio que, não podendo tomar da experiência, cabe tão-somente a ela própria fornecê-lo a si mesma como lei, e não buscá-lo em outro lugar, "caso contrário, seria ela faculdade de juízo determinante", observa Kant.[16] Em suma: "a faculdade de juízo reflexiva deve subsumir sob uma lei que ainda não está dada e, por isso, é, de fato, apenas um princípio de reflexão sobre objetos, para os quais objetivamente nos falta por completo uma lei ou um conceito de objeto que fosse suficiente como princípio para casos que ocorrem".[17]

Isso posto, é grande a tentação de se conceber em termos do *juízo reflexivo* kantiano aquilo que Derrida prevê seja para a "decisão ética" em geral – "para que haja decisão ética, não deve haver ética, regras ou normas prévias" –, seja para a decisão implicada pelo "ato de justiça", em particular: "a *decisão* entre o justo e o injusto não é jamais garantida por uma regra"; e ainda:

> Como conciliar o ato de justiça que deve sempre concernir a uma singularidade, a indivíduos, a grupos, a existências insubstituíveis, ao outro ou a mim *como* o outro, numa situação única, com a regra, a norma, o valor ou o imperativo de justiça que têm necessariamente uma forma geral, mesmo se essa generalidade prescreve uma aplicação a cada vez singular? Se eu me contentasse em aplicar uma regra justa, sem espírito de justiça e sem inventar, de algum modo e a cada vez, a regra e o exemplo, eu estaria talvez a salvo da crítica, sob a proteção do direito, eu agiria conformemente ao direito objetivo, mas não seria justo. Eu

15 KANT, Immanuel. *Kritik der Urteilskraft*. Frankfurt am Main: Suhrkamp, 1974 [1790], p. 88. [Ed. bras.: KANT, Immanuel. *Crítica da faculdade do juízo*. Trad. de Valério Rohden. 2. ed. Rio de Janeiro: Forense Universitária, 2002.]

16 *Ibid.*

17 *Ibid.*, p. 334.

> agiria, diria Kant, *conformemente* ao dever, mas não *por dever* ou *por respeito* à lei.[18]

Com Kant, e a partir dele, o juízo reflexivo por excelência, seu paradigma, por assim dizer, será o *julgamento estético*, de modo que toda teoria pós-kantiana da *crítica* se verá impelida a deslindar a natureza judicativa da mesma. Numa instigante abordagem contemporânea do problema, Florian Klinger, no intuito de "alcançar um entendimento acerca da crítica que mantenha contato com a tradição do conceito (enraizada na retórica, na poética e na estética)", busca "definir sua propriedade epistemológica", de modo a "separar o discurso crítico, tanto da ciência como do discurso literário", postulando que o paradigma que preenche essa tarefa "é o juízo, que forma a noção determinante do discurso crítico", e arremata: "A palavra crítica vem do grego *krinein*, julgar (distinguir, selecionar, decidir). O seu exercício, a sua prática, é *krisis*, juízo, crise".[19] De que tipo de julgamento se trataria aí? A resposta dada pelo autor enuncia-se ao modo de uma paráfrase livre da definição kantiana de juízo reflexivo:

> [...] pode-se dizer, então, que o juízo acontece em situações "críticas", entendendo-se por situação crítica aquela em que uma decisão é requerida embora não se conte com padrões – uma situação que não pode ser decidida por meio da razão. [...] Como não se dispõe de um critério preestabelecido, o ato do juízo tem de estabelecer seus próprios padrões justificadores.[20]

O amparo para essa definição, Klinger a encontra em toda uma tradição de "pensadores acerca do juízo", a saber, segundo ele, "Aristóteles, Quintiliano, Paulo, Niccolo Machiavelli, Baltasar Gracián, Giambattista Vico, Immanuel

---

18 DERRIDA, Jacques. *Force de loi*, *op. cit.*, p. 39.

19 KLINGER, Florian. Sobre o juízo – a fundação epistemológica da crítica. Trad. de Márcia A. Franco e Janaína Senna. In: PEDROSA, Celia; DIAS, Tania; SÜSSEKIND, Flora (Orgs.). *Crítica e valor*: uma homenagem a Silviano Santiago. Rio de Janeiro: Fundação Casa de Rui Barbosa, 2014, p. 19-27, p. 19.

20 *Ibid.*, p. 20.

Kant, Carl Schmitt, Ludwig Wittgenstein, Hannah Arendt e Jean-François Lyotard".[21] Como explicar e justificar a ausência de Derrida nesta série?

A título de comparação, pensemos nos dois últimos nomes da série. Hannah Arendt, em suas célebres *Lectures on Kant's Political Philosophy* [Lições sobre a filosofia política de Kant] (1982), esforça-se por formular o julgamento político na base do juízo reflexivo kantiano; já em *Le différend* [O diferendo] (1983), de Jean-François Lyotard, o juízo reflexivo é mobilizado como instrumento de questionamento das estruturas determinantes e dogmáticas de julgamento nas sociedades modernas. A ênfase de Derrida na incalculabilidade do "ato de justiça", da decisão aí implicada, em contraposição à calculabilidade, à normatividade do direito, pareceria evidenciar, a princípio, um movimento análogo ao de Arendt e Lyotard. Mas este é apenas um *primeiro* movimento em *Force de loi*, e a complexidade da relação entre justiça e direito que ali se revela transcende a dicotomia kantiana de um juízo reflexivo contraposto a um juízo determinante.

★★★

"Tudo seria ainda simples se essa distinção entre justiça e direito fosse uma verdadeira distinção, uma oposição cujo funcionamento permanecesse logicamente regulado e dominável", afirma, com efeito, Derrida,[22] alertando: "Mas acontece que o direito pretende se exercer em nome da justiça, e que a justiça exige ser instalada num direito que deve ser implementado (constituído e aplicado) pela força".[23] Daí: "A desconstrução se encontra e se desloca sempre *entre* os dois".[24] E o que se dá *entre* a justiça e o direito, *entre* o incalculável e o cálculo, não se traduz em dicotomia, e sim, Derrida insiste, em *aporia*. É do caráter aporético, pois, da decisão a ter lugar nesse *entre*, do caráter aporético da "*décision du juste*", que é preciso, então, tratar:

> Nosso axioma o mais comum é que para ser justo – ou injusto, para exercer a justiça – ou a violar, devo ser livre e responsável por minha ação, por meu comportamento, por meu pensamen-

21 *Ibid.*, p. 19-20.

22 DERRIDA, Jacques. *Force de loi, op. cit.*, p. 49.

23 *Ibid.*, p. 49-50.

24 *Ibid.*, p. 50; grifo meu.

> to, por minha decisão. Não se dirá de um ser sem liberdade, ou ao menos que não é livre em tal ou tal ato, que sua decisão é justa ou injusta. Mas essa liberdade ou essa decisão do justo deve, para ser, e ser dita tal, ser reconhecida como tal, seguir uma lei ou uma prescrição, uma regra. Nesse sentido, em sua própria autonomia, em sua liberdade de seguir ou de se dar a lei, ela deve poder ser da ordem do calculável ou do programável, por exemplo como ato de equidade. Mas se o ato consiste simplesmente em aplicar uma regra, em desenvolver um programa ou em efetuar um cálculo, ele será dito, talvez, legal, conforme ao direito, e talvez, por metáfora, justo, mas se erraria em dizer que a *decisão* foi justa. Pura e simplesmente porque não houve, nesse caso, decisão.[25]

Neste enunciado tripartido, composto de um "axioma" sucedido por duas sentenças adversativas (*Mas... Mas...*), traduz-se, pois, o que se poderia chamar de a estrutura aporética do "ato de justiça", da "decisão do justo": (i) só exerço/violo a justiça, só decido justa/injustamente, se sou *livre e responsável pela minha decisão*; (ii) *mas* essa decisão, para ser reconhecida como tal, *deve seguir uma lei/prescrição/regra, deve poder ser da ordem do calculável/programável*; (iii) *mas* se me limito, aí, a aplicar uma regra, a desenvolver um programa, a efetuar um cálculo, *não houve decisão.*

Desse modo, "para que uma decisão seja justa e responsável", conclui Derrida, é preciso que "ela seja ao mesmo tempo regrada e sem regra, conservadora da lei e suficientemente destruidora ou suspensiva da lei para dever em cada caso reinventá-la, rejustificá-la, reinventá-la ao menos na reafirmação nova e livre de seu princípio".[26] Isso significa, *por um lado*, "que nenhuma regra existente e codificada pode nem deve absolutamente garanti[-la]", pois, se assim ocorre, "então o juiz é uma máquina de calcular", em conformidade com "uma parasitagem irredutível pela mecânica ou pela técnica que introduz a iterabilidade necessária dos julgamentos", de modo que "não se dirá do juiz que ele é puramente justo, livre e responsável".[27] Contudo, *por outro lado*, alerta Derrida,

---

25 *Ibid.*

26 *Ibid.*, p. 51.

27 *Ibid.*

"não se o dirá também se ele não se refere a nenhum direito, a nenhuma regra, ou se, porque não toma por dada nenhuma regra para além de sua interpretação, ele suspende sua decisão, detém-se no indecidível, ou então improvisa fora de qualquer regra e de qualquer princípio".[28]

Aí avulta um importantíssimo esclarecimento de Derrida acerca do estatuto do indecidível na desconstrução. "Associa-se frequentemente o tema da indecidibilidade à desconstrução", afirma ele, retrucando: "Ora, o indecidível não é somente a oscilação entre duas significações ou duas regras contraditórias e muito determinadas, mas igualmente imperativas";[29] "não é somente a oscilação ou a tensão entre duas decisões".[30] "Indecidível", conclui, "é a experiência daquilo que, estranho, heterogêneo à ordem do calculável e da regra, *deve* entretanto – é de *dever* que é preciso falar – entregar-se à decisão impossível, levando em conta o direito e a regra".[31] Se não ocorre, portanto, *por um lado*, uma verdadeira decisão, a não ser a partir de um horizonte de indecidibilidade – "Uma decisão que não passasse pela prova do indecidível não seria uma decisão livre, não passaria da aplicação programável ou do desenvolvimento contínuo de um processo calculável. Ela seria, talvez, legal, não seria justa" –,[32] *por outro lado*, "no momento de suspense do indecidível [*dans le moment de suspens de l'indécidable*], ela também não é justa, pois somente uma decisão é justa".[33]

Em outras palavras, o "suspense do indecidível" – o *deter-se no indecidível* – é a própria negação da justiça, na medida mesma em que é a negação da decisão, do *dever* de "entregar-se à decisão impossível, levando em conta o direito e a regra". O "excesso da justiça sobre o direito e sobre o cálculo", o "transbordamento do inapresentável sobre o determinável", alerta Derrida, "não pode e não deve servir de álibi para se abster das lutas jurídico-políticas, no interior de uma instituição ou de um Estado, entre instituições ou entre Estados";[34] isso porque:

---

28 *Ibid.*, p. 51-52.

29 Por exemplo, "o respeito ao direito universal e à equidade, mas também à singularidade sempre heterogênea e única do exemplo não subsumível" (*Ibid.*, p. 53).

30 *Ibid.*, p. 53.

31 *Ibid.*

32 *Ibid.*

33 *Ibid.*

34 *Ibid.*, p. 61.

"Abandonada a si própria, a ideia incalculável e doadora da justiça está sempre o mais perto do mal, de fato do pior, pois pode sempre ser reapropriada pelo cálculo o mais perverso";[35] em suma: "a justiça incalculável *manda* calcular"[36] – isto é: *decidir*; isto é: *julgar*. Em que termos, afinal, definir esse julgamento?

> Para ser justa, a decisão de um juiz, por exemplo, deve não somente seguir uma regra de direito ou uma lei geral, mas deve assumi-la, aprová-la, confirmar seu valor, por um ato de interpretação reinstaurador, como se, no limite, a lei não existisse anteriormente, como se o juiz a inventasse ele mesmo em cada caso. Cada exercício da justiça como direito só pode ser justo se for um "julgamento novamente fresco", se posso dizer, traduzindo assim livremente "*fresh judgement*", esta expressão inglesa que tomo de empréstimo junto ao artigo de Stanley Fish, "*Force*", em *Doing What Comes Naturally*. O novo frescor, a inicialidade desse julgamento inaugural [*l'initialité de ce jugement inaugural*] pode muito bem repetir qualquer coisa, ou melhor, deve ser conforme a uma lei pré-existente, mas a interpretação reinstauradora, reinventiva e livremente decisória do juiz responsável requer que sua "justiça" não consista somente na conformidade, na atividade conservadora e reprodutiva do julgamento.[37]

Se não se confunde, pois, com o juízo determinante, no qual "se aplica tranquilamente uma boa regra a um caso particular, a um exemplo corretamente subsumido", o julgamento que Derrida então denomina "inaugural" também não se confundiria com o juízo reflexivo, posto que, nele, tudo se passa apenas "*comme si*", isto é, "*como se* a lei não existisse anteriormente", "*como se* o juiz a inventasse ele mesmo em cada caso", e não, de fato, numa ausência efetiva e absoluta de toda e qualquer lei ou regra, já que ele "deve ser conforme a uma lei pré-existente", já que, nele, a decisão "deve seguir uma regra de direito ou uma lei geral". Mas como conceber, afinal, o cumprimento deste "dever" em termos

35 *Ibid.*

36 *Ibid.*

37 *Ibid.*, p. 50-51.

de uma verdadeira *reinstauração/reinvenção* da lei/regra (julgamento inaugural), e não meramente de sua *aplicação* (juízo determinante)?

Aqui se faz necessário retomar o que Derrida afirma acerca do indecidível como a urgência mesma de uma decisão impossível a partir "[d]a oscilação ou [d]a tensão entre duas decisões"; a partir "[d]a oscilação entre duas significações ou duas regras contraditórias e muito determinadas, mas igualmente imperativas". Ora, trata-se, aí, como se vê, não de uma ausência absoluta de regras (juízo reflexivo), e sim, ao contrário, de uma potencial abundância delas; na medida, contudo, em que as regras em questão seriam *igualmente imperativas*, e, a um só tempo, *contraditórias entre si*, elas se apresentam, no momento do julgamento, como igualmente possíveis, *mas não compossíveis*, isto é, não possíveis *ao mesmo tempo*. Daí que uma decisão seja requerida não apenas em face do objeto do julgamento ("bom" ou "mau", "culpado" ou "inocente", etc.), mas também, e concomitantemente, em relação à própria regra que permitiria, enfim, o julgamento do referido objeto como "isto" ou "aquilo". Daí que a regra emerja, em cada caso, como o efeito de uma decisão impossível – em contraste com a mera aplicação de uma regra *a priori* a um caso particular –, decisão esta que, ao largo da pretensa "tranquilidade" que acompanha o juízo determinante, permanecerá, como tal, assombrada pelo indecidível: "Uma vez passada a prova do indecidível", explica Derrida,[38] "ela novamente seguiu uma regra, uma regra dada, inventada ou reinventada, reafirmada: ela não é mais *presentemente* justa, *plenamente* justa". Isso porque: "Em nenhum momento uma decisão parece poder ser dita presentemente e plenamente justa", prossegue Derrida; "ou bem ela não foi ainda tomada segundo uma regra, e nada permite dizê-la justa, ou bem já seguiu uma regra [...] que, por sua vez, nada garante de modo absoluto; e ademais, se estivesse garantida, a decisão seria reconvertida em cálculo, e não se poderia dizê-la justa".[39] Em suma:

> É por isso que a prova do indecidível, da qual acabo de dizer que deve ser atravessada por toda decisão digna desse nome, não é jamais passada ou ultrapassada, não é um momento superado ou relevado (*aufgehoben*) na decisão. O indecidível permanece

38 *Ibid.*, p. 54.

39 *Ibid.*

> preso, alojado, ao menos como um fantasma, mas um fantasma essencial, em toda decisão, em todo acontecimento de decisão.[40]

O fantasma essencial do indecidível é o fantasma mesmo da ausência de garantia que assombrará o "événement *de décision*" implicado pelo julgamento inaugural, "sempre um momento finito de urgência e de precipitação" e nunca "a consequência ou o efeito daquele saber teórico ou histórico, daquela reflexão ou daquela deliberação",[41] pois: "Mesmo se o tempo e a prudência, a paciência do saber e o domínio das condições fossem, por hipótese, ilimitados, a decisão seria estruturalmente finita", conclui Derrida, "decisão de urgência e de precipitação, agindo na noite do não saber e da não regra. Não da ausência de regra e de saber, mas de uma reinstituição da regra que, por definição, não é precedida de nenhum saber e de nenhuma garantia como tal".[42] E ainda:

> Se nos fiássemos numa distinção maciça e nítida do performativo e do constativo [...], deveríamos colocar essa irredutibilidade da urgência precipitativa, essa irredutibilidade profunda da irreflexão e da inconsciência, [...] na conta da estrutura performativa dos "atos de linguagem" e dos atos *tout courts* como atos de justiça e de direito, quer tais performativos tenham um valor instituidor, quer sejam derivados e suponham convenções anteriores. [...] Mas como um performativo não pode ser justo, no sentido da justiça, a não ser se fundando sobre convenções, e, logo, sobre outros performativos, escondidos ou não, ele conserva sempre em si alguma violência irruptiva. Ele já não responde às exigências da racionalidade teórica. E jamais o fez, jamais pôde fazê-lo, disso se tem uma certeza *a priori* e estrutural.[43]

Pode-se dizer, em suma, que o julgamento inaugural tem lugar como *performance irruptiva* de uma decisão impossível, melhor dizendo, de uma *dupla decisão no indecidível* – uma decisão acerca do objeto do julgamento *ao mesmo*

40 *Ibid.*

41 *Ibid.*, p. 58.

42 *Ibid.*

43 *Ibid.*, p. 58-59.

tempo que acerca da própria regra a permitir o julgamento do referido objeto, ato de justiça enquanto tal sem garantia.[44] E se tomamos, pois, o julgamento inaugural como o julgamento "em si mesmo", no sentido de ser o único a verdadeiramente *fazer justiça*, fica claro em que medida ele pode, pela via da contaminação por uma "lógica judicial" (calculabilidade, normatividade), degradar-se em "juízo determinante" (no qual o juiz "aplica tranquilamente uma boa regra a um caso particular, a um exemplo corretamente subsumido"); mas também, pela via de algum voluntarismo subjetivista, degradar-se em "juízo reflexivo" (no qual o juiz "não se refere a nenhum direito, a nenhuma regra" e "improvisa fora de qualquer regra e de qualquer princípio").

Ora, assim concebido, o acontecimento do julgamento inaugural, sua estrutura performativa, bem como os riscos que ele corre em sua performance, isso tudo não poderia ser prerrogativa do campo jurídico. De fato, "a justiça incalculável *manda* calcular. E primeiramente no mais próximo daquilo a que se associa à justiça, a saber, o direito, o campo jurídico que não se pode isolar em fronteiras seguras", afirma, com efeito, Derrida, "mas também em todos os campos de que não se pode separá-lo, que nele intervêm e que já não são somente campos: o ético, o político, o técnico, o econômico, o psicossociológico, o filosófico, o literário, etc.".[45]

★★★

Pensemos aqui neste último "campo", o "literário", naquilo, justamente, que ele tem de mais essencialmente relacionado ao campo jurídico (e ao ético, e ao político...), a saber, a *judicatividade* constitutiva e incontornável da crítica

44 Enfatizo, aqui, a natureza *performática* do "*jugement inaugural*" de modo a evidenciar sua dimensão discursiva, pública, não psicológica, por assim dizer, justificando, ademais, com isso, a tradução da expressão derridiana por "julgamento inaugural", ao invés de "juízo inaugural". Não se trata de desautorizar, simplesmente, a segunda opção. Ambos os vocábulos, "julgamento e "juízo" são frequentemente empregados de modo intercambiável na tradução seja de *jugement* (francês), seja de *judgement* (inglês), seja de *Urteil* (alemão); "juízo", contudo, parece-me favorecer, neste caso, em função de seus ecos kantianos praticamente incontornáveis em nossa língua, uma compreensão equivocadamente subjetivista do ato judicativo de que aqui me ocupo.

45 *Ibid.*, p. 61-62.

estético-literária. "O conceito de crítica", afirma, com efeito, Derrida, comentando Walter Benjamin, "na medida em que implica a decisão sob a forma de julgamento e a questão a respeito do direito de julgar, tem assim uma relação essencial, em si mesma, com a esfera do direito".[46] Tal como na esfera do direito, pois, também o julgamento implicado pelo ato crítico poderia se desvirtuar na aplicação de uma regra a um "caso" ou "exemplo", ainda que, por vezes, dissimuladamente. O próprio Derrida, num texto célebre dos anos 1960, chamava a atenção para a cumplicidade insuspeita entre o comentário crítico e o comentário clínico "na mesma abstração, no mesmo desconhecimento, na mesma violência",[47] apesar dos esforços do primeiro para se demarcar do segundo:

> A crítica (estética, literária, filosófica, etc.), no instante em que pretende proteger o sentido de um pensamento ou o valor de uma obra contra as reduções psicomédicas, desemboca, por uma via oposta, no mesmo resultado: *ela faz um exemplo.* Quer dizer, *um caso.* A obra ou a aventura de pensamento vem testemunhar, por exemplo, em martírio, uma estrutura da qual primeiramente preocupa-se em decifrar a permanência essencial. Tomar a sério, para a crítica, e *fazer caso* do sentido e do valor, é ler a essência sobre o exemplo que cai nos parênteses fenomenológicos. Isto segundo o gesto mais irrepreensível do comentário o mais respeitoso da singularidade selvagem de seu tema.[48]

A subsunção de uma certa singularidade, a título de "caso" ou "exemplo", numa determinada "estrutura permanente" ou "essência" *a priori* é o gesto por excelência do juízo determinante – mesmo quando dissimulado, como aí ocorre, numa defesa dessa singularidade contra as "reduções psicomédicas" –, e poderia espantar que isso venha a acontecer justamente naquele domínio que prioritariamente, a partir de Kant, será identificado com o juízo reflexivo: o domínio da

46 *Ibid.*, p. 80.

47 DERRIDA, Jacques. La parole soufflée [1965]. In:___. *L'écriture et la différence.* Paris: Seuil, 1967, p. 253-292, p. 254. [Ed. bras.: DERRIDA, Jacques. A palavra soprada. In:___. *A escritura e a diferença.* 4. ed. rev. amp. Tradução Maria B. M. N. da Silva; Pedro L. Lopes; Pérola de Carvalho. São Paulo: Perspectiva, 2009.]

48 *Ibid.*, p. 254-255.

crítica estético-literária. Ora, como mostrei em outra ocasião, esse ímpeto determinante, por assim dizer, não se afigura como exceção, e sim como padrão na história da crítica; a bem dizer, como o próprio impulso de que se constitui e em que se desdobra uma história no âmbito da "modernidade crítica", isto é, naquela conjuntura pós-kantiana na qual o crítico estético-literário "tem reservados a si, e como nunca antes, um domínio e uma jurisdição que lhe seriam próprios e exclusivos, *ao mesmo tempo* que se vê privado do fundamento necessário à tomada de posse do referido domínio e ao exercício legítimo da referida jurisdição" – fundamento esse que, portanto, "deve ser doravante buscado, conquistado pelo crítico, e por ele estabelecido, finalmente, de maneira consensual".[49]

Essa busca pelo fundamento autoinstituidor e autolegitimador da crítica de arte e de literatura traduziu-se numa progressiva emergência de pretensas respostas à subjetivação radical da estética no âmbito da modernidade pós-kantiana. Estudando em detalhe as principais delas surgidas ao longo dos séculos XIX e XX, concluí que se revelam "respostas possíveis *mas não compossíveis*" à busca pelo fundamento crítico, isto é, "elas não são, como respostas, concomitantemente possíveis, mas mutuamente excludentes, e isso em sua origem mesma: a própria emergência de uma delas *como resposta* implica justamente a negação das demais *como respostas*".[50] E ainda: "Qualquer uma delas, pois, que emerja dessa disputa como 'a' resposta há de permanecer assombrada por aquela incompossível possibilidade outra que tivera de negar e recalcar para se instituir e se legitimar como resposta".[51]

Como se percebe, isso projeta no horizonte crítico aquela mesma "oscilação" entre "regras contraditórias e muito determinadas, mas igualmente imperativas" que Derrida divisa quando trata do indecidível, mas também a mesma urgência de uma decisão impossível em face dessa "oscilação", a mesma urgência, em suma, de um julgamento inaugural, na forma de uma dupla decisão no indecidível, sem o qual, na verdade, não há verdadeiro ato crítico:

49 ARAÚJO, Nabil. Da teoria como resposta: a modernidade crítica e o (ter) lugar da teoria literária. In: CECHINEL, André (Org.). *O lugar da teoria literária*. Florianópolis: EdUFSC; Criciúma: Ediunesc, 2016, p. 179-215, p. 209.

50 *Ibid.*

51 *Ibid.*

> a decisão em jogo no ato crítico diz respeito não apenas ao juízo de gosto perante a obra lida, mas também, e de um só golpe, ao princípio teórico à luz do qual o referido juízo de gosto se faz possível – princípio teórico esse que, por isso mesmo, não se encontra, em nenhuma medida, dado *a priori* e pronto para ser aplicado, mas que deve ser obtido no próprio ato crítico, o que se quer, então, chamar de ato crítico confundindo-se, na verdade, em larga medida, com essa *obtenção* de princípio. Essa obtenção – enfatize-se – traduz-se numa determinada escolha, numa determinada decisão, aquela entre possibilidades diversas e divergentes de princípios teóricos para o juízo de gosto inerente à prática crítica, uma *decisão em ato*, pois, para a qual, bem entendido, não há nem pode haver nenhuma garantia externa ao próprio ato crítico como ato de escolha, dupla.[52]

A identificação do juízo de gosto performado no ato crítico como um julgamento nem reflexivo (ausência absoluta de regras), nem determinante (subserviência a uma dada regra *a priori*), mas inaugural (dupla decisão no indecidível), a ser resguardado, aliás, de sua degradação nas duas referidas versões kantianas de julgamento, impele, ademais, a uma reformulação pedagógica no "campo literário", a repotencializar, contemporaneamente, o que se convencionou chamar de "ensino de literatura".[53]

---

52 ARAÚJO, Nabil. Por uma pedagogia literária do "como se". In: CECHINEL, André; SALES, Cristiano (Org.). *O que significa ensinar literatura?* Florianópolis: EdUFSC; Criciúma: Ediunesc, 2017, p. 31-57, p. 50.

53 São os rumos dessa reformulação o que eu procuro apresentar no texto supracitado.

A verdade na prova do perdão[1]

Leitura cruzada da "Conferência do Rio de Janeiro" e do seminário "O perjúrio e o perdão", de Jacques Derrida

Ginette Michaud

Devo, inicialmente, dizer duas palavras, "obrigada" [*merci*] e "perdão", cuja temível significação e indissociabilidade Derrida nos ensinou. Se o digo, não é apenas por mimetismo, peço-lhes que me creiam! Inicialmente e antes de tudo, "obrigada", portanto, por esse convite que me honra e permite estar aqui hoje: quero expressar minha gratidão aos professores Nabil Araújo e Evando Nascimento; à Universidade do Estado do Rio de Janeiro; a Alice Toulemonde, diretora do Escritório do Livro e da BiblioMaison do Consulado Geral da França no Rio de Janeiro e do Instituto Francês do Brasil, bem como a sua assistente Madeleine Deschamps, que facilitaram, com incomparável eficiência, todos os procedimentos administrativos, tornando assim possível minha participação neste colóquio. Agradeço também a Jean-Paul Lefèvre, diretor geral da Aliança Francesa no Brasil, e a Thomas Brégeon, diretor cultural da Aliança Francesa no Rio de Janeiro, pela hospitalidade. Agradeço finalmente a Yves Bergougnoux, por sua indispensável "tradução consecutiva". Estou feliz por reencontrar meu amigo Evando, nesse encontro sob o signo da amizade filosófica em torno de uma obra que admiramos e prezamos, como vocês também, seus tão numerosos leitores daqui.

---

1 O título original "*La vérité à l'épreuve du pardon*" não tem tradução simples em português, visto que a palavra "épreuve", fundamental para compreender o sentido aporético do perdão em Derrida, pode ser traduzida como prova, provação, teste ou experiência. Todos esses sentidos comparecem no pensamento de Derrida, e a solução foi utilizar uma ou outra dessas traduções, de acordo com o contexto [N.T.].

Devo também lhes pedir "perdão", pois estou consciente quanto à insuficiência de minha fala hoje, que não pode ser comparado do grande trabalho que Evando realizou, com o cuidado que lhe é peculiar: o livro que celebramos, *La solidarité des vivants et le pardon*. "Perdão", portanto, pois o que direi será menos um comentário do texto de Evando – tanto estou de acordo com tudo o que ele ali elabora, de modo informado e com nuances – do que um acompanhamento relativamente oblíquo *a partir da* conferência de Derrida, acompanhamento este que, espero, possibilitará seguir determinadas questões abertas na conferência, embora eu não esqueça, ao dizer isso, que o próprio Derrida escreve a respeito dessa figura ambígua do companheiro em seu seminário "O perjúrio e o perdão", especialmente a respeito do relato de Henri Thomas, *Le Parjure*, em que ele observa que esse "amigo-testemunha-narrador, o acólito, que acompanha sem acompanhar"[2] é sempre uma "identidade renegada", desalojado "para sempre em seu próprio lugar",[3] entregue a uma "substituição identificatória [que] acolheria, em suma, a traição e o perjúrio no cerne de toda narração, de todo relato, de toda confissão, de toda "relação" e "faria estragos na própria verdade ou veracidade, da qual ela seria a condição".[4] Isso não nos afasta em demasia, finalmente, de nosso assunto, no qual muitas vezes retornará essa questão do testemunho.

I

> Finalizando este livro hoje, 25 de setembro, o dia de Yom Kipur, não posso deixar de divulgar, *in fine*, essa história relatada por Théodore Reik: "Dois judeus, inimigos de longa data, se reencontram na sinagoga, no dia do Grande Perdão. Um diz ao outro: 'Desejo-lhe o que você me deseja'. E o outro replica, sem pestanejar: 'Você vai recomeçar?'" Ao modo de conclusão, deixemos, portanto, a última palavra ao riso.
>
> Sarah Kofman, *Pourquoi rit-on?*[5]

2 DERRIDA, Jacques. Le parjure, peut-être (brusques sautes de syntaxe). Études françaises, "Derrida lecteur", vol. 38, n. 1-2, p. 47, 2002. [Salvo indicação contrária, todas as traduções de textos estrangeiros são do tradutor brasileiro – N.T.]

3 *Ibid.*, p. 46.

4 *Ibid.*, p. 44.

5 KOFMAN, Sarah. *Pourquoi rit-on? Freud et le mot d'esprit*. Paris: Galilée, 1986, p. 198. Esse trecho é o último do livro, e é comentado por Jacques Derrida em sua ho-

Se inicio minha intervenção com essa epígrafe, é porque a questão do começo-recomeço diz respeito não apenas a todo o seminário de Jacques Derrida sobre "O perjúrio e o perdão", mas também porque ela constitui uma das aporias, relativas à infinidade temporal, pelas quais o perdão deve passar. Evocando a encenação do tribunal jurídico, com a qual Derrida dá uma forma de testemunho a toda essa questão do perdão em seu seminário (operando, assim, uma espécie de metalinguagem da Comissão Verdade e Reconciliação, por ele examinada justamente em seu texto "O perdão, a verdade, a reconciliação: qual gênero?", a conferência proferida no Rio de Janeiro, que constitui nosso objeto de estudo hoje), Derrida declara, com efeito (num trecho da primeira sessão de seu seminário, que não foi retomado em sua conferência):

> É com essa encenação que tento – de forma mais ou menos hábil, como podem compreender – resolver o problema recorrente, no início de cada seminário, de cada ano ou de cada semana: como re-começar, como começar continuando? Como voltar atrás, ao tempo em que se recomeça e se vai adiante? Como a volta em direção ao passado, *sobre* o passado, pode fazer as coisas avançarem? E voltar *sobre* o passado não é apenas voltar *em direção* ao passado, nem voltar *ao* passado. Não é apenas um ato de memória, ainda que seja comandado pelo que hoje se chama com facilidade de dever de memória. É também uma mudança de direção, e já é uma conversão. Voltar *sobre* o passado é efetuar um movimento de volta, que transforma ou transmuta a perspectiva ou a interpretação, e que, por meio da lamentação, do remorso ou do arrependimento, leva a perceber um caminho que poderia ou deveria ter sido outro, conclamando portanto a seguir um novo caminho e a um re-começo.[6]

---

menagem a Sarah Kofman. Cf. DERRIDA, Jacques. ".......". *Les Cahiers du Grif*, Sarah Kofman, nº 3, p. 155 *sq.*, 1997; republicado pelos organizadores, noutra versão em DERRIDA, Jacques. *Chaque fois unique, la fin du monde*. Organização e apresentação Pascale-Anne Brault et Michael Naas. Paris: Galilée, 2003, p. 227-232. Cito na versão de *Les Cahiers du Grif*. [A referência do artigo original vem entre aspas e com sete pontinhos para indicar que, propositalmente, não tinha título, N.T.]

6 DERRIDA, Jacques. Primeira sessão. 2 de dezembro de 1998. Seminário *Le parjure et le pardon* (Paris: EHESS, 1998-1999, inédito), p. 17 (grifos de Jacques Derri-

Seria possível compreender essas linhas como uma antecipação, por parte de Derrida, do ato de memória, que esse próprio colóquio sobre "O perdão", *hoje*, constitui, no qual se espera, ao voltar *em direção ao* passado ou *sobre* seu trabalho, sua herança, deslocá-la, transformando-a.

Desse modo, se procuro começar/recomeçar minha intervenção citando como epígrafe essa pequena cena dos dois judeus, que é a conclusão do livro de Sarah Kofman, *Pourquoi rit-on?*, não é apenas porque a história narrada pela autora acontece no dia de Yom Kipur, o dia do Grande Perdão, mas também porque Derrida faz um longo comentário – numa "análise selvagem",[7] como ele diz – a respeito dessa história judia em sua homenagem (sem título) a Kofman em *Les Cahiers du Grif*, homenagem esta na qual *talvez, talvez*, ele também lhe peça secretamente perdão.

Pois não se observou suficientemente que, nessa oração em forma de *kaddish*, Derrida de fato escolhe, de modo bastante deliberado, abordar a questão do perdão, a fim de "'tornar tolerável o intolerável'"[8] (no caso, a morte, o silêncio, a ausência irrevogável daquela a quem ele se dirige). Não se trata de uma escolha insignificante, um gesto comandado apenas pela seguinte circunstância particular: ao final de seu texto, Derrida consagra várias páginas bastante fortes[9] ao perdão impossível, elaborando nesse texto escrito em 1996 uma primeira articulação de conjunto do argumento que vai ocupá-lo no seminário de 1997 a 1999. Ele circunscreve o paradoxo no cerne de sua reflexão, retirando do perdão, tal como foi definido em diversas tradições teológico-culturais (judaica, cristã, muçulmana) e filosóficas (dos gregos a Hegel, passando por Jankélévitch, Levinas e Arendt), todas as suas finalidades DE reconciliação, salvação, cura, redenção). Derrida vai pensar o perdão fora de qualquer economia, de qualquer troca e reciprocidade, a partir, portanto, de uma *assimetria* irredutível entre aquele que pede e o que dá o perdão, entre o ofensor e o ofendido, entre a vítima

---

da). Todos os trechos citados do seminário inédito de Derrida provêm do manuscrito digital, atualmente em fase de editoração. (Fonds Jacques Derrida, Institut Mémoires de l'édition contemporaine (IMEC), Abbaye d'Ardenne. Agradeço aos herdeiros de Derrida pela autorização para fazer as citações do seminário.)

7 DERRIDA, Jacques. "........", *op. cit.*, p. 157.

8 *Ibid.*, p. 142.

9 *Ibid.*, p. 156-163.

e o agressor (o "*perpetrator*": voltarei adiante a essa palavra, que Derrida utiliza em sua "Conferência"). Já em sua homenagem a Kofman, ele pergunta (e sua questão abre a do tempo, da história, da memória – consciente e inconsciente):

> Como se pode pagar uma dívida com o perdão? Será que o perdão não deve excluir todo pagamento para si e para o outro? Perdoar não é certamente ter como quites. Nem a si, nem ao outro. Isso seria repetir o mal, endossá-lo, consagrá-lo, deixá-lo ser o que é, inalterável e idêntico a si. Nenhuma adequação é aqui aceitável ou tolerável [...].

Nada de perdão sem memória, decerto, mas nada de perdão tampouco que se reduza a um ato de memória. E perdoar não equivale sobretudo a esquecer.[10]

A partir dessa história judaica dos dois amigos que "não desarmaram" e "continuam a se querer mal", Derrida analisa então o sintoma por meio do qual eles "fingem", "para fazer graça", perdoar-se, ao tempo em que "as hostilidades prosseguem internamente", e ele mostra como fazem assim a experiência da "impossibilidade radical do perdão".[11] Mas até a palavra "experiência" se mostra insuficiente aqui:

> Não escondemos que é preciso pensar a impossibilidade do perdão diferentemente, indo até a raiz mais radical do paradoxo, na formação mesma de um conceito do perdão. Que conceito estranho! Como não resiste à impossibilidade do que se gostaria de conceber nele e com ele, como ele explode ou implode nisso, é toda uma cadeia de conceito [*sic*] que com ele se rebenta, e até mesmo o conceito de conceito, que acaba de passar pela prova de sua precariedade essencial, de sua finitude e de sua desconstrutibilidade.[12]

Assim, já nessas linhas, Derrida enfatiza um ponto capital de sua reflexão, a saber, que o perdão não é uma questão teórica, a qual se possa simplesmente

10 *Ibid.*, p. 157.

11 *Ibid.*, p. 158.

12 *Ibid.*, p. 158.

teorizar ou formalizar: segundo ele, ao contrário, ela escapa, "enquanto tal", ao conceito (mas não ao pensamento), à história, à filosofia (a certa concepção de filosofia). Numa mesa-redonda intitulada exatamente "*On Forgiviness*" [Sobre o perdão], de que participou em Villanova, em outubro de 1999, Derrida afirmará, com efeito, que o perdão "deveria exceder a categoria mesma da presença e, bem entendido, da objetividade, de qualquer coisa que poderia ser objeto de um enunciado [*statement*] teórico; não existe enunciado teórico a respeito do perdão. A cada vez que faço uma declaração teórica a respeito do acontecimento do perdão, estou certo de tê-lo perdido",[13] de traí-lo. Por causa desse excesso, não se pode ter nenhum saber do perdão e "se o perdão acontece, *se* ele chega, deveria exceder a ordem da presença, a ordem do ser, a ordem da consciência, e acontecer na noite. A noite é seu elemento"[14] Bem mais, o único modo de acesso a certa conceitualidade do perdão passa pela experiência – se a palavra ainda serve, pois é antes de uma experimentação perigosa de que se trata – da aporia, essa aporia que Derrida lembra, ainda nessa mesa-redonda, não ser, a seu modo de ver, simplesmente "paralisante":

> Digo com frequência que a aporia não é algo a que possa me referir enquanto fenômeno. No pequeno volume intitulado *Apories*, digo que o que é aporético na aporia é que ela não se apresenta jamais como tal. A aporia reside no fato de não se poder fazer uma fenomenologia dela: a aporia não aparece como uma aporia enquanto tal. Portanto, me refiro a certo objeto, a um conjunto de polos opositivos. Uma aporia é uma experiência, é passar por uma experiência na qual nada – o perdão, por exemplo – se apresenta como tal.[15]

Desse modo, Derrida expõe, nessa homenagem a Kofman, as principais nervuras de sua reconfiguração do conceito do perdão, a saber, que "é preciso,

13 DERRIDA, Jacques. On Forgiveness: A Roundtable Discussion with Jacques Derrida. Moderated by Richard Kearney. In: CAPUTO, John; DOOLEY, Mark; SCANLON, Michael (Org.). *Questioning God.* Bloomington, Indianapolis: Indiana University Press, 2001, p. 53.

14 *Ibid.* (grifo de Derrida).

15 *Ibid.*, p. 62.

então, perdoar o imperdoável, mas o imperdoável que permanece imperdoável, o pior do pior".[16] Essa aporia, que constitui o ponto fulcral de seu pensamento do perdão, retirando-o de qualquer economia (dívida ou indulto, cálculo, estratégia, cura, terapêutica e, bem entendido, esquecimento), está igual e estreitamente ligada a esse outro paradoxo, que desconstrói de forma radical, até a raiz, a noção mesma de sujeito, nessa estranha experiência do perdão:

> Do mesmo modo que não posso decidir – o que se chama de decidir em meu nome –, não posso perdoar em meu nome, mas apenas em nome do outro, ali onde, sozinho, não sou capaz de decidir, nem de perdoar. É, portanto, preciso que eu perdoe o que não tenho a perdoar, nem o poder de dar, nem de perdoar: que eu perdoe mais além de mim. E que isso se faça em nome do outro, eis o que não exime em nada minha liberdade ou minha responsabilidade, ao contrário.[17]

Assim, o perdão vai "mais além de mim", de forma que não se sabe, não se deve poder saber *quem* perdoa *quem*. O perdão desconstrói até mesmo o "eu", a possibilidade de dizer que ele "é 'meu' ou me é próprio em geral".[18] É apenas com essa condição que o perdão pode advir, ocorrer, acontecer, sem que jamais haja prova, manifestação, fenomenalidade que garanta sua efetividade. Pois o perdão, no sentido proposto por Derrida, é um acontecimento performativo (no primeiro ano do seminário, ele dará grande atenção a essa noção nos textos "*de aparência* mais literária"[19] [sou eu que grifo esse "de aparência"], especialmente de Rousseau e de Kafka, que constituem um lugar privilegiado para pensar a efetivação dessa performatividade do perdão enquanto ato de linguagem): o perdão é um "acontecimento por afetar o 'quem' e o 'quê'",[20] o acontecimento do perdão é o que desconstrói até a possibilidade de dizer o que acontece entre o

---

16 DERRIDA, Jacques. "......", *op. cit.*, p. 159.

17 *Ibid.*, p. 159.

18 *Ibid.*, p. 160.

19 Ver *infra* a ementa do seminário, citada *in extenso*.

20 DERRIDA, Jacques. Le ruban de machine à écrire. *Limited Ink II*. In:___. *Papier Machine et autres réponses*. Paris: Galilée, 2001, p. 84.

quem e o *quê*. Ademais, numa sessão de seu seminário, Derrida vai inventar o termo "quase-*perdonância*", utilizando essa "voz média" para dar a entender que

> ([...] essa perdonância, essa situação de perdão, esse efeito de perdão, pode ter lugar ali onde ninguém, nenhum sujeito presente, se encontra mais presentemente a fim de perdoar ou ser perdoado; e isso coloca, com efeito, a questão do testamento, da espectralidade, do rastro, e sobretudo do devir-literário ou poético desse rastro testamentário, desse rastro testamentário e textual, que parece funcionar sozinho, por si mesmo, na ausência de seus produtores, como uma máquina) pois, como eu dizia, essa quase-perdonância somente pode acontecer no que chamaremos aqui o poema (*poema*, não a *poiesis*, o ato poético ou o ato de assinatura poética, o ato), mas o que resta, o traço restante, precário, finito mas sobrevivente, o texto que, automaticamente, como uma quase-máquina, pode reproduzir perdão, ali onde nem o culpado por perdoar, nem a vítima que perdoa não estão mais, presentemente vivos, não são mais "ser/estar-aí" no Presente-Vivente.[21]

Como Derrida esclarece, em seu texto de homenagem a Kofman, "a derradeira aporia do perdão, a mais artista, a mais capaz de fazer rir loucamente"[22] consiste no seguinte: o perdão não deve sobretudo ser dito; isso é o que ele escreverá no capítulo de *Donner la mort*, intitulado "Perdão por não querer dizer...", o qual, incidentemente, é uma sessão do seminário. Dizer o perdão, eis, portanto, ainda uma impossibilidade do perdão segundo Derrida, pois dizer "eu o perdoo" é ferir a pessoa uma segunda vez (tanto a que perdoa quanto a que é perdoada), reabrindo uma cena de reconhecimento, de transação, de comércio, que "destrói o dom"[23] do perdão assim que se pronuncia; de forma que, como ele diz, tudo ocorre

---

21 DERRIDA, Jacques. Quinta sessão. 28 de janeiro de 1998. Seminário *Le parjure et le pardon* (Paris: EHESS, 1997-1998, inédito), p. 9-10.

22 DERRIDA, Jacques. "......", *op. cit.*, p. 161.

23 *Ibid.*, p. 161.

> Como se somente fosse possível perdoar os mortos (fazendo ao menos de conta que o outro está morto [para "fazer graça"], em situação de não mais estar lá para sempre a fim de ouvir, no momento de receber o perdão), e como se fosse possível apenas perdoar o morto, ao mesmo tempo fazendo-se de morto (como se não se perdoasse, como se não deixasse que se saiba ou, no limite, a própria pessoa não soubesse). Desse ponto de vista, dois viventes não podem se perdoar e declarar que se perdoam enquanto viventes. Seria preciso estar morto para acreditar que o perdão é possível.[24]

Esse trecho é dos mais estranhos, também dos mais violentos (talvez não se fale o suficiente sobre quanto a abordagem de Derrida, ao se distanciar das posições morais ou éticas e ao forçar a tradição para fora de seus trilhos e da maneira comum de pensar, pode se revelar violenta), me interpelando a respeito do título do livro *La solidarité des vivants et le pardon*,[25] o qual traz na capa os nomes dos dois autores, um vivo, o outro morto, ao menos "em aparência". Como se deve entender a palavra "viventes" nesse título (e não apenas aí)? Qual relação ela já entretém implicitamente com os mortos, os fantasmas, os espectros? Penso nas seguintes linhas de Derrida, em seu texto para Kofman:

> [...] o perdão permanece, de todas as maneiras, impossível: entre dois viventes, entre um morto e um vivente, entre dois mortos. Ele só é possível, em sua própria impossibilidade, na fronteira invisível entre vida e morte (pois, como visto, somente

---

24 *Ibid.* (os colchetes são de Derrida).

25 A expressão é de Jacques Derrida, que a utiliza em sua primeira entrevista com Evando Nascimento (de 2001), num sentido diferente do meu aqui, a respeito da "politização cosmopolítica, a dos cidadãos do mundo": "Sou favorável – digo isso nos *Espectros de Marx* – a uma solidariedade mundial, que não seja simplesmente uma solidariedade entre os cidadãos, mas que poderia ser também uma solidariedade dos viventes, não se definindo antes de tudo como uma política dos cidadãos". Cf. DERRIDA, Jacques. Premier entretien avec Jacques Derrida: "La solidarité des vivants". In: DERRIDA, Jacques; NASCIMENTO, Evando. *La solidarité des vivants et le pardon*: Conferência e entrevistas, precedidos da Introdução de Evando Nascimento, "*Derrida au Brésil*". Paris: Hermann, 2016, p. 125-126.

> se pode perdoar quando o perdoador e o perdoado não estão mais aqui para sabê-lo), mas essa fronteira de escândalo não se deixa ultrapassar: nem pelo vivente, nem pelo morto.[26]

Voltarei mais adiante a essa questão do perdão como ato poético (ou como instituindo uma poética do ato), mas, antes de deixar esse texto, que está longe de ser apenas um pretexto para antecipar a análise da grande questão do perdão na obra de Derrida, gostaria ainda de sublinhar seu *gesto performativo*, o qual, ao articular dom e perdão em homenagem à memória de Sarah Kofman, não o faz apenas de maneira teórica, mas, ao contrário, inventa *para* ela, em seu nome, um conceito outro de perdão, concebido como uma "doação de arte e de vida, única, e até o fim do mundo relançada. Re-dada. Ao impossível, quer dizer, até o impossível".[27]

Tudo ocorre então como se Derrida fizesse, no caso, efetivamente dom a Kofman de uma "oferenda oblíqua". Isso concerne novamente o paradoxo do título desse livro, que Evando Nascimento coassina, enquanto vivo, com Jacques Derrida, que está ausente, do mesmo modo que, em sua homenagem, Derrida estava vivo, e Sarah estava no lugar inencontrável e insustentável de uma sobrevivente:[28] *La solidarité des vivants e le pardon* diz respeito somente aos vivos? Evidentemente não, e vida e morte se opõem aqui menos do que nunca, visto que, com o perdão, nunca se termina (o tempo do perdão não é histórico, prescritível, "acabado"), e que se trata de memória e de sobrevida, de *sobrevivência* (e não apenas de *sursis*), no sentido que tanto Derrida quanto Kofman, particularmente no rastro de Nietzsche, deram a essa palavra, a qual nunca deixaram de reafirmar.

Desse modo, seria preciso reler essas páginas cuidadosamente e relacioná-las ao que tentarei dizer sobre o "gênero" do perdão. A reconfiguração derridiana do conceito de perdão deve realmente (numa dívida sem dívida, mas não sem reconhecimento) algo a Sarah Kofman, a qual não apenas pensou o enigma do feminino, mas também se viu confrontada duramente, pagando um alto preço, em *Rue Ordener, rue Labat* e em *Paroles suffoquées* [Palavras sufocadas], à

26 DERRIDA, Jacques. "......", *op. cit.*, p. 162.

27 *Ibid.*, p. 163.

28 *Ibid.*, p. 13.

fala performativa do testemunho e da escrita autobiográfica. Isso também está no cerne da "Conferência de Rio de Janeiro", como veremos.

Pois, se coloquei a citação de Kofman como epígrafe de meu discurso hoje, foi também por se tratar da voz de uma mulher ("A mulher será meu assunto [*sujet*]", como o diz Derrida em *Esporas*, sua célebre conferência do colóquio "Nietzsche hoje?", em 1972, no qual, na presença de Kofman, ele já havia relacionado a questão da "mulher", da verdade, da interpretação, da ironia e da escrita), e por ser essa questão da mulher (da diferença sexual, do "gênero", para citar uma das quatro palavras capitais do título da conferência no Rio), em sua relação com o perdão, que tentarei acompanhar aqui. Finalmente, essa epígrafe me importa também por se tratar do riso, do riso de Sarah (a amiga, mas também a Sarah bíblica), ou de um sorriso que deveria sempre aparecer, sem, no entanto, se fenomenalizar, para assinar a efetividade de um perdão – sorriso ou riso, talvez somente um suspiro, que vai, portanto, além da linguagem verbal ou mesmo extraverbal.

II

Porém, antes de entrar nessas questões, permitam-me dizer uma palavra sobre o seminário "O perjúrio e o perdão", de onde saiu a "Conferência do Rio de Janeiro", e cuja edição estou preparando, com a colaboração de Nicholas Cotton. Esses esclarecimentos são, de fato, úteis para melhor discernir o movimento de pensamento em que se inscreve a conferência pronunciada por Derrida no Rio, em 16 de agosto de 2004.

Primeiramente, o título apresenta uma *vertiginosa perversidade*. Derrida realizou o seminário "O perjúrio e o perdão", na École des Hautes Études en Sciences Sociales (EHESS), em Paris, de 1997 a 1999. Na nota introdutória da conferência do Rio, ele menciona que se trata da "Transcrição (ligeiramente modificada) de uma sessão do seminário sobre *O perdão e o perjúrio* (EHESS, 1998-1999)",[29] enquanto no Anuário da EHESS é na verdade o título "O perjúrio e o perdão" que está inscrito para esses dois anos. No manuscrito digital do seminário realizado em 1997-1998, o próprio Derrida comenta essa questão

29 DERRIDA, Jacques. Le pardon, la vérité, la réconciliation: quel genre? In: DERRIDA, Jacques; NASCIMENTO, Evando. *La solidarité des vivants et le pardon*, *op. cit.*, p. 61, nota 1.

por duas vezes (especialmente na primeira sessão do ano seguinte), fazendo referência explícita ao título "Perjúrio e perdão". Foi, portanto, esse título que, enquanto editores do seminário, nós escolhemos (ao menos por enquanto, já que o trabalho ainda está em curso).

Todavia, é forçoso constatar que a ordem dessas duas palavras "perdão' e "perjúrio varia muitas vezes no decorrer dos dois anos. Em 1997-1998, é a menção "PAR J/D (Parjure/Pardon)" que aparece nos títulos dos arquivos informáticos e no manuscrito digital, já no ano seguinte é a menção "Perdão/perjúrio" que é sistematicamente colocada nos títulos dos arquivos informáticos. Pode-se também observar que Derrida associa as iniciais de seu nome, "J/D" ao acrônimo "PAR", que vale assim, ao mesmo tempo, como partícula comum às duas palavras-chaves do seminário, a contração entre elas, e como preposição: ocorre aí uma interessante reinscrição "autobiográfica" no contexto dessa questão do perdão, estreitamente relacionada à confissão e à declaração, em que se percebe, ao longo das sessões, várias identificações, encenadas ou não, de Derrida com Rousseau (no episódio da fita roubada) e Nelson Mandela (no relato da circuncisão ou da mudança de prenome, duas cenas que não são estranhas a "Circonfissão").

Mas voltemos ao título em que a palavra "perjúrio" precede geralmente, desse modo, "perdão", abrindo logo certa linha de leitura. O seminário precedente de Derrida, relativo aos dois anos anteriores, se intitulava "Hostilidade/hospitalidade", o termo "negativo" precedendo também nesse caso o termo "positivo": por sua simetria, o título "O perjúrio e o perdão" ecoava provavelmente essa inversão. Ademais, numa de suas respostas na mesa-redonda do colóquio "*Religion and Postmodernism*", de Villavona, que já mencionei e cujos temas eram "*Forgiving*" e "*God*", Derrida comentará o título nesse sentido:

> O perjúrio não é da ordem da promessa, nem da fé jurada. Essa é a razão pela qual o seminário que estou realizando não trata simplesmente do "Perdão". Ele se intitula "O perdão e o perjúrio". Penso que o perjúrio está infelizmente bem no começo da ética mais moral, da mais ética das éticas.[30]

30 DERRIDA, Jacques. On Forgiveness, *op. cit.*, p. 67.

Qualquer que seja a ordem das duas palavras, é a interversão entre elas que importa, como se alguma pulsão trabalhasse no sentido de permutá-las, substituindo-as uma à outra, *convertendo-as* ou *pervertendo-as*, e tornando sua *sucessão* ou *consecução* instáveis. Como se, de fato, essas duas palavras *se perseguissem*, em mais de um sentido (como também a palavra "*perpetrator*",[31] que Derrida, de maneira significativa, deixa em inglês, idioma no qual o "*per*" e o eco do traidor, na assonância "*trator*" e "*traitor*" ("*traître*", em francês), deixam passar o escândalo da reversão que se produz entre o perdoador e o perdoado, mas também, o que se torna propriamente insuportável, entre a vítima e o torturador, sobretudo se se pensa no crime do estupro, de que tratarei logo adiante. Desde o título do seminário, portanto, tem-se uma instabilidade essencial, uma substituição, uma reversibilidade, até mesmo uma contaminação das duas noções, fazendo toda *reconciliação*, induzida pela conjunção "e", impossível. O título performa assim a *perversibilidade* que está no cerne mesmo dessa questão do perdão como impossível.

III

Para se ter uma visão do conjunto desse seminário, importa lembrar que ele corresponde ao sexto ano da série "Questões de responsabilidade", desenvolvida por Derrida na EHESS durante mais de uma década, de 1991 a 2003. Depois dos seminários sobre "O segredo" (1991-1992), "O testemunho" (1992-1995) e a "Hostilidade/hospitalidade" (1995-1997), o seminário "O perjúrio e o perdão" ocupa os dois anos seguintes e se situa no meio da série (antes dos seminários "A pena de morte" e "A besta e o soberano"). O primeiro ano conta dez sessões, às quais deve-se acrescentar três sessões de "seminário restrito" ("A instituição filosófica diante da lei"), duas sessões de discussão e cinco sessões consagradas a conferências (especialmente de Sérgio Margel) e às comunicações dos participantes. O segundo ano, 1998-1999, conta, por sua vez, oito sessões (sem seminário restrito). No *Anuário da EHESS 1997-1998*, em que condensa as questões que pretende desenvolver ao longo dos dois anos, Derrida apresenta o que está em causa nos seguintes termos:

31 Ver também DERRIDA, Jacques. Le siècle et le pardon: entretien avec Michel Wieviorka. In:___. *Foi et Savoir*. Paris: Le Seuil, 2000, p. 17.

> Prosseguiremos o ciclo das pesquisas iniciadas nos anos anteriores sobre o que está atualmente em jogo (do ponto de vista filosófico, ético, jurídico ou político) no conceito de *responsabilidade*. Depois de ter privilegiado, a título de fio condutor, os temas do *segredo*, do *testemunho* e da *hospitalidade*, procuraremos elaborar uma problemática do *perjúrio*. Esta diz respeito a uma experiência do mal, da malignidade ou da má fé, quando essa negatividade assume a forma da *renegação*. Na perspectiva do penhor [*gage*] ou do compromisso [*engagement*] performativo "diante da lei" (promessa, fé jurada, palavra dada, palavra de honra, juramento, pacto, contrato, aliança, dívida etc.), diversas formas de traição (perjúrio, infidelidade, renegação, falso testemunho, mentira, promessa não mantida, profanação, sacrilégio, blasfêmia etc.) são estudados em campos diferentes (ética, antropologia, direito) e a partir de corpus diversos (exegéticos, filosóficos ou literários, por exemplo).
>
> Tentamos relacionar essas questões do "mal" à do perdão. Se o perdão não é nem a desculpa, nem o esquecimento, nem a anistia, nem a prescrição, nem o "indulto político", se, paradoxalmente, ele só pode se medir ao imperdoável, como pensar a "possibilidade" dessa "impossibilidade"?
>
> A trajetória esboçada este ano passava tanto por leituras (as duas obras de Jankélévitch sobre o perdão e a imprescritibilidade, alguns textos de Kant sobre o direito de indulto, textos bíblicos ou gregos – em particular, de Platão –, obras de aparência mais literária (Shakespeare – *O mercador de Veneza* ou *Hamlet* –, Kierkegaard, Baudelaire, Kafka) como pela análise de algumas das cenas de "perdão" ou de "arrependimento" políticos que se multiplicam hoje no mundo, na França ou na África do Sul, mas na verdade em todos os continentes.[32]

No ano seguinte, Derrida retoma exatamente a mesma descrição no Anuário da *EHESS*, acrescentando somente um parêntese, no qual ele destaca os "principais textos estudados" em 1998-1999:

32 DERRIDA, Jacques. Questions de responsabilité (VI. *Le parjure et le pardon*). In: *ANNUAIRE DE l'EHESS 1997-1998*. Paris: Éd. de l'EHESS, 1998, p. 553-554.

> *A cidade de Deus*, de Santo Agostinho, textos de Hegel sobre o perdão – especialmente em *O espírito do cristianismo e seu destino*, e em *A fenomenologia do espírito* –, algumas *Leituras talmúdicas*, de Levinas, diferentes escritos de Nelson Mandela e de Desmund [*sic*] Tutu em torno da questão da *Comissão Verdade e Reconciliação*, na África do Sul, artigos de imprensa em torno de diferentes cenas de "arrependimento" nos EUA – Clinton e a escravidão, Clinton e a política na América Latina, Clinton e o "Monicagate" etc –; finalmente, *O perjúrio*, de Henri Thomas.[33]

Mas é na "Lição" que ele pronunciará durante o XXXVII Colóquio dos Intelectuais Judeus de Língua Francesa, consagrado à questão "Como viver junto?", que se realizou em Paris de 5 a 7 de dezembro de 1998, que Derrida expõe de maneira mais detalhada o que está em jogo e de que trata o conjunto do seminário então em curso:

> Se escolhi o tema da confissão [*aveu*], foi primeiramente em razão do que acontece *hoje* no mundo, uma espécie de grande ensaio geral, uma cena, até mesmo uma teatralização da confissão, do retorno e do arrependimento, que parece significar uma mutação em curso, frágil, decerto, fugidia, difícil de interpretar, mas como o momento de uma irrecusável ruptura na história do político, do jurídico, das relações entre as comunidades, a sociedade civil e o Estado, entre os Estados soberanos, o direito internacional e as organizações não governamentais, entre o ético, o jurídico e o político, entre o público e o privado, entre a cidadania nacional e uma cidadania internacional, até mesmo uma metacidadania, numa palavra, quanto ao vínculo social que passa as fronteiras desses conjuntos chamados de família, nação ou Estado. Por vezes acompanhadas do que se chama, com ou sem razão, de arrependimento, outras vezes precedidas ou acompanhadas do que se acredita, com ou sem razão, dever condicioná-las, a saber, a confissão, o arrependimento, o perdão pedido, as cenas de confissão se multiplicam e mesmo se aceleram desde

33 ERRIDA, Jacques. Questions de responsabilité (VII. *Le parjure et le pardon*). In: *ANNUAIRE DE l'EHESS 1997-1998*. Paris: Éd. de l'EHESS, 1999, p. 571-572.

> alguns anos, meses ou semanas, na verdade todos os dias, num espaço público transformado pelas teletecnologias e pelos capital midiático, pela velocidade e pela extensão da comunicação, mas também pelos múltiplos efeitos de uma tecnologia, de uma tecnopolítica e de uma tecnogenética, que perturbam, *de uma só vez*, todas as condições: *tanto* as condições do estar-juntos (a suposta proximidade, no mesmo instante, num mesmo lugar e num mesmo território, como se a unicidade de um lugar na terra, de uma terra, se tornasse cada vez mais, como se diz de um telefone, e na medida do dito telefone, *portátil),*[34] *quanto* as condições do vivente em sua relação técnica com o não vivente, com o hétero ou com o homo-enxerto, com a prótese, com a inseminação artificial, com a clonagem etc. Ultrapassando amplamente o território do Estado ou da Nação, todas essas cenas de confissão e de reexame de crimes passados fazem apelo ao testemunho, até mesmo ao julgamento de uma comunidade, portanto de uma modalidade do estar-junto, vitualmente universal, mas também virtualmente instituída como tribunal infinito ou como confessionário mundial.[35]

Vê-se que Derrida põe em relevo a dupla dimensão arcaica (imemorial) e "tecnopolítica", que se encontra operando simultaneamente no perdão, enfatizando as modalidades dessa "virtuatualidade", a qual complica infinitamente a definição e a conceitualidade. Na mesa-redonda "*On Forgiviness*", Derrida expressará em termos ainda mais diretos sua posição, declarando a respeito da palavra "perdão":

Como nada está à altura disso, talvez essa palavra seja inútil. Talvez devamos nos livrar dela. Talvez seja isso o que ocorre hoje no palco mundial. Por um lado, o perdão domina o mundo inteiro, mas por outro, tornou-se oco, vazio, atenuado. Talvez seja essa a experiência que fazemos agora.[36]

---

34 *Portable* (portátil) é o termo usual para o telefone celular na França, e é a isso que Derrida se refere [N.T.].

35 DERRIDA, Jacques. Leçon. In: HALPÉRIN, Jean; HANSSON, Nelly (Org.). *Comment vivre ensemble?* Actes du XXXVIIe Colloque des intellectuels juifs de langue française. Paris: Albin Michel, 2001, p. 200-201 (grifos de Derrida).

36 DERRIDA, Jacques. On Forgiveness, *op. cit.*, p. 54.

Diferentemente dos outros seminários da série "Questões de responsabilidade" que foram publicados até o momento (o seminário *A besta e o soberano*, 2001-2003 e o seminário *A pena morte*, 1999-2001), várias sessões do seminário "O perjúrio e o perdão" apareceram de maneira autônoma. Derrida se serviu dessas sessões nos diversos colóquios e debates de que participou, especialmente nos Estados Unidos, na Polônia, na Grécia, em Israel e na Palestina, na África do Sul, ou ainda no Brasil, onde pronunciará a conferência em 2004. O número de deslocamentos realizados por Derrida durante esses dois anos é, aliás, fenomenal, revelador não apenas da aceleração da difusão internacional de seu pensamento sobre essa questão, porém mais ainda dessa "globalização do perdão" e da transculturalidade dessa questão, com fortes repercussões nas diferentes áreas culturais e geopolíticas onde acontece. Assim, a intensa atividade desenvolvida por Derrida ao longo desses dois anos é, por si só, uma prova e uma "provação" da globalização, que ele estava pensando *em* seu seminário. Quando se pretende ler seriamente a obra de Derrida, acredito que é importante ter em mente o "contexto", como se diz (sabendo-se como ele mesmo pôs em questão os limites dessa noção), e procurar situar a escrita desses textos com exatidão, especialmente no caso dessas conferências oriundas de seu ensino.

Desse modo, a conferência pronunciada no Rio pertence a um rico conjunto de trabalhos iniciados uma década antes, inscrevendo-se na lógica discursiva do seminário "O perjúrio e o perdão". Para compreender melhor o propósito de Derrida nessa conferência, é preciso lembrar a axiomática que ele analisou no primeiro ano, pois a conferência do Rio corresponde a um momento crucial de sua argumentação, poder-se-ia dizer até mesmo um ponto de virada, já que, iniciando esse segundo ano do seminário, ele se desloca do espaço europeu para outra "cena" (ele preza muito essa cenografia teatral), a da África do Sul e da Comissão Verdade e Reconciliação. Pois, como enfatiza no seminário – "tudo, em certa sequência que nos interessa, parte da Alemanha moderna e fala alemão",[37] "Tudo parece partir da Alemanha"[38] –, trata-se para ele de pensar certa articulação histórica, mas precisamente ali onde a história do perdão põe em xeque essa historicidade e até o conceito mesmo de história (Derrida segue de

37 DERRIDA, Jacques. Segunda sessão. 9 de dezembro de 1998. Seminário *Le parjure et le pardon* (Paris: EHESS, 1998-1999, inédito), p. 3.

38 *Ibid.*, p. 6.

perto um fragmento de Walter Benjamin, "Significação do tempo no mundo moral", em que Benjamin evoca, a respeito do "perdão sem reconciliação", "outro tempo, o tempo da tempestade do perdão, a perturbação tempestuosa e intempestiva do perdão", diz Derrida, assumindo a forma – e a força – de "uma espécie de violência que se desencadeia e interrompe a calma do tempo bom", que "põe fim ao tempo no tempo").[39] Assim, Derrida escreve a respeito desse outro "tempo" do perdão:

> [...] pois precisamos indagar até que ponto toda essa história do perdão é eurocentrada ou se, na globalização da confissão em curso, no teatro da confissão, ela afeta a Europa, a deporta, a exporta, a reporta, a repatria ou a expatria, a reapropria ou a expropria, ou a ex-apropria.[40]

Derrida não incluiu esse trecho do seminário na conferência do Rio, mas, em minha opinião, é muito importante para apreender a linha política que ele segue de perto no momento em que se interessa, do mesmo modo que Timothy Garton Ash, no artigo que ele cita na conferência (mas noutro ponto), por certa similaridade entre "a linguagem do opressor" e a "linguagem dos oprimidos" ("Quais são as ressonâncias, os paralelos e as diferenças entre esses dois casos?",[41] interroga Ash). Ademais, relendo esse artigo, percebe-se que as questões de Timothy Ash acerca dos efeitos da Comissão Verdade e Reconciliação se assemelham bastante às de Derrida. Cito Ash:

> Os efeitos de uma comissão verdade [*sic*] não são percebidos imediatamente. Talvez no próximo ano, quando o relatório decisivo bem como as recomendações tiverem sido submetidos às autoridades, publicados, lidos e seguidos, sejamos capazes de dizer algo mais a esse respeito. Contudo, segundo qual critério julgar o "sucesso"? A verdade? A justiça? A reconciliação?

39 DERRIDA, Jacques. Primeira sessão. 2 de dezembro de 1998. Seminário *Le parjure et le pardon* (Paris: EHESS, 1998-1999, inédito), p. 19.

40 *Ibid.*, p. 13.

41 ASH, Timothy Garton. La Commission vérité et réconciliation en Afrique du Sud. *Esprit*, n. 238, p. 45, dezembro 1997.

> A possibilidade de fazer o luto? A cura? A unidade nacional? A prevenção dos abusos por vir?[42]

Porém, voltemos mais uma vez, por um momento, ao dispositivo de conjunto do seminário "O perjúrio e o perdão". Lembremos que Derrida, durante o primeiro ano do seminário, tinha comentado longamente as obras de Vladmir Jankelevitch, *Le pardon* e *L'imprescriptible* (essa sessão conhecerá ampla difusão). Na segunda sessão, ele tinha estudado *O mercador de Veneza*, de Shakespeare (o perdão na tradição judia, portanto), sessão esta publicada em sua totalidade com o título de "*Qu'est-ce qu'une traduction relevante?*" [O que é uma tradução relevante?]. A quarta sessão é também bastante conhecida dos leitores da obra do filósofo, visto que corresponde ao último capítulo ("A literatura no segredo") de *Donner la mort*, publicado em 1999 (o perdão na tradição judaico-cristã). Nas sessões seguintes, ele examina toda a semântica e o léxico da desculpa, pondo-os na perspectiva daqueles do perdão nos atos de linguagem: partes da sétima e oitava sessões, bem como a quase totalidade da nona e a totalidade da décima sessão foram incluídos em "A fita da máquina de escrever. *Limited Ink II*", esse grande texto que trata de Rousseau e da leitura realizada por Paul de Man, em *Alegorias da leitura*.

No que diz respeito ao segundo ano do seminário, além das três primeiras sessões que constituem o objeto de nossa atenção, fragmentos da primeira sessão foram publicados em *Comment vivre ensemble?* (2001), enquanto partes da segunda sessão e da terceira foram reelaboradas na entrevista *Le siècle et le pardon* [O século e o perdão]. A quase-totalidade da oitava apareceu com o título de "*Le Parjure peut-être ('brusques sautes de syntaxe')*", na revista Études françaises (2002), em seguida no *Cahier de l'Herne, Derrida* (2004). Os principais textos comentados por Derrida durante esse segundo ano são (sempre por ordem de aparecimento): *A fenomenologia do espírito* e *O espírito do cristianismo e seu destino*, de Hegel, *A instituição da religião cristã*, de Calvino, *L'Éthique du judaïsme*, de Hermann Cohen, *L'essence du judaïsme*, de Leo Baeck, as *Quatro leituras talmúdicas*, de Levinas, o Ato da Constituição da África do Sul, *Longo caminho até a liberdade*, de Nelson Mandela, "*Pas d'amnistie sans vérité*", de Desmond Tutu, *Country of my Skull*, de Antjie Krog (primeira sessão);

42 *Ibid.*, p. 55-56.

Strette, de Celan, *A cidade de Deus*, de Santo Agostinho, *O que é o iluminismo?*, de Kant (segunda sessão); *O chiste*, de Freud (troisième séance); *A cidade de Deus*, de Santo Agostinho, de novo (quarta sessão); *The End of Work*, de Jeremy Rifkin (quatrième et cinquième séance); *A religião nos limites da simples razão*, de Kant, *Le Très-Haut*, de Blanchot, *Ser e tempo*, de Heidegger (sexta sessão); *Do contrato social* e *Cartas escritas da montanha*, de Rousseau, os *Souvenirs contemporains*, de Villemain (sétima sessão); as declarações de Marc e Antoine Pinochet, *Le Parjure*, de Henri Thomas, extratos de Kierkegaard (oitava sessão), sem falar dos inúmeros artigos de imprensa relativos ao "affair Clinton/Monica Lewinsky", presente em várias sessões.

IV

Vamos agora à "Conferência do Rio de Janeiro". Na nota que acompanha a publicação de seu texto intitulado "*Versöhnung, ubuntu, pardon: quel genre?*", publicado em 2004, no número da revista *Le Genre Humain*, retomado com um título diferente no Rio, "*Le pardon, la vérité, la réconciliation: quel genre?*" (voltarei a isso), Derrida esclarece que "Esse texto apresenta a transcrição (muito ligeiramente modificada) de uma sessão de seminário sobre "O perdão e o perjúrio" (EHESS, 1998-1999).[43] Diferentemente do que ele afirma nessa nota, essa versão não retoma apenas uma, mas sim *três* sessões do seminário, ocasionando modificações maiores do que ele diz. Derrida vai, com efeito, operar vários deslocamentos textuais, escandir o argumento em seis partes, introduzir subtítulos e acrescentar vários desenvolvimentos substanciais na versão inicial das três sessões, na qual ele examina as aporias do perdão, a partir de tradições culturais e religiosas diferentes, e num contexto político não europeu (África do Sul e Estados Unidos) muito carregado.

Se não há maiores mudanças entre a versão publicada em 2004, em *Vérité, réconcilitaion, réparation*, e a que se lê em *La solidarité des vivants et le pardon*, em contrapartida, pode-se interrogar a respeito da modificação trazida por Derrida quando pronuncia a conferência no Brasil, pois essa mudança não é anódina. Na publicação francesa, o texto se intitula, com efeito, "*Versöhnung*,

43 DERRIDA, Jacques. *Versöhnung, ubuntu*, pardon: quel genre? *Le Genre humain*, Vérité, réconciliation, réparation. Organizado por Barbara Cassin, Olivier Cayla e Philippe-Joseph Salazar. Paris: EHESS et Seuil, n. 43, p. 154, novembro de 2004.

ubuntu, pardon: quel genre?", enquanto no Rio ele se intitula "*Le pardon, la vérité, la réconciliation: quel genre?*" [O perdão, a verdade, a reconciliação: qual gênero?], chamando logo a atenção para a relação do perdão com suas diferentes traduções. Por que essa mudança, e especialmente o desaparecimento das palavras alemã *Versöhnung* (reconciliação) e africana (*ubuntu*), noção proveniente da África subsaariana, próxima dos conceitos de "humanidade" e de "fraternidade", mas que não tem equivalente em francês; essas duas palavras não bastam para traduzir *ubuntu*, que tem um sentido mais vasto (Nelson Mandela formulou seu princípio nos seguintes termos: "Tenho necessidade de você para ser o que sou, e você tem necessidade de mim para ser quem é")? "*Versöhnung*" remetia à "palavra de reconciliação", de Hegel, "*ubuntu*" refere o uso, ademais diferente, que dela fazem Tutu e Mandela no quadro da Comissão Verdade e Reconciliação. Observemos de passagem que Derrida é bastante crítico no seminário (mais do que na conferência do Rio) acerca da tradução que Desmond Tutu faz dessa palavra como "justiça restauradora", em sua entrevista "*Pas d'amnestie sans vérité*", comentada por Derrida:

> A tradução do *ubuntu*, que parece implicar "simpatia", "compaixão", "reconhecimento da humanidade em outrem" etc., noção que aparece com frequência nos textos que informaram as premissas da *TRC*, a tradução por Tutu de *ubuntu* como "justiça restauradora", com o necessário fundamento cristão para essa determinação da justiça redentora, pode parecer uma violência provavelmente bem intencionada, a mais bem intencionada do mundo, mas [é] uma violência aculturante, para não dizer colonial, que não se limita a uma questão superficial de língua ou de semântica.[44]

Derrida desconfia muito da violência contra a língua, que passa de novo, como se vê, pela questão crucial e política da tradução.

Ao introduzir essas duas palavras estrangeiras no título, será que Derrida desejava "abrir" o ouvido francês para a difícil questão da tradução do perdão,

44 DERRIDA, Jacques. Terceira sessão. 13 de janeiro de 1999. Seminário *Le parjure et le pardon* (Paris: EHESS, 1998-1999, inédito), p. 2 (esse trecho não comparece na "Conferência do Rio de Janeiro").

e com isso, da resistência do idioma à tradução? Em todo caso, na conferência do Rio, ele escolhe substituir essas palavras estrangeiras exclusivamente por termos franceses ("*pardon*", "*vérité*", "*réconciliation*"), precedidos de artigos que os "substancializam" enquanto (quase-)conceitos, conferindo talvez uma maior "universalidade" a seu propósito (mas a própria universalidade é problemática, ele mostrará incessantemente em toda a reflexão sobre o perdão). Mais ainda, Derrida desloca a ordem das palavras – de "*Versöhnung*" ("reconciliação"), "*ubuntu*" ("humanidade africana"), "perdão" para "O perdão", "a verdade", "a reconciliação" –, como se uma substituição se produzisse entre elas, induzindo com essa permuta uma sequência lógica e semântica diferente: num caso, a "reconciliação" passa pelo "*ubuntu*" para chegar ao "perdão"; no outro, o "perdão" passa pela verdade para se traduzir como "reconciliação".

Essa "lição" (expressão a ser entendida em sua dupla acepção genética e política) propõe assim sutilmente um agenciamento diferente dos conceitos examinados. Ao fazer essa mudança de "rumo"[45] (da África do Sul para o Brasil), Derrida opera assim um deslocamento geopolítico maior, com o "desaparecimento" de "*ubuntu*", em proveito da palavra "*vérité*", ausente do título inicial. Não sei o que pensa o próprio Evando, fino tradutor, dessa translação na *translation*, desses efeitos de substituição, ponto de tradução que parece ter um determinado alcance nesse exato contexto.[46] Seja como for, a questão do título

---

45 Jogo de palavras com a expressão idiomática "*changer de cap*" (mudar de rumo ou de direção) e a Cidade do Cabo (Cape Town), na África do Sul [N.T.]

46 Na discussão que se seguiu à conferência, Evando Nascimento comentou esse ponto, dizendo que ficaria provavelmente inadequado Derrida propor "num país estrangeiro como o Brasil", "um título com palavras de duas outras culturas diferentes da francesa", tendo-lhe "parecido mais razoável utilizar termos em francês". Ele propôs igualmente uma interpretação diferente da minha a respeito da mudança do título da conferência, enfatizando o contexto e o fato de que "a África do Sul e o Brasil foram países oriundos de um violento processo de colonização, em que a escravidão e o apartheid tinham desempenhado um papel decisivo". Longe de ver uma gradação na ordem das palavras escolhidas por Derrida, Evando Nascimento via, antes, "um desejo de enumerar coisas diferentes numa relação complexa". Evidentemente, qualquer interpretação dessa mudança de título (não explicada pelo próprio Derrida) permanece parcial e hipotética, mas é interessante ver ainda como a incidência do que está em jogo na língua e no contexto cultural pode se colocar na própria interpretação.

decerto não é insignificante (sabe-se qual a atenção que Derrida lhe dá, tanto em seus próprios textos, quanto nos dos autores que ele analisa)[47] e vale a pena ser colocada, sobretudo em razão da importância que Derrida confere – no seio mesmo dessa conferência e do seminário em seu conjunto – à questão da tradução "relevante" e do *idioma* do perdão, um ponto capital de sua desconstrução dos postulados e das condições do perdão.

Além disso, observa-se que, nesses dois títulos, apenas a "última palavra" permanece estável, na posição final do enunciado: "qual gênero?", o que, de certo modo, a coloca numa classe à parte em relação às três outras, confirmando a construção do texto de Derrida, em que a questão do "gênero" aparecerá, com efeito, como uma espécie de apartheid do aparheid, instituindo uma divisão interna e íntima no seio da Comissão Verdade e Reconciliação, divisão esta reconhecida por Derrida em sua argumentação. É preciso notar que é também com a palavra "gênero" que se coloca a "questão" mesma, a qual é *a minima* o sinal distintivo da filosofia para ele.[48]

V

É, portanto, a palavra "gênero" que, por minha parte, enfatizarei; uma palavra que permanece imutável, *em seu lugar*, e com a qual Derrida decidiu colocar sua questão. Sublinhemos que ele a mantém em francês, quando poderia – levando-se em conta o contexto sociopolítico anglófono do texto – "traduzi-la" facil-

47 "*Qu'est-ce qu'un titre intitule, désigne, délimite*" [O que um título intitula, designa, delimita?] (DERRIDA, Jacques. Survivre. In:___. *Parages*. Paris: Galilée, 1986, *Journal de bord*, p. 162-163 (reedição em 2003, p. 152). "As transformações possíveis do enunciado (e portanto do título) encetam um processo de disseminação sem fim, sendo o mesmo, e portanto outra coisa, que aquilo que vem a título do título" (DERRIDA, Jacques. *Pas*, In:___. *Parages*, *op. cit.*, p. 52 (reedição, *op. cit.*, p. 47). Ver também DERRIDA, Jacques. Titre à préciser. In:___. *Parages*, *op. cit.*, p. 224 (reedição, *op. cit.*, p. 210).

48 Remeto à análise que Derrida faz da frase "*Dire l'événement, est-ce possible?*" [É possível dizer o acontecimento?], na qual ele questiona essa modalidade da questão como princípio mesmo da filosofia. Ver DERRIDA, Jacques. Une certaine possibilité impossible de dire l'événement. In:___. *Dire l'événement, est-ce possible?* Séminaire de Montréal. Participações de Gad Soussana e Alexis Nouss. Paris: L'Harmattan, 2001, p. 82: "Durante muito tempo, provavelmente desde sempre, a questão foi determinada como a própria atitude filosófica".

mente como "*gender*"; mas sabe-se que Derrida utiliza muito raramente essa palavra, a qual teve grande recepção no mundo anglo-saxão, mas que na França se imporá somente algumas décadas mais tarde (e muitas vezes em inglês). Expondo de maneira breve, digamos que Derrida prefere a expressão idiomática francesa "diferença sexual"[49] ao termo "*gender*". Além disso, em francês, a palavra "*genre*" [gênero] tem a vantagem de recobrir, ao mesmo tempo, a questão do "*gender*" (sexo, sexuação) e do gênero genérico e textual, do mesmo modo que a raiz sugere a genealogia, a geração (o que a palavra alemã "*Geschlecht*", intraduzível em francês, também expressa, de modo idiomático e complexo).

Desse modo, a palavra "gênero" constitui um ponto nevrálgico do título de Derrida, mas também da composição, do agenciamento discursivo de seu texto, visto que corresponde à quinta parte (num total de sete) na qual aborda a questão específica do estupro e, portanto, da violência sexual utilizada como arma de guerra contra as mulheres. Mas não se trata apenas de uma tomada de posição política por parte de Derrida, mas de algo mais importante ainda, visto que, como veremos, a questão da violência relacionada ao estupro está explicitamente vinculada à questão do testemunho e da verdade.

Se muitas vezes Derrida foi repreendido pela ambivalência de suas tomadas de posição feministas (sobretudo nos Estados Unidos, onde a "desconstrução" deu lugar a muitas polêmicas), essa conferência constitui, sem contestação possível, um de seus textos mais abertamente políticos no que diz respeito à diferença sexual; nisso, a questão do crime sexual, do estupro, não é tratada por ele como um simples "subgênero" das violações dos direitos humanos, mas antes como o ponto cego da verdade e da justiça (a justiça tem um gênero? A verdade tem um gênero? Ouve-se aqui ecoar questões bastante antigas e, contudo, sempre novas, levantadas a esse respeito vinte cinco anos antes, em *Esporas*), ponto cego a partir do qual Derrida vai repensar a questão do perdão.

Derrida se mostra particularmente sensível ao fato de que a igualdade entre homens e mulheres não seja mantida no contexto da guerra, os riscos não

49 Sobre essa questão, ver BERGER, Anne Emmanuelle. Les fins d'un idiome ou la différence sexuelle en traduction. In:____. *Le grand théâtre du genre*: identités, sexualités et féminisme en "Amérique". Paris: Belin, 2013, p. 151-177, e meu texto MICHAUD, Ginette. Derrida and Sexual Difference. In: RABATÉ, Jean-Michel (Org.). *After Derrida:* Literature, Theory and Criticism in the 21st Century. Cambridge (UK): Cambridge University Press, 2018, p. 58-79.

sendo equivalentes dos dois lados. Em *Country of my Skull*, livro-testemunho longamente comentado por Derrida, a poeta e jornalista africâner Antjie Krog sublinha essa desigualdade relativa às torturas infligidas às militantes: "'Quando as acusações eram reduzidas a prostituição ou a prostituição gratuita, todas as violências sexuais se tornavam possíveis. Ocorriam coisas que não aconteciam aos homens. Serviam-se de sua sexualidade para despojá-la de qualquer dignidade, para solapar sua autoestima'".[50] Ela esclarece: "'Algumas ativistas dizem que não sabiam o que era pior: as violências ou o medo constante no espaço confinado e no isolamento de uma cela'".[51] Ela cita ainda uma hipótese de aparência antropológica, para explicar "a ambiguidade acerca das torturas sexuais", aumentando a crueldade ao instrumentalizar a diferença sexual:

> Aventa-se a hipótese de que a tortura sexual em homens induz à passividade sexual, abolindo a potência política e sexual, enquanto a tortura em mulheres ativa a sexualidade. Há uma grande cólera contra as mulheres - porque elas não têm autoridade, mas frequentemente têm muito poder.[52]

Em seu comentário do livro de Krog, Derrida enfatiza também o fato de que, se os militantes do ANC (*African National Congress*) podiam ser respeitados por seus inimigos, tal não era o caso das mulheres, humilhadas pelo simples motivo do sexo, os torturadores denegando qualquer visada política à ação. A questão dos "crimes contra a humanidade" encontra aqui um limite difícil de ser estabilizado, pela razão de o estupro poder sempre escapar a um motivo político, único critério determinante no que diz respeito aos crimes sancionados pela Declaração dos direitos humanos, desde a Segunda Guerra mundial (foi apenas depois da convenção de Genebra que o estupro foi considerado como um crime de guerra). Ora, como se pode observar, "As guerras são mais

---

50 KROG, Antjie. *Country of my Skull:* Guilt, Sorrow, and the Limits of Forgiveness in the New South Africa. Introdução Charlayne Hunter-Gault. Johannesburg: Random House, 1998; New York: Three Rivers Press, 1999. Tradução francesa: KROG, Antjie. *La Douleur des mots*. Tradução Georges Lory. Arles: Actes Sud, 2004, p. 255. [Todas as citações dessa obra foram retiradas da edição francesa - N.T.].

51 *Ibid.*, p. 254.

52 *Ibid.*, p. 260

conservadoras acerca do estatuto das mulheres [...] e elas reativam as virtudes da virilidade, reafirmando a preeminência masculina".[53] O estupro permanece assim "um dos mais sombrios reveladores" da "cultura de guerra" – e não apenas no contexto da guerra, como mostra a multiplicação de tais crimes na bastante ambígua expressão "cultura do estupro",[54] que se impôs mundialmente há alguns anos, cobrindo um amplo espectro de crimes violentos cometidos contra as mulheres, desde o rapto das estudantes do ensino médio para Boko Haram; as leis iníquas de países como a Índia, o Líbano, a Malásia, a Indonésia, a Venezuela ou a Turquia (onde essa lei foi atacada violentamente *in extremis*), nos quais as vítimas do estupro são forçadas a desposar o agressor, para evitar processos jurídicos contra ele; as famílias que, em nome da Charia, "lavam" a própria honra mutilando ou matando suas filhas em supostos "crimes de honra"; os assassinatos ou desaparecimentos de milhares de mulheres autóctones no Canadá e em outros lugares, sem investigação; a escravidão sexual e a prostituição mafiosa, flagelos endêmicos e institucionalizados em tantos países; o consumo maciço de pornocultura via Intenet, até os estupros coletivos durante manifestações ou festas populares, ou os estupros nos campi universitários e as violências conjugais bastante comuns e sem punição (ver a recente despenalização de tais agressões conjugais na Rússia): a lista poderia ainda se alongar. Esses poucos exemplos nos incitam a afirmar, com Derrida, que "o estupro não é uma violência como as outras" (título de seção de sua "Conferência"): que talvez ele seja mesmo o lugar por excelência em que se exerce a violência da violência.

Ao fazer comparecer (para retomar o dispositivo cênico do processo adotado por Derrida: "Estamos no teatro da teoria e da política",[55] ele diz e repete) Antjie Krog, cujas descrições de suplícios especialmente terríveis ele cita, Derrida pretende assim levar ao primeiro plano do palco, como havia feito em *Politiques de l'amitié*, em relação à irmã excluída da "fraternidade" da amizade

53 *ANNUAIRE DE l'EHESS 1995-1996*. Paris: Éditions de l'EHESS, 1996, p. 510. Não conseguimos encontrar o autor dessa ementa, a qual precede a de Jacques Dertida no *Annuaire*.

54 *Ibid*.

55 DERRIDA, Jacques. Primeira sessão. 2 de dezembro de 1998. Seminário *Le parjure et le pardon* (Paris: EHESS, 1998-1999, inédito), p. 17.

viril (do que ele chama de "fratrocité" [*frérocité*]),[56] a situação das mulheres em tempo de guerra. Mas, sobretudo, ao relacionar a questão do estupro ao testemunho, ele chama a atenção para a amplitude das lacunas conceituais relativas ao papel das mulheres, se não se pretende "ficar apenas no problema da visibilidade" ou reativar "as representações exclusivas da mulher heroica ou vítima".[57] Ademais, é interessante ver que, na nota introdutória em que situa seu propósito, Derrida evoca um "tribunal em que compareceriam sucessivamente, enquanto testemunhas, quatro *homens*" (Hegel, Mandela, Tutu e Clinton), acrescentando entre parênteses e sublinhando "(e *nenhuma mulher*)";[58] ele enfatiza a questão da diferença sexual e declara nessa parte do texto com mais força ainda acerca do livro de Antjie Krog:

> A meu ver, seu livro é um dos mais ricos, dos mais lúcidos e mais indispensáveis acerca da estrutura, dos testemunhos ou dos debates da Comissão Verdade e Reconciliação. Especialmente quanto à diferença sexual (quanto ao gênero, *gender*) ao *lugar essencial, mas muitas vezes insustentável,* das mulheres nesse teatro do testemunho.[59]

Derrida confere, assim, uma importância muito grande – sublinhemos a aporia que já se assemelha à questão do perdão: um "lugar essencial", mas "insustentável" – ao testemunho de Antjie Krog, que é a única mulher a testemunhar,[60] convocando sua fala não apenas enquanto testemunha privilegiada, que foi radicalmente transtornada e transformada pelo que escutou durante as

56 Sobre a impiedosa rivalidade fraterna, ver DERRIDA, Jacques. *Politiques de l'amitié*: seguido de *L'oreille de Heidegger*. Paris: Galilée, 1994. Ver também MAJOR, René. De la frérocité. In:____. *Au commencement*: la vie la mort. Paris: Galilée, 1999, p. 155-164.

57 DERRIDA, Jacques. *ANNUAIRE DE l'EHESS 1995-1996*. Paris: Ed. da EHESS, 1996, p. 510.

58 DERRIDA, Jacques. Le pardon, la vérité, la réconciliation: quel genre?, *op. cit.*, p. 61, note 1.

59 *Ibid.*, p. 69, nota 5; grifos meus.

60 Juntamente com Monica Lewinsky, na continuação do seminário, mas numa posição inversa à de Antjie Krog.

audições da Comissão verdade e Reconciliação, mas também porque ela, sendo branca e falando a língua do opressor, ao escrever esse livro, tornou-se a porta-voz das que não tinham voz (negras e proibidas na língua delas). Em seu discurso de abertura para uma audição consagrada às mulheres na Comissão Verdade e Reconciliação – relatando a declaração da presidente da Comissão parlamentar para a igualdade dos sexos, Thenjiwe Mthinso –, Antjie Krog converte em sua essa posição no próprio testemunho:

> Quando as mulheres tomam a palavra, falam em nosso nome, nós que somos bem pouco corajosas para fazê-lo.
> Elas falam por nós, que estamos demasiado tomadas pela dor para poder fazê-lo.[61]

Ademais, um dos traços mais significativos da análise derridiana do perdão é abordá-lo do ponto de vista das vítimas (como Benjamin, que lê a história do ponto de vista dos vencidos): penso em outro momento, "aparentemente" mais literário, do mesmo seminário, em que Derrida analisa os textos de Paul de Man e Austin; ele não esquece de repreendê-los por deixar esse aspecto "fora do campo de análise", sublinhando que o que lhes interessa quando se debruçam sobre a questão da desculpa:

> [...] é o que acontece do lado de quem cometeu a falta (nunca do outro, o lado da vítima) [...]. O que lhes interessa a ambos, como veremos, não é a possibilidade ou não de perdoar, nem mesmo de desculpar, mas o que se *faz* quando se *diz*, no modo performativo, "me desculpe", e mais exatamente, "peço desculpa". O resto (o que nos interessa quanto à possibilidade ou não de perdoar etc.) está fora do campo de análise deles.[62]

Ora, o novo caminho do perdão, o "perdão silencioso", o "perdão despercebido", o "perdão desconhecido, dado sem quem o recebe saber", que retém a

61 KROG, Antjie. *La Douleur des mots*, *op. cit.*, p. 254.

62 DERRIDA, Jacques. Nona sessão. 11 de março de 1998. Seminário *Le parjure et le pardon* (Paris: EHESS, 1997-1998, inédito), p. 3. Esse trecho foi modificado e atenuado em "Le ruban de machine à écrire", *op. cit.*, p. 75 (grifos de Derrida).

atenção de Derrida passa por "o terceiro, a testemunha, o *terstis*, o testemunho, a atestação, o testamento mas em forma de protesto"[63] – e pela mulher. Por que isso? Por diversas razões, mas, entre outras, porque a fala das mulheres é o lugar exemplar em que se dá a ler – digo, de fato, "a ler" e não a ver ou a dizer; lembremos esse trecho célebre de "*Fourmis*", no qual Derrida define a diferença sexual: "a diferença sexual fica por interpretar, por decifrar, por desencriptar, por ler e não por ver. Legível, portanto, invisível, objeto de testemunho e não de prova – e no mesmo instante, problemática, móvel, não assegurada"[64] – a impossibilidade do perdão, ou seja, no caso que nos ocupa, "a possibilidade im-possível de dissociar o perdão da confissão, do arrependimento, mas também da reconciliação, a qual, *no interior de* mas também *contra* a tradição dominante do perdão, é a possibilidade dessa dissociação que nos dá alento",[65] diz Derrida.

Desse modo, o que retém a atenção de Derrida nos dois "casos típicos" dos testemunhos das mulheres que ele comentará é, primeiramente, o fato de que, nas duas frases que pronunciam, as mulheres falam, ao mesmo tempo, "*em geral*", mas também a partir da "singularidade da vítima", "de sua solidão infinita",[66] que nenhuma instância – comissão, governo, instituição, dispositivo jurídico ou político – conseguiria transcender. Cito esse trecho importante do seminário "O perjúrio e o perdão" (que não faz parte da "Conferência do Rio", mas que importa a meu propósito):

> Perdoando ou não, é, nos dois casos típicos, uma mulher. *Não sublinho isso apenas para lembrar que a questão da diferença sexual, muito além do grande exemplo sul-africano ou de qualquer exemplo possível, marca em seu interior a questão do perdão e não deve jamais ser esquecida.* E não somente porque se pode pensar que o amor ou a compaixão, associados mais ao perdão do que ao rigor da justiça, pareçam naturalmente mais femini-

63 DERRIDA, Jacques. ".......", *op. cit.*, p. 132.

64 DERRIDA, Jacques. Fourmis. In: NEGRÓN, Mara (Org.). *Lectures de la différence sexuelle*. Paris: Des femmes/Antoinette Fouque, 1994, p. 75.

65 DERRIDA, Jacques. Primeira sessão. 2 de dezembro de 1998. Seminário *Le parjure et le pardon* (Paris: EHESS, 1998-1999, inédito), p. 18 (grifos de Derrida). Esse trecho não consta na "Conferência do Rio de Janeiro".

66 DERRIDA, Jacques. Le pardon, la vérité, la réconciliation: quel genre?, *op. cit.*, p. 98.

> nos do que masculinos, como se o ir além do perdão em relação ao direito, à retribuição, até mesmo à vingança, fosse *algo mais da mulher do que do homem.*[67]

A questão da diferença sexual está, portanto, inscrita por Derrida *no interior* da questão do perdão, não como um aspecto secundário, local, menos ainda marginal (um "dano colateral"), mas bem incisa no ponto mais sensível da ferida íntima, no próprio lugar de uma ferida que permanece tão imprecisa quanto impossível de cicatrizar (a despeito do que diz Hegel, o qual não faz muito caso da diferença sexual). De maneira interessante, Derrida utiliza termos que relacionam a diferença sexual e o inconsciente, e que retornarão, como se verá, para qualificar a violência psíquica relacionada ao perdão.

Porém, se Derrida se volta para a questão do estupro, recusando-se a fazer dela "uma violência entre outras",[68] não é apenas por "essas razões de fundo", como diz, mas por razões que lhe parecem ainda mais decisivas:

> Não é apenas porque, com tanta frequência, as testemunhas sobreviventes sejam mulheres. Mas porque a cena do testemunho e da verdade, da revelação da verdade, põe em cena o corpo da testemunha que pode ser também uma vítima (por exemplo, uma mulher vítima de tortura ou de estupro). Aí novas questões podem surgir. Quais? Primeiramente, a de uma violência infligida *no próprio momento* do testemunho e *pelo* testemunho, pela própria verdade ou pela veracidade do testemunho, seja porque uma mulher tenha que, pela primeira vez, revelar em seu corpo desnudado o rastro da ferida (enfatizo que algumas mulheres jamais tinham feito isso, mesmo na própria família), seja porque ela tenha que relatar um ou mais estupros, recusando-se então a testemunhar, não podendo testemunhar a verdade porque o testemunho viria repetir ou aumentar a violência primeira, que a mulher seria incitada a descrever ou narrar.[69]

---

67 DERRIDA, Jacques. Terceira sessão. 13 de janeiro de 1999. Seminário *Le parjure et le pardon* (Paris: EHESS, 1998-1999, inédito), p. 7 (grifos meus).

68 DERRIDA, Jacques. Le pardon, la vérité, la réconciliation: quel genre?, *op. cit.*, p. 105.

69 *Ibid.*, p. 105 (grifo de Derrida).

É nesse ponto em que a violência do testemunho vem redobrar a violência do estupro e nela se abismar, ponto este no qual a fala reabre a ferida, que Derrida concentra sua atenção, pois é nesse lugar que se produz, ao mesmo tempo, o ato poético do testemunho e o acontecimento do perdão, o qual, como ele diz, tem como particularidade, da mesma forma que o trauma, transtornar a própria temporalidade (o ato passado é redobrado, até mesmo agravado pelo relato feito *a posteriori*), de modo que, no ato do testemunho, há menos uma relação com o tempo ou com um processo temporal do que com a linguagem *do* poder e com a linguagem *como* poder (tal será exatamente a razão de seu interesse, noutro momento-chave do seminário, pela leitura de Paul de Man, quando este se aferra em "mutilar"[70] a frase de Rousseau). Pois relatar o estupro não é apenas da ordem da descrição, do constativo, mas ao contrário, reativa a própria violência, expondo novamente a vítima a uma dor que não pode ser simplesmente registrada ou arquivada.

Também por esse motivo o gesto de Derrida nesse texto é tão determinante que ele amplia a questão do estupro e a retira de seu contexto específico, fazendo dela a modalidade de toda violência:

> Toda violência é, de certo modo, um estupro e uma violência sexual. Mas há o que se chama *stricto sensu* e literalmente de estupro, o estupro da mulher pelo homem, mas também, não esqueçamos, o do homem pelo homem (pois é sempre o homem quem estupra – a mulher ou outro homem. A frequência da sodomização nas prisões é também um problema de estupro, embora os homens não gostem de nomeá-lo assim). O estupro não é uma violência entre outras.[71]

E "*a pior violência, o fundo da violência*, Derrida acrescenta páginas adiante, é quando esta tangencia a própria possibilidade do testemunho e da verdade".[72]

Pela boca de Antjie Krog, Derrida propõe, assim, um severo desmentido contra Hegel, sobre a questão das feridas que desaparecem, cujos rastros se apagam até à própria cicatriz, fazendo disso, ao contrário, um dos focos mais ar-

70 DERRIDA, Jacques. Le ruban de machine à écrire. *Limited Ink II*, *op. cit.*, p. 89-90.

71 DERRIDA, Jacques. Le pardon, la vérité, la réconciliation: quel genre?, *op. cit.*, p. 105.

72 *Ibid.*, p. 107 (grifo meu).

dentes de seu comentário da *Fenomenologia do espírito*. Aludo aqui o trecho no início da conferência em que ele se opõe ao que Hegel diz da ferida e da cicatriz:

> [...] para que essa reconciliação seja efetiva, existente, para que essa fala não permaneça verbal e abstrata, é preciso não apenas curar as feridas, mas curá-las efetivamente, de modo radical o suficiente para erradicá-las, para que nem mesmo as cicatrizes apareçam mais. É essa lógica, ademais, muito forte, até mesmo irrecusável, que questionamos cada vez mais.[73]

Como não pensar, a respeito dessa ferida, em tudo o que Derrida escreve sobre as escaras de sua mãe em "Circonfissão", ou de sua própria circuncisão, indelével gesto de agressão que talhou sua carne e atingiu, para sempre, sua integridade tanto física quanto afetiva? Encontra-se, aliás, um eco pungente dessa dor num trecho de *Country of my skull*, quando uma das mulheres testemunha perante a Comissão sobre a mutilação irreparável que ela sofreu na prisão – é um trecho aterrador, citado por Derrida –, na qual ela foi exposta a ratos e vermes que roeram seu sexo; ela diz que nunca mais estará intacta, indene: "Eu tinha que aceitar o fato de ter sido mutilada. Essa parte de minha alma [interessante substituição de 'corpo' por 'alma'] tinha sido devorada, levada por vermes, e nunca mais serei inteira".[74] Descrita em termos ao mesmo tempo físicos e psíquicos, essa mutilação traumatizante assombra o seminário, no qual ela é tratada em termos "em aparência" (sublinho ainda essa "aparência", contestada por Derrida) tropológicos, mas nem por isso menos violentos, quando ele indaga, a respeito da leitura de Paul de Man, por que este se aferra em recortar a frase de Rousseau, "mutilando-a ou desmembrando-a dessa maneira, cortando duas palavrinhas dela", operação de amputação que lhe parece "tão estranha quanto notável".

Essa mutilação/desmembramento que toca tanto o corpo em sentido próprio (físico) quanto figurado (a escrita) também está presente em outro trecho da discussão de Hegel, em que Derrida sublinha uma "retomada" [*reprise*], termo tradicionalmente associado à costura e, portanto, ainda às mu-

73 DERRIDA. Jacques. Primeira sessão. 2 de dezembro 1998. Seminário *Le parjure et le pardon* (Paris: EHESS, 1998-1999, inédito), p. 12. Essa parte não consta na "Conferência do Rio de Janeiro".

74 DERRIDA, Jacques. Le pardon, la vérité, la réconciliation: quel genre?, *op. cit.*, p. 108.

lheres. Derrida escreve então a respeito da ferida do perdão, posicionando-se contra Hegel:

> [...] e teríamos assim, de uma só vez, na mesma palavra - tal é a interpretação que arrisco -, dois sentidos contrários mas indissociáveis: a dupla experiência do que despedaça e do que remenda, do que corta e do que costura, do que lesa e do que repara, abre e sutura, fere e põe um curativo, a ferida e a cicatriz, o mal e a reconciliação, o negativo da separação e o trabalho de reparação; a cada vez se trataria de pôr em pedaços com um trauma, ao tempo em que se remenda com um trabalho de cura: o mal e seu remédio, a doença e a recuperação.[75]

Ora, esse trecho sobre o descosimento/a recostura do perdão já tinha sido objeto de um comentário no mesmo sentido, na primeira sessão do ano anterior, consagrada ao perdão de Jankelevitch, em relação ao qual Derrida se indagava se não havia uma gralha na palavra "costura":

> Descosida ou re-cosida? Indago-me se não há aqui um erro de impressão. A menos que saber descoser um rasgão já seja uma maneira de pensá-lo como um acidente de costura, de uma costura prévia e, portanto, suscetível de alguma re-costura, do re-coser, da retomada, o que Jankelevitch contesta.[76]

Nessa sessão, Derrida, contestando a contestação de de Jankelevitch, acrescentera: "Não há retomada [*reprise*] possível". É bastante interessante ver então como o próprio Derrida cose esses pedaços no texto-tecido, retocando com essa palavra sua costura aparente por meio de um motivo tradicionalmente "feminino".

---

75 DERRIDA, Jacques. Primeira sessão. 2 de dezembro de 1998. Seminário *Le parjure et le pardon* (Paris: EHESS, 1998-1999, inédito), p. 5. Seminário *O perjúrio e o perdão* (Paris: EHESS, 1998-1999, inédito), p. 12. Esse trecho não consta na "Conferência do Rio de Janeiro".

76 DERRIDA, Jacques. Le pardon: l'impardonnable et l'imprescriptible. In: MALLET, Marie-Louise; MICHAUD, Ginette (Org.). *Cahier de L'Herne*: Derrida. Paris: L'Herne, n. 83, 2004, p. 560, nota 3 (reedição *Pardonner*: l'impardonnable et l'imprescriptible. Paris: Galilée, 2012, p. 20, nota 1).

Mas vamos agora ao cerne do discurso de Derrida acerca do estupro e do testemunho, este mesmo colocado em termos de estupro, de violência que redobra a violência primeira, sofrida pela vítima. Pois o que sensibiliza Derrida no testemunho de Antjie Krog – o dela própria mas também o de todas as que, exatamente, não puderam testemunhar em público por causa da crueldade da tripla violência que sofreram ("não ser[em] reconhecida[s] como uma militante responsável", serem tratadas como prostitutas "submetida[s] ao apetite sexual dos torturadores",[77] o que sensibiliza então Derrida no testemunho das mulheres é não apenas o conteúdo do testemunho (o que ele diz), mas seu modo, sua modalidade (o que ele faz), enquanto acontecimento de linguagem na fala dessas mulheres acerca do perdão, cujo papel Desmond Tutu sublinha no texto "*Pas d'amnestie sans vérité*",[78] do mesmo modo que Timothy Ash, o qual reproduz a frase-chave de uma delas "*Et je ne suis pas prête à pardonner*" [E não estou disposta a perdoar],[79] que vem dolorosamente entrecortada, como as três outras anteriores, pela menção entre colchetes "[Silêncio]".

Para Derrida, é essa frase que, em sua equivocidade, inaugura uma lógica diferente do perdão. Ele começa sublinhando que não se saberá jamais exatamente o que essa mulher terá querido dizer com essas palavras em sua própria língua e cultura, pois o testemunho é traduzido em inglês, na língua do opressor, do "*perpetrator*". Ele observa (e escolho citá-lo não em francês, como na "Conferência do Rio", mas em inglês, nessa mesa-redonda "*On Forgiviness*", já evocada, na qual Derrida relembra de memória, em inglês, portanto, essa cena relatada por Timothy Ash):

> *This sentence translated into English remains very obscure because it may mean "I am not ready to forgive because of the violence," or "I am not ready to forgive because I am not ready today"; this*

77 DERRIDA, Jacques. Le pardon, la vérité, la réconciliation: quel genre?, *op. cit.*, p. 106.

78 TUTU, Desmond. Pas d'amnistie sans vérité. Entretien avec l'archevêque Desmond Tutu. *Esprit*, n. 238, p. 63-64, dezembro 1997.

79 Declaração citada por ASH, Timothy Gordon. La Commission vérité et réconciliation en Afrique du Sud, *op. cit.*, p. 57. [A frase original em inglês diz "*I am not ready to forgive*", podendo ser traduzida literalmente como "Não estou pronta para perdoar" ou "Não estou disposta a perdoar"; no segundo caso, a ambiguidade do original se reduz – N.T.].

> *would require a time of healing away, a work of mourning. Or it may mean "I am not ready to forgive because I am a victim but the main victim is my husband, who is dead, who would be the only one entitled to forgive." So we cannot even understand what she meant by this "I am not ready to forgive." In any case, she was pointing out that no institution as such, no commission appointed by the government, no government is entitled to forgive. Forgiveness is something else. She probably did not use the word "forgive" but this was translated into Anglo-Christian English.*[80]

O que sensibiliza Derrida quando ele relaciona a questão do estupro à do testemunho é também o fato de essa violência trazer à luz a violência extrema, radical (no sentido literal e figurado do termo) da linguagem, a própria raiz do perjúrio:

> Essa raiz ou essa forma geral de tetesmunhalidade [...] faz com que, ali onde alguém fala, o falso testemunho seja sempre *possível*, bem como a equivocidade entre as duas ordens; [...] essa necessidade [...] é necessariamente sentida, dos dois lados do endereçamento ou da destinação (do lado do remetente e do destinatário), como o lugar de uma violência e de um abuso sempre possíveis [...].[81]

Na mesa-redonda "*On Forgiviness*", Derrida volta ao livro de Krog, sublinhando nesse momento o ponto capital de seu argumento, o qual concerne o que ele chama de "assimetria absoluta do perdão", constituindo sua maior violência:

> A mais violenta das violências não é apenas atacar alguém, mas fazê-lo a ponto de a vítima não poder nem mesmo perdoar, não poder nem mesmo falar, nem mesmo testemunhar, não estando assim numa posição em que se possa lhe pedir que perdoe. É uma assimetria absoluta.[82]

---

80 DERRIDA, Jacques. On Forgiveness, *op. cit.*, p. 59-60.

81 DERRIDA, Jacques. Nona sessão. 11 de março de 1998. Seminário *Le parjure et le pardon* (Paris: EHESS, 1997-1998, inédito), p. 6. O texto é transcrito com modificações em *Papier Machine*, *op. cit.*, p. 82 (grifos de Derrida).

82 DERRIDA, Jacques. On Forgiveness, *op. cit.*, p. 57.

Interessa aqui particularmente a atenção de Derrida em relação à violência: não apenas a violência praticada contra a vítima, mas também a violência que emana dela mesma, de sua memória, e que, para perdoar, não deve absolutamente esquecer ou atenuar a violência que a atingiu:

> Sendo assim, há uma distinção *cortante* [sublinho esse léxico da violência - *tranchante*] e irredutível entre o esquecimento e o perdão. Para perdoar, não se deve apenas se lembrar da violência ou da ofensa ou do mal feito, do malfeito, mas também tem que *guardá-la viva*, digamos, tão ativa que só se pode perdoar numa situação em que, estando excluído o esquecimento, tem-se uma *quase-halucinação da violência* que se perdoa. Deve-se lembrar de maneira viva, de outro modo você perdoa apenas na medida em que a ferida desapareceu e é menos dolorosa [...].[83]

Assim, Derrida se opõe a toda uma tradição que assimila o perdão ao esquecimento (o que, em inglês, a proximidade das palavras "*forgive*" e "*forget*" traduz melhor); ao contrário, ele enfatiza a psicanálise e a pulsão de morte, sua crueldade e sua violência irredutíveis. Ele faz passar o *gume* de sua argumentação no fio dessa lâmina afiada que separa o perdão de toda forma de esquecimento, reabrindo assim a ferida. O perdão puro implica a memória pura, implica que se suporte infinitamente o intolerável e que nada se esqueça da "própria violência, sua intensidade, a qualidade da violência".[84]

Ora, Derrida não deixa de destacar também: a pulsão de morte, que subsume de algum modo a violência da violência, opera de maneira radical até na memória, no próprio desejo de arquivo. A pior violência, diz Derrida no seminário que ele fará na Universidade de Witwatersrand, na África do Sul, em agosto de 1998, consiste em destruir a própria memória, até o rastro, até o próprio testemunho da violência, do assassinato. E essa "pulsão de morte opera ao menos de duas maneiras":

---

83 DERRIDA, Jacques. Archive Fever (A Seminar by Jacques Derrida, University of the Witwatersrand, August 1998, transcribed by Verne Harris). In: HAMILTON, Carolyn et alii (Org.). *Refiguring the Archive*. Dordrecht, Spinger-Science+BusimessMedia, B.V., 2002 (Kluwer Academic Publishers, 2002), p. 78 (grifos meus).

84 *Ibid.*, p. 78 e p. 80.

> Uma é a pulsão de destruir a própria memória, o próprio rastro e o próprio testemunho da violência, do assassinato. O "*perpetrator*" busca não apenas matar, mas apagar a memória do assassinato, fazendo ou agindo de maneira tal a não sobrar nenhum arquivo. [...] Esse é um dos efeitos de uma pulsão de morte radical. Ora, outra parte desse efeito se manifesta do lado oposto. Desse modo, a fim de se opor à destruição, quer-se proteger o arquivo, acumulando-o enquanto tal, pois não se confia na memória viva, confia-se no arquivo. Mas o gesto que consiste em acumular o arquivo, no monumento do documento, é outra maneira [...] de produzir o esquecimento. Assim, há um desejo perverso, um desejo perverso de esquecimento no próprio arquivo. *A pulsão de morte não opera apenas no assassinato, na produção da morte, mas no esforço de salvaguardar, de certo modo, a memória.*[85]

(Abro um parênntese ainda acerca dessa palavra "*perpetrator*", que reaparece aqui, a fim de sublinhar, com Philippe-Joseph Salazar, a questão da "definição do que é uma vítima"; ele observa que "a narração pelo *perpetrator* dos abusos cometidos serve para transformá-lo em vítima de outro *perpetrare*, o da ideologia. A performance narrativa tem esse estranho efeito de aproximar vítima e *perpetrator* num mesmo círculo de sujeição. Performativo de *metanoia* por meio do qual todos se tornam novos cidadãos":

> Sem sua performance [a do *perpetrator*], nada de narração, nada de Comissão e, indo mais longe, nada de reconciliação. Nada. Em troca desse dizer, o relato de um *mythos* voluntário, que é um ato encenado e ritual de *patrare*, revela-se a narração social e política da memória, e o aparecimento de uma fundação retórica da democracia sul-africana. O dizer das vítimas é paradoxalmente secundário, intervindo como recurso em relação àquele dos *perpetrators*.[86]

---

85 *Ibid.*, p. 66 et p. 68 (grifos meus).

86 SALAZAR, Philippe-Joseph. *Perpetrator*, ou de la citoyenneté criminelle. *Rue Descartes*, n. 36, p. 167-179, fevereiro 2002. Disponível em: <http://www.cairn.info/revue-rue-descartes-2002-2-page-167.htm DOI: 10.3917/rdes.036.0167>. Último acesso 2 maio de 2017.

Fecho esse parêntese a respeito da reversibilidade muito perversa entre o relato de uns e o dizer de outros, da pervertibilidade dos papéis e dos relatos, agravando ainda mais a violência sofrida pelas vítimas.)

Assim, o fato de Derrida levar a psicanálise em consideração subverte toda a economia do perdão e, mais radicalmente, toda possibilidade de economia a respeito do perdão, tendo o perdão uma ligação perversa com a violência mais extrema, a "violência da violência", aquela da pulsão de morte radical que destrói, como ele diz, radicalizando o próprio Freud, "o rastro sem deixar resto, sem deixar rastro, sem nenhuma cinza", pensando, com ele, uma pulsão aneconômica, a qual vai mais longe que a finitude e visa à "destruição radical do arquivo", uma "destruição que nada deixa no lugar, sendo ainda mais radical do que a repressão" e que tem o "poder de destruir o arquivo":[87] é essa, para Derrida, a arqui-violência da violência. Nessa perspectiva, o tempo nada fará pelo perdão, pela reconciliação, que ainda é limitada pela finitude, do mesmo modo que a a Comissão Verdade e Reconciliação é, em outro nível, limitada por "*deadlines*", por prazos finais, por limites temporais (relatório, eleições etc.); e do mesmo modo que o "trabalho de luto", o qual, segundo Freud, também deve ser limitado, uma afirmação contestada por Derrida. Ora, essa própria finitude, como ele observa,

> [...] não leva em conta outro *gênero* [grifo meu] de destruição, que é a pulsão de morte. Portanto, o desejo radical de uma destruição do arquivo é incomensurável em relação à finitude, digamos, do poder humano de conservar, em determinado espaço, certa quantidade de rastros acumulados. Portanto, tem-se aí um conflito, ou uma competição, entre as consequências da finitude e a pulsão de destruição radical. E é pelo fato de a pulsão de destruição radical estar sempre trabalhando – e precisamos levar isso em conta – que o desejo de arquivo é ardente.[88]

---

87 DERRIDA, Jacques. Archive Fever, *op. cit.*, p. 42. Cf. DERRIDA, Jacques. *Mal d'Archive:* une impression freudienne. Paris: Galilée, 1995. A respeito da palavra "destruição", ver a importante análise de ANIDJAR, Gil. *Qu'appelle-t-on destruction?* Derrida, Heidegger. Montréal: Presses de l'Université de Montréal, 2017.

88 DERRIDA, Jacques. Archive Fever, *op. cit.*, p. 44 (grifos meus).

Encontramo-nos perante a nuvem inextricável de uma tripla violência, nas falas dessas mulheres que testemunham diante da Comissão Verdade e Reconciliação: violência da língua (elas testemunham numa língua que não é a delas, multiplicando os riscos de perjúrio), violência da pulsão de morte, violência do próprio arquivo, pois o arquivo carrega em si mesmo, no próprio momento em que inscreve o testemunho, o foco ardente da destruição, contra a qual ele pretende ser edificado:

> Porém, ademais desses limites, digamos, decididos ou calculados, há outro limite incalculável. Um arquivo foi destruído para sempre. Não apenas enquanto documento, mas também porque pessoas desapareceram. *E a dor, a violência, de vários lados, não pode ser registrada num arquivo*. A destruição do arquivo faz parte das coisas dolorosas que estão em questão no caso [nos testemunhos das mulheres, e particularmente a respeito da questão do estupro, da perda da integridade física e psíquica]. A destruição do arquivo é justamente, justamente o problema. O desaparecimento, a morte, o assassinato, ou o esquecimento, ou somente a impossibilidade de testemunhar a respeito do que aconteceu. Portanto, no centro da experiência, há uma destruição radical, que deve ser registrada, arquivada, se se pode dizê-lo. E, claro, há outro problema. *O arquivo não é simplesmente uma massa de fatos, de fatos verdadeiros, que devem ser reunidos, entregues e tornados acessíveis. São fatos, é claro, interpretados pelas testemmunhas (o testemunho não é apenas a revelação da verdade, um testemunho é uma interpretação ativa do que aconteceu).* Assim, o conceito de verdade em "verdade e reconciliação" não significa apenas nesse caso a informação, pois há a interpretação, haverá a interpretação.[89]

VI

Mas então, o que é a verdade? Será que é reconciliação ou ferida? Trabalharia ela pela "paz", como se diz apressadamente, ou será que urde outra forma de violência, mais cruel e aterradora ainda?

---

89 *Ibid.*, p. 50 (grifos meus).

> Onde está a verdade ? De que gênero de verdade se fala? O que é a verdade?
> Qual é a essência da verdade?
> E que significa a palavra "verdade" para a TRC?[90]

Antjie Krog também se interroga a esse respeito em *Country of my Skull*, onde mais do nunca o limite entre mentira e verdade, e todas as nuanças do não dito, dos silêncios e das omissões, escapam a qualquer tradução:

> A palavra "verdade" é explicada por diferentes teorias: a teoria da correspondência, a teoria da coerência, a teoria deflacionária da verdade, a teoria pragmática, a teoria supérflua da verdade, a teoria semântica, a dupla verdade, a verdade lógica e a teoria subjetiva da verdade subjetiva. Os teóricos da verdade pragmática dizem que a verdade não tem valor cognitivo – não é preciso se preocupar em saber se nossas crenças ou nossas histórias são verdadeiras ou falsas, mas se elas nos permitem atingir a felicidade ou o bem-estar.[91]

Sabe-se que associar a verdade e a utilidade é uma combinação das mais perniciosas, sobretudo nessa era da "*post-truth*"[92] generalizada... Porém, mesmo assim, qual verdade, qual *gênero* de verdade? A necessidade de saber tudo, de conhecer o mínimo detalhe das torturas, de ruminar o terror das imagens? "Preciso de uma língua para encerrar esse caso e me livrar dele",[93] diz um homem a sua mulher, que o enganou. Mas qual verdade? Por quê? Onde? Quando? Como? "Mais eu sei, mais você confessará coisas. A verdade que não conheço,

90 DERRIDA, Jacques. Le pardon, la vérité, la réconciliation: quel genre?, *op. cit.*, p. 102.

91 KROG, Antjie. *La Douleur des mots*, *op. cit.*, p. 276.

92 Quanto a essa questão, mais do que nunca "atual", nessa suposta era da "pós-verdade", ver DERRIDA, Jacques. *Histoire du mensonge: prolégomènes*. Paris, Galilée, 2012. Inicialmente oriundo do seminário *O testemunho* (Paris: EHESS, 1994-1995, inédito), esse texto foi publicado em inglês (*History of the Lie*. Tradução Peggy Kamuf. In: DERRIDA, Jacques. *Without Alibi*. Redwood City, CA: Stanford University Press, 2002), em seguida em francês no *Cahier de L'Herne. Derrida*, *op. cit.*).

93 KROG, Antjie. *La Douleur des mots*, *op. cit.*, p. 276.

você nunca me dirá".[94] "Como distinguir as mentiras das perdas de memória?", indaga uma das psicólogas da Comissão. "Em meu ofício, de certo modo, não há mentira – tudo isso se combina, reage e joga com a verdade".[95] Será isso que esclarece profundamente o interesse de Derrida pela literatura, quando ele declara, em sua primeira entrevista a Evando Nascimento, concluindo: "Portanto, o pensamento sobre a literatura – ou seja, o que ela é em si mesma – me interessa muito; é um contexto político considerável, um lugar muito sensível para analisar e mudar o espaço político"?[96]

Timothy Ash também levanta essa questão da verdade e constata que "Esse conhecimento não é exatamente sobre a Verdade com V maiúsculo. É, antes, um conjunto de provas e de detalhes verídicos sobre a organização e a instalação da repressão, os tratamentos por vezes brutais dos que resistem a isso, e a violência complexa que se segue prolonga-se em parte hoje, de uma forma diferente".[97] Pois – como em relação à pulsão de morte, sobre a qual Derrida diz, em *Estados de alma da psicanálise,* que jamais pode ser erradicada, podendo apenas ser adiada por um tempo, convertida ou deslocada – a violência, a agressividade destrutora não pode ser nem reprimida, nem suprimida, nem anulada, nem apagada, nem esquecida, resistindo a qualquer forma. E sua força pode sempre ressurgir com "uma forma diferente".

A justiça tem um gênero, a verdade tem um sexo? Em outro texto de 2004, pronunciado dois meses antes de sua conferência do Rio, Derrida escreve, a respeito da escultura de olhos vendados da "Sinagoga", humilhada e decaída, da catedral de Estrasburgo, que ele "idolatra esse ídolo, essa mulher privada de vista e de voz, essa figura muda e dolorida":[98] "Pois, mais além do mal ou da calúnia que ela provavelmente insinua, [...] me pareceu que essa sinagoga nos interrogava. Ela nos dirigiria um pedido silencioso [...]. Como apenas uma mulher pode fazer, ela nos pedia sem ingenuidade: o que é a verdade da revelação, o que é a

94 *Ibid.*, p. 277.

95 *Ibid.*, p. 115.

96 DERRIDA, Jacques. Premier entretien avec Jacques Derrida: "La Solidarité des vivants", *op. cit.*, p. 140.

97 ASH, Timothy Garton. La Commission vérité et réconciliation en Afrique du Sud, *op. cit.*, p. 60.

98 DERRIDA, Jacques. Le lieu dit: Strasbourg. In: DERRIDA, Jaques et alii. *Penser à Strasbourg*. Paris: Galilée, 2004, p. 34.

vista, o véu e o desvelamento?"[99] De novo, Derrida sublinha "a singularidade da mulher [...] nessa história"[100] (como havia igualmente feito em *Mémoires d'aveugle*, a respeito das carpideiras que, de maneira muito diferente, dão a pensar o testemunho ocular dos olhos, e que manifestavam mais ainda de modo abocular outro gênero de questionamento acerca dos olhos, os quais não eram feitos apenas para ver ou olhar, mas também para chorar, estabelecendo outra relação com a vista, com o véu, com a verdade da revelação – a própria verdade). Nesse mesmo texto, Derrida também diz preferir a palavra "parlamento", mesmo na equivocidade em que a fala pode se perverter em mentira (parla-mente), à palavra fala [*parole*], pois, enquanto *speech act*, o parlamento é "uma palavra em ato, até mesmo uma palavra dada; não apenas um discurso ou uma fala, mas o que "tenta acolher mais de uma voz em sua fala".[101] Não seria isso o que retém sua atenção no testemunho dessas mulheres diante da Comissão Verdade e Reconciliação, falando menos por ela do que pelo outro (aquele que não pode mais falar), o outro nela? Uma fala que "deixa a palavra ao outro".[102] Em sua fala e no silêncio (pois o silêncio é tão importante quanto – senão ainda mais – as poucas palavras que lhes são arrancadas) desses testemunhos de mulheres, é o ato de fala, a enunciação como tal do perdão que Derrida escuta: não se arrogar o direito soberano de dizer "Eu perdoo", mas dar a entender algo "*em, no interior de* mas também contra a tradição dominante do perdão",[103] algo que fere e sutura ao mesmo tempo, "em dois sentidos contrários, mas indissociáveis".[104]

VII

Relato da violência, violência do relato: aterradora anfibologia que não cessa de retornar, de se converter, de se perverter entre "verdade" e "testemunho". Antjie Krog encena um diálogo entre um marido e sua mulher, que o enganou e que ele

99 *Ibid.*, p. 36.

100 *Ibid.*, p. 37.

101 *Ibid.*, p. 41.

102 *Ibid.*, p. 42.

103 DERRIDA, Jacques. Primeira sessão. 2 de dezembro de 1998. Seminário *Le parjure et le pardon* (Paris: EHESS, 1998-1999, inédito), p. 18 (grifos de Derrida).

104 *Ibid.*, p. 5. [Em todo esse trecho, *parole* foi traduzido como "fala" e também como "palavra", mas também é o "discurso" – N. T.].

interroga (talvez ela mesma: a narração, muito ambígua, guarda seu segredo): ela lhe lê, em dado momento, essa citação da Comissão Verdade e Reconciliação:

> "A compreensão pela narração é nossa forma de explicação mais primitiva. Damos sentido aos acontecimentos inserindo-os em histórias. Se isso entra numa moldura satisfatória de narração, pensamos então ter uma ideia do que sobreveio. As nações contam histórias sobre o passado em termos que forjam o futuro delas".[105]

Ao que o homem retorque:
"Pare de dizer besteiras", diz ele. Eu paro.

> Não tenho moldura para lhe responder. Não tenho palavras para dizer o que é justo e o que não é. As definições gotejam como escorredores.[106]

Ecoando a conversa ininterrupta dos dois amigos judeus com a qual iniciei minha conferência, também paro aqui. E reitero as duas palavras que (re) começam tudo: "*Pardon, merci*". *Obrigada.*

Tradução de Evando Nascimento

105 KROG, Antjie. *La Douleur des mots*, *op. cit.*, p. 275.
106 KROG, Antjie. *La Douleur des mots*, *op. cit.*, p. 276.

Jacques Derrida: espectros de Marx, espectros de Freud

Élisabeth Roudinesco

Falarei aqui dos espectros de Marx e dos espectros de Freud, passando por vários eixos de reflexão mais ou menos descosturados.

Em primeiro lugar, quero mostrar como Derrida mobiliza o discurso freudiano sobre o recalque, para analisar os diferentes espectros de Marx que pairam sobre a sociedade ocidental após a queda do regime soviético. Mostrarei, em seguida, como ele mobiliza Hamlet para encenar o que ele chama de espectralidade de Marx – quer dizer, o retorno das almas penadas e dos fantasmas que gostaríamos de abolir com a figura espectral de Louis Althusser – e, sobretudo, para marcar uma diferença com relação, de um lado, à maneira pela qual Freud situa Hamlet na continuidade de Édipo, e, por outro lado, o modo pelo qual Jean-François Lyotard coloca também a questão do Édipo, não de um ponto de vista freudiano, mas sim lacaniano. Enfim, apontarei as semelhanças para a nossa época entre a vontade de erradicar a ideia comunista inventada por Marx e a ideia de inconsciente inventada por Freud. Mas antes disso, um preâmbulo faz-se necessário, a respeito da dupla questão em Derrida da herança, por um lado, e, por outro, da relação entre dois registros de historicidade.

Por que o pensamento de Jacques Derrida, considerado hermético, atrai tantos pesquisadores, estudantes e intelectuais que, de Nova York a Tóquio, passando por Belgrado e Pretória, encontram nele os fundamentos de uma interpretação racional e crítica do mundo contemporâneo? A resposta não é simples.

Primeiramente, é preciso sublinhar que Derrida, cuja obra está traduzida em umas cinquenta línguas, lançou durante trinta anos um imenso desafio aos discursos acadêmicos, ao mesmo tempo que ele próprio era um típico produto da universidade francesa. À metafísica ocidental, que supõe o enclausuramento do saber filosófico na pura transmissão de sua própria retórica, ele opõe uma prática refinada da filosofia, articulada em torno de dois grandes conceitos – a *diferença* e a *desconstrução* –, e aberta não apenas a outras disciplinas (antropologia, literatura, psicanálise, direito, história) mas também às interrogações que essas disciplinas, em sua própria alteridade, fazem à filosofia. Falando de modo direto, e é o que foi importante para mim, que não era filósofa, mas de formação literária, Derrida tirou a filosofia do campo fechado dos estudos filosóficos proferido pelos professores de filosofia, embora fosse ele mesmo um autêntico produto desse campo fechado.

Contra a tradição, Derrida adota então o estilo de um orador moderno e comunicativo, que delega a cada sujeito, formado ou não em filosofia, o cuidado de decifrar a significação dos discursos que o determinam à revelia. Mas, num mesmo movimento, e aí está o segundo paradoxo desse pensamento sutil, Derrida recusa o ideal de simplificação comunicativa que os diferentes tecnocratas da cultura – em geral hostis a um saber universitário julgado elitista demais – querem impor às massas: um ideal fundado na pobreza de uma língua unívoca, reduzida a slogans e a "*clips*", e na prevalência de um modelo reflexivo único, que tira sua força da eterna repetição do mesmo.

É porque subverte, ao mesmo tempo, a tradição acadêmica de onde ele provém e a cultura comunicativa da globalização contemporânea, que ele conseguiu impor-se de um lado a outro do planeta, como foi o caso anteriormente do pensamento de Sartre. Ele oferece aos rebeldes de todos os países os meios para refletir sobre sua *diferença*, sem sucumbir no diferencialismo nem no comunitarismo, fornecendo-lhes um instrumento conceitual, a *desconstrução*, que lhes permite criticar seu universo mental, político e ideológico – ou seja as modalidades funcionais de uma construção totalizante –, sem ceder ao fanatismo de uma possível abolição da Lei, do Interdito e do Universal. Não é de se espantar que esse pensamento alternativo suscite tanta rejeição, que não é senão o sintoma de seu merecido sucesso: o preço da fama.

É em um texto intitulado "*Fidélité à plus d'un: mériter d'hériter où la généalogie fait défaut*" [Fidelidade a mais de um: merecer herdar onde a genealogia falta], que, sem dúvida, podemos melhor perceber a maneira pela qual Derrida se situa na herança que é a sua, ou melhor, no lugar que ele pensa ocupar no âmbito de uma genealogia política e filosófica. De saída, ele se situa na posição chamada "inapreensível" do "entre-dois", quer dizer, de um "cidadão do mundo", judeu francês deslocado de sua origem, mas carregando na sua genealogia os "restos" de sua terra natal outrora colonizada: a Argélia.[1]

Aos que contestam o "eurocentrismo", reivindicando uma identidade cultural extraeuropeia – autóctone, colonial, étnica, extraterritorial, estrangeira, exógena, diferencial –, como aos que pedem permanentemente contas ao Ocidente, ora atribuindo-lhe a origem de todos os males do tempo presente, ora tomando-lhe de empréstimo novas formas de opressão, Derrida propõe uma atitude mais positiva: uma filosofia da liberdade, da hospitalidade e do cosmopolitismo, centrada na análise dos próprios mecanismos da alteridade e da transmissão.

Ninguém é obrigado, diz ele basicamente, a aceitar a totalidade de uma herança, tampouco ninguém é obrigado a se deixar enredar pela teia de uma etnia, de uma religião, de uma cultura, de um nacionalismo, de um idioma, de um colonialismo. Por conseguinte, a melhor maneira de permanecer fiel a uma genealogia, é ainda a de lhe ser infiel, de desconfiar dela, sem, entretanto, renegá-la: nem a alienação identitária, nem a vitimização. Assim, a verdadeira liberdade subjetiva consiste em recusar o dogma de um pertencimento em nome de um reconhecimento das forças do inconsciente presentes na singularidade de cada destino.

Como vemos, Derrida é então um freudiano consequente, um herdeiro fiel e infiel de Freud (como Freud o foi com relação a seu judaísmo), sob a condição de ver em seu freudismo a marca desse descentramento, dessa desconstrução que o guia sempre, ele, amigo da psicanálise que nunca conheceu a prova do divã, mas que sabia confrontar-se com o sofrimento que aí se experimenta, levando-o, como acabo de dizer, a se interessar, não pela metapsicologia – ele a via como uma máquina pesada e dogmática –, mas pelas margens de um pensamento, pelas suas bordas, pelo seu litoral e, em suma, pela sua parte de irracional, por aquilo que lhe escapa.

Ele gostava dos "balões de ensaio aventureiros" da psicanálise, as grandes investidas lançadas por Freud, mas reprovava na teoria freudiana o fato de estar presa a um familiarismo teatral (o complexo de Édipo) e de não ter sabido medir o papel que ela poderia ter desempenhado na democracia, na medida em que ela permite a um sujeito "dizer tudo" livremente, um pouco como a literatura.

---

1 Este texto foi publicado pela primeira vez na revista *Intersignes*, n. 13, 1998. Cf., igualmente: DERRIDA, Jacques. *L'autre cap*. Paris: Minuit, 1991.

Daí o fato de Derrida nunca ter deixado de questionar aquilo que, no pensamento de Freud, suscita um problema: a telepatia, a questão do rastro arcaico, a da judeidade e, enfim, a parte mais especulativa dessa obra: a pulsão de morte.

Derrida foi tomado pelo espectro de Freud, o qual, pela simples evocação, torna-se múltiplo. A tal ponto que se pode dizer que há nele a permanência de um apelo à ordem. Toda vez que começamos a agir como se a psicanálise não tivesse contribuído com nada, Derrida traz o que ela tem de essencial: uma certa maneira de apreender o inconsciente. Qualquer discurso sobre a razão, dirá ele frequentemente, deve levar em conta "essa noite do inconsciente", cujo caminho Freud nos abriu.

Mas outra coisa também me toca. Derrida é o único filósofo que eu conheço a ter ousado afirmar, numa entrevista filmada, que o que o interessava mais na filosofia, e na sua história, era a sexualidade dos filósofos, não o conceito de sexualidade, não uma maneira filosófica de trabalhar sobre as concepções da sexualidade, mas as práticas sexuais dos filósofos. Questão impertinente, que o próprio Freud não teria jamais ousado levantar.

Por esta declaração, Derrida deu seu *imprimatur* à possibilidade de escrever uma vida dos filósofos – questão proibida pelos filósofos –, e, mais que uma biografia, algo que poderia interrogar a filosofia a partir das práticas sexuais; questão pós-freudiana, por assim dizer, questão de uma inacreditável audácia que ele, contudo, jamais evocou para si mesmo, salvo, talvez, fragmentariamente, em *La contre-Allée* [A contramão] e em "Circonfession" ["Circonfissão"].

O que, por outro lado, é curioso, é que Derrida nunca foi tão freudiano como em seus textos que não tratam especificamente da obra freudiana ou da psicanálise e é por isso que escolhi esse tema – espectros de Marx, espectros de Freud –, porque em *Espectros de Marx* produz-se alguma coisa de novo no pensamento de Derrida. Alguma coisa como o pensamento da história, o que, para um filósofo, é muito raro. Os espectros de Marx são a permanência dos espectros de Freud. Os dois nomes são inseparáveis.

São os dois nomes próprios de uma herança que surge sob a forma de espectro: uma herança da qual é preciso conjurar a potência e os perigos – o marxismo, o freudismo –, porque eles estão incorporados a uma história da qual só podemos nos desvencilhar se os declararmos mortos. Mas, de tanto invocar seu poder de intrusão, nem que seja para poder nos livrar dele, reaparecem como espectros, como uma ameaça por vir, que acreditamos passada, mas cujo retorno precisamos exorcizar. A questão do espectro está ligada, em Derrida, à da herança, à ideia da escolha da herança.

Em 1993, pela primeira vez, Derrida se debruça assim sobre Marx e, através de Marx, da revolução, e, através da revolução, do engajamento político de um filósofo, herdeiro fiel e infiel de um outro filósofo, Louis Althusser, que, como ele, reuniu Marx e Freud. Através de Marx, Derrida fala de Freud e de Althusser e do fim de um comunismo cujo retorno tememos, mas ele fala através de Hamlet para afirmar sua própria leitura do Édipo de Freud.

Porém outros interlocutores também estão presentes; Lacan, por um lado, que é um espectro e a quem ele se dirigiu inúmeras vezes, e um contemporâneo, bem vivo na época: Jean-François Lyotard, que também reuniu Marx e Freud. Ambos, aliás, também evocaram espectros, ou seja acontecimentos trágicos da história ocidental: Hamlet e Édipo. Poderíamos acrescentar outros que, de resto, refletem como ele sobre a questão da possibilidade de uma transmissão da herança: herança do judeocristianismo, do pensamento grego, do drama shakespeariano, da obra de Freud, da ideia comunista, e da relação entre dois regimes de historicidade: o passado que faz sentido; o presente que não deixa de se desconectar do passado.

Espectros de Marx é uma reflexão sobre a nova ordem do mundo após a queda dos regimes comunistas, uma reflexão sobre a ideia de uma possível revolução por vir, que seria o desfecho dessa nova ordem, uma reflexão negativa sobre o que é a desonra de uma época que não consegue pensar o seu futuro. O texto foi escrito após a morte de Althusser, no dia seguinte à queda do Muro de Berlim. Trata-se, claro, de uma homenagem à "ideia comunista", para além do desmoronamento do sistema comunista fundado sobre o poder patriarcal todo-poderoso do partido, erguido como figura de soberania, como figura de eleição. Trata-se também de reavivar a ideia de que não podemos confundir o gulag com a *shoah*, já que, no início, o projeto não era o mesmo. O ideal comunista buscava a justiça e a igualdade, ao passo que, por sua essência, no seu começo, o nazismo já era voltado para um genocídio destruidor.

A obra é dedicada a Chris Hani, herói da luta contra o Apartheid, assassinado por ser comunista. Derrida associa a esse ato de terror, a esse traumatismo, três grandes "cenas" da cultura ocidental: aquela em que Hamlet se confronta com o espectro de seu pai, que retorna para reclamar vingança e confiar a seu filho a missão de salvar o "mundo da desonra". A da publicação do *Manifesto do partido comunista*, cuja famosa frase Derrida comenta, "Um espectro ronda a Europa: o espectro do comunismo". Todas as potências da velha Europa estão unidas em uma Santa-Aliança para enfrentar esse espectro: o papa e o czar, Metternich e Guizot, os radicais da França e os policiais da Alemanha." Aquela, enfim, de nossa época, a da nova ordem mundial, fundada no mercado, na mercadoria, na circulação dos homens considerados como objetos nas trocas mercantis, uma época que eu qualificaria, sempre em homenagem a Derrida, de "desconstruída", porque ela está dominada pelo espectro de um comunismo desfeito que vem assombrar o futuro de um mundo aparentemente unificado, mas que, na verdade, se encontra em estado de "catástrofe", um mundo "em fase maníaca", incapaz de fazer o luto daquilo que ele pensou ter erradicado.

De modo semelhante ao rei assassinado que perturba a vida de Hamlet caminhando sobre as muralhas de Elsinor, Marx tornou-se um espectro para nossa sociedade ocidental depressiva, que não para de clamar a morte da Revolução, sem conseguir erradicar o espírito da Revolução. Esse espírito dorme em cada um de nós e, quanto mais clamamos a sua morte, mais ele retorna para atormentar seus adversários (os arautos do liberalismo), obcecados pela perda de seu inimigo. Por mais que encenemos a morte do comunismo, por mais que fiquemos felizes com a morte definitiva de Marx, o cadáver ainda se mexe e seu espectro incomoda o mundo. Derrida chama de "melancolia geopolítica" o estado do mundo e propõe efetuar uma "psicanálise do campo político", a fim de analisar as "feridas" e os sofrimentos da nova ordem econômica.

O texto da conferência é composto como um sonho, como um pesadelo, como um espectro. Parece sair diretamente de *A interpretação dos sonhos*. Hamlet maldiz a si próprio por ter como missão pôr o mundo de novo em seu lugar. O espectro lhe disse para se vingar e ele lhe diz: "O tempo está fora dos eixos / Ô maldita sorte / Que quer que eu tenha nascido para consertá-lo".

Pensamos aqui no corte que existe entre duas representações do tempo, entre dois regimes de historicidade. Será preciso fazer reaparecer o presente do passado, considerando, à maneira dos Antigos, que o tempo se encadeia como uma cronologia geracional? Ou, ao contrário, será preciso apreender o passado – o tempo – através do presente sob pena de um "presentismo"? Pensamos também na tragédia grega que obriga o herói a um destino que ele não quer, com a variante de que o oráculo nunca é um espectro, mas aquele que enuncia o enigma.

Comentando essa cena do tempo disjunto que Hamlet tem que rejuntar, Derrida situa a questão do que é a herança para cada geração. Esta deve estar fundada, ao mesmo tempo, sobre uma continuidade temporal – com um testamento que a precede – e uma ruptura, fazendo com que sejamos invadidos por espectros e lugares de memória na medida em que, como dizia René Char a propósito da resistência antinazista: "Nossa herança não está precedida de nenhum testamento".

No fundo, Derrida liga os dois regimes de historicidade, o dos Antigos e o dos Modernos, em torno da figura de Marx e do espírito da revolução. O tempo está disjunto e, portanto, não há mais herança possível, porque um acontecimento surgiu que produz a ruptura com a cronologia. Esse acontecimento é o tempo da barricada, o tempo da revolução. No entanto, é preciso que o herói, interpelado pelo espectro – que é a memória desligada do tempo, memória da morte e da melancolia – é preciso, como disse, que o herói promova a rejunção das duas figuras do tempo, o do acontecimento e o da cronologia, o da estrutura e o do instante, senão o mundo fica de cabeça para baixo e o presentismo corre o risco de engolir toda forma de temporalidade. Não se pode nem repudiar a continuidade em nome da ruptura, nem repudiar a descontinuidade em nome da continuidade. Os dois regimes são necessários.

Derrida critica desse modo o mundo globalizado, ao qual recrimina o fato de ter separado os dois regimes de historicidade próprios de qualquer forma de pensamento da história, até mesmo de qualquer possibilidade de existência na história. O mundo globalizado torna assim impossível a transmissão de uma herança.

Como fazer então se rejuntar a ordem estrutural do inconsciente, que só conhece o tempo imemorial, quer dizer o da memória recalcada, e o tempo do consciente necessário à reintegração do sujeito em sua história, entre passado e presente?

Existe aí uma reminiscência de Paul Valéry que, em 1919,[2] evocava um "Hamlet europeu" observando do terraço de Elsinor os "milhões de espectros".

---

2 VALÉRY, Paul. *Essais quasi-politiques*. In:___. *Oeuvres*, t. 1. Paris: Gallimard, 1957, p. 993 (Pléiade); ver, igualmente, HARTOG, François. *Régimes d'historicité*: Présentisme et expériences du temps. Paris: Seuil, 2005.

E sublinhava: "Hamlet pensa no tédio de recomeçar o passado, na loucura de querer inovar sempre. Ele hesita entre os dois abismos".

De um lado, então, um passado que não está abolido, mas que aparece de maneira espectral, como banido (*forclos*), de outro, um amanhã que não permite pensar o futuro.

Derrida escolheu Hamlet e não Édipo, ou seja, a consciência culpada contra a consciência trágica. Ele faz da psicanálise um instrumento de análise política de um mundo em ruínas e, enfim, como afirmei, ele presta homenagem ao último grande filósofo marxista, Louis Althusser, que sucumbiu na melancolia. Se Freud tentava elaborar uma nova teorização da família a partir do declínio do patriarcado, associando Édipo a Hamlet, Derrida convoca Hamlet para associar Freud e Marx.

Ele sustenta então que Freud construiu uma história mítica dos três grandes traumatismos infligidos ao homem moderno: o traumatismo psíquico, trazido pelo próprio Freud, que faz com que o inconsciente tenha pleno poder sobre o eu consciente. O traumatismo biológico, inflingido por Darwin, que inclui o homem na história da animalidade e não mais na do divino. O traumatismo cosmológico, inflingido por Copérnico, que mostrou que a terra dos homens não ficava mais no centro do universo.

E Derrida acrescenta que o traumatismo que Marx nos impôs inclui os três outros, já que o século do marxismo terá sido o do descentramento tecnocientífico da própria terra, de suas propriedades antropológicas e de toda forma de narcisismo. As sociedades capitalistas podem sempre dar um suspiro de alívio e pensar que o comunismo acabou com o fim dos totalitarismos, e até que ele não aconteceu. Isso não serve para nada, pois o espectro está sempre aí e ele nunca morre.

Aqui, é preciso comparar a maneira pela qual Derrida pensa a questão da ligação entre Hamlet e Édipo, de modo mais próximo de Starobinski – e portanto do próprio Freud – do que da de Lyotard.

Texto freudiano, portanto, porém texto que desconstrói igualmente o edipianismo freudiano e que reativa um espectro de Freud. Em primeiro lugar, porque é muito mais interessante fazer emergir o espectro de Freud através de Hamlet do que através do Édipo, já que sabemos que um não existe sem o outro para a modernidade: não há trágico sem culpa e sem responsabilidade. Édipo não é, por conseguinte, pensável sem Hamlet. A esse respeito, sabemos que Freud cristianizou a figura de Édipo através de um Hamlet culpado, já que sabia muito bem que o Édipo grego não podia ser culpado de um crime cometido a sua revelia.

E Freud, aliás, explicou-se sobre isso em seu Moisés (*L'homme Moïse et la religion monothéiste*), uma vez que ele associa o cristianismo à questão judaica. Freud faz do judaísmo uma religião altamente espiritualizada, semelhante ao grande pensamento filosófico inventado pelos gregos.

O judaísmo é para Freud a religião do pai. Capaz de renunciar, ao mesmo tempo, ao animismo e aos múltiplos deuses do paganismo em nome de um Deus único e invisível, esse monoteísmo vê-se como detentor da lei e portador de uma palavra. A religião mosaica, diz ele, coloca o religioso a serviço da racionalidade, ela é então a base mais sólida da civilização, mas desde que renuncie ao "delírio de eleição" que é de certo modo o símbolo de todos os nacionalismos. E ele faz alusão ao culto nazista da raça eleita.

Segundo Freud, Moisés torna-se o legislador desse monoteísmo, mas, como seu povo não suporta o peso dessa espiritualidade recém-adquirida, ele mata o profeta e depois recalca o ato criminoso. O recalque se transmite em seguida de geração em geração, ao passo que o monoteísmo, instaurado no e pelo judaísmo, reivindica o princípio da eleição como religião divinizada do pai primitivo.

No cristianismo que lhe dá seguimento, a morte do pai só pode então ser expiada pela morte do filho, mas também pelo abandono do signo visível da eleição: a circuncisão.

Segundo Freud, através dessa perda, o cristianismo torna-se uma religião universal e transforma assim o judaísmo em um "fóssil", em uma religião do passado, uma religião da lei, gloriosa, mas abstrata, conceitual. Freud considera que, com relação ao judaísmo, a nova religião do filho – o cristianismo – é uma regressão cultural, mas que tem a vantagem de ser uma religião das massas. Como se vê, Freud valoriza e desvaloriza simultaneamente o judaísmo (herdeiro fiel e infiel). O cristianismo constitui em seu entender um progresso na ordem do universal e da suspensão do recalque (a confissão do crime), ao passo que o judaísmo permanece mais elitista e portador de um mais alto nível de espiritualização. Entre o cristianismo universalizado e o judaísmo "fóssil", só resta à judeidade um caminho: o da eternidade, da solidão, do desenraizamento. Assim, Freud separa o pertencimento a uma religião do sentimento de pertencimento (à judeidade) que faz com que um judeu se sinta judeu, tendo deixado de ser religioso. Freud, judeu ateu e desjudeizado, considera-se como o inimigo da religião. E, no entanto, gosta das religiões, sobretudo do monoteísmo, muito mais do que ele afirma; proclama a possível reconciliação entre a religião do pai e a do filho, fazendo da psicanálise, ou seja, de Édipo reconvertido em Hamlet, o herdeiro infiel de um judeocristianismo iluminado pelas Luzes da Grécia antiga.

E é exatamente nesse terreno que Derrida se aventura para falar dos espectros de Marx. Com efeito, se é preciso desconstruir a psicanálise, tem-se que começar por Édipo, reencontrando o movimento que levou Freud a essas duas cenas da cultura ocidental – Tebas e o reino da Dinamarca – através dos três traumatismos.

Por detrás do enfrentamento de Hamlet com o espectro de seu pai, existe não apenas Freud que está presente para Derrida, mas também Althusser, que foi o iniciador para ele do saber marxista, mas que foi também o psicanalista e o juiz de si-mesmo, fechado durante dez anos na cena do assassinato de sua mulher, cena que ele não conseguia contar. E é essa presença que está ali, silenciosamente, entre as linhas do texto de Derrida.

Porque, falando da ideia comunista e da morte de Marx e de sua transformação em espectro, Derrida fala da morte, por Althusser, da ideia comunista através de sua própria morte, colocando seu próprio discurso sob o signo da esperança, quer dizer, de um "aprender/ensinar a viver afinal" (*apprendre à vivre enfin*). É então nesse texto profundamente freudiano que começa por um apelo à esperança – "Eu gostaria de aprender/ensinar a viver afinal" – que Derrida rende, sem dizê-lo, uma última homenagem a seu amigo Althusser, àquele que, depois de ter levado durante dez anos uma existência espectral, tinha acabado por não ser mais do que o assassino de si mesmo. Não um militante assassinado, como comunista – como Chris Hani –, mas um pensador do comunismo condenado a errar no círculo infernal de um universo do crime: crimes perpetrados em nome do comunismo, morte de uma conceitualidade, assassinato de uma mulher resistente, militante da ideia comunista.

Na verdade, o que mostra Derrida, através de sua leitura de Hamlet e de sua remissão silenciosa a Althusser, é que a reconciliação é possível entre o pai e o filho, entre uma ideia tornada espectral e um aprender/ensinar a viver afinal, não mais como em Freud, a partir do assassinato do pai e da sanção aceita, mas sim a partir de um tema que podemos considerar freudiano também: o da reconciliação entre um tempo necessariamente disjunto e um tempo necessariamente de longa duração, entre o passado que aparece sob forma de espectro e o presente que é o tempo disjunto da nova ordem mundial, entre a ideia comunista e a realidade presente, a menos que se faça o luto daquilo que impede sua junção, ou seja os crimes cometidos em nome do comunismo. Derrida se utiliza de Freud para recusar qualquer ideia de simetria entre o comunismo e o nazismo.

Nenhum Partido Comunista possível para Derrida, nenhum Partido que encarne uma ordem patriarcal, uma soberania, nenhuma religião comunista que encarne o Deus vingador, nem uma religião anticomunista que esteja fundada sobre a morte da ideia comunista, mas sim uma desconstrução permanente da ideia de um Partido identificado com uma religião. A reconciliação com a sublimação, quer dizer com a religião do pai – e portanto o judaísmo desjudeizado – é então possível: aprender/ensinar a viver afinal, eis a lei moral da condição humana. Derrida convoca para uma nova rebelião do mundo globalizado, não de filho contra o pai, mas de direitos contra soberanias, desde que estas não sejam infinitamente desconstruídas a ponto de deixarem de existir. Tal é o destino de Hamlet de Derrida: aprender/ensinar a viver ou a sobreviver no meio de espectros. Transmitir a sobrevida. Transmitir os traumatismos. Transmitir uma soberania defeituosa.

Derrida separa-se aqui da leitura de Hamlet feita por Lyotard, em seu célebre artigo de 1970, "Édipo judeu",[3] que salienta que, com efeito, nenhuma reconciliação é possível para o homem moderno depois de Auschwitz, nem com a religião – única capaz de sublimação – nem entre o judaísmo e o cristianismo, nem entre o filho assassino e o pai morto.

Lyotard recusa então a ideia freudiana da instauração de uma lei moral através da reconciliação entre as duas figuras do pai (judeu) e do filho (cristão). Nenhuma lei moral então para Lyotard, mas um lugar vazio, ou ainda uma desconstrução infinita, uma destruição, que dá testemunho de uma abertura permanente entre um regime de historicidade fundado sobre o passado e um outro regime sempre em ação e no presente já pós-moderno.

Nenhuma herança possível, então, para Lyotard. Na verdade, Lyotard faz uma leitura lacaniana da questão das relações entre Édipo e Hamlet. Onde Freud as unia, Lyotard as desune, fazendo de Hamlet um Édipo judeu, ou seja,

---

3 LYOTARD, Jean-François, *Œdipe juif, Critique*. Paris: Minuit, 1970, n. 277.

uma figura do banimento (*forclusion*). O elo entre os dois autores da cena trágica é banido (*forclos*): o da Antiguidade grega e o do início do século XVII, encarnando a crise de uma consciência europeia diante de um regime monárquico. Mas Lyotard cava a distância entre dois regimes de historicidade: o passado não pode se conectar ao presente para alcançar um futuro. Tudo não passa de um círculo repetitivo. Lyotard é muito mais lacaniano que freudiano, e Derrida mais freudiano. Não há herança possível em Lacan e Lyotard, que não creem, nem um nem outro, na possibilidade de uma infidelidade fiel ou de uma transmissão. Tudo para, mas tudo se repete no interior do círculo divinizado da psicose ou do banimento (*forclusion*) que caracteriza o presente disjunto.

Lembremos que Lacan preferiu, na trilogia sofocleana, antes *Édipo em Colona* do que *Édipo Rei*, depois *Antígona* e *Hamlet*, para reformular o trágico da condição humana: nova cena na qual somente a morte está em ação.

A Édipo, rei de Tebas e tirano da desmesura, Lacan prefere Édipo em Colona, velho obscuro, destituído de sua soberania, despojado dos atributos de sua paternidade. Do mesmo modo, para a geração posterior, ele escolhe Antígona, heroína mística, segundo ele, de um trajeto mortífero – entre-duas mortes – em detrimento de Electra ou Orestes. Enfim, ele faz de Hamlet, não um filho culpado, mas o herói de uma tragédia do impossível, prisioneiro de um pai morto – o espectro – e de uma mãe que lhe transmitiu um verdadeiro horror pela feminilidade. Ele psicotiza toda a cena edipiana como faz Lyotard em seu Édipo judeu. Não há reconciliação possível entre o filho e o pai; assim como não há reconciliação entre a religião do pai e a do filho.

A esse respeito, podemos levantar a hipótese de que, se Freud tinha respondido com uma nova concepção da ordem simbólica ao terror finissecular do apagamento do poder paternal e da diferença dos sexos (as mulheres tomariam o lugar dos homens se fossem emancipadas), Lacan prolonga esse gesto enfrentando a irrupcão do real dessa potência doravante desfeita. E ele repete, logo depois da Segunda Guerra Mundial, que terá tido como questão essencial uma vontade de matar o gênero humano.

Para Lacan, a única maneira de responder a essa espiral de enfrentamento assassino que é a história, não é, como para Freud, a reconciliação, mas sobretudo o confronto com o real da morte.

Espectros de Marx e *Espectros de Freud* são, como afirmei no início desta exposição, coniventes. Em cada etapa da história da psicanálise, encontramos a ideia de que Freud está morto, que só nos resta chorar sobre seu cadáver, que tudo que ele disse está errado e que é preciso enterrar suas invenções e sua pessoa, qualificando a psicanálise ora como uma falsa ciência, ora como uma ciência judia, ora como ciência burguesa, etc. A ponto de, como para Marx, felicitarmo-nos que isso não tivesse existido. E no entanto, o cadáver ainda se mexe e o espectro de Freud continua a pairar sobre o Ocidente, como o de Marx, apesar de não ter havido gulag. O que queria dizer então é que não há necessidade de vestígio de um crime para que o assassino presumido seja condenado, seja ele ou não culpado pelo crime que lhe imputam.

O que atemoriza o Ocidente hoje, e que se chama o espectro de Freud – similar ao espectro de Marx –, são as duas figuras da condição humana das quais Freud se fez o profeta laico, em uma espécie de continuidade com o judeocristianismo: a sexualidade, de um lado, o inconsciente, do outro, ambos ligados a dois regimes de historicidade necessários à subjetividade. A figura do passado e a da tragédia do desejo culpado e de sua longa duração, ou seja, uma mistura de Hamlet e de Édipo.

Ora, nos dias de hoje, essa figura aparece sob os traços de uma sexualidade, em que onde seria banida (*forclose*) a própria ideia do desejo em proveito de um gozo. Gozo de corpos contra sujeito desejante. Daí o fato de que a sexologia venha substituir a psicanálise, enquanto que a própria psicanálise nasceu da separação para com a sexologia, isto é, de uma recusa em reduzir a sexualidade a práticas corporais.

A mesma coisa para o inconsciente. Sua figura ancestral é testemunha de uma temporalidade estrutural, mas também de um depósito de memória. Ora, hoje, ela está como que abolida pela denegação contemporânea de sua existência, em proveito de um culto do presente, permitindo ir em direção ao futuro.

E no entanto, apesar da força de todas as tentativas de abolição, o espectro está sempre nas muralhas da cidade: Freud está aí, não como aquele que reclama vingança, mas sim como um homenzinho de óculos, como um diabo que viria mostrar que o tempo está sempre fora dos eixos e, ao mesmo tempo, impedir que qualquer junção possa acontecer às custas de seu apagamento.

Tradução de Cristina Batalha

O perdão e a pós-verdade: algumas reflexões

Alcides Cardoso dos Santos

A partir do tema central que nos concerne aqui, o perdão, gostaria de falar sobre os seus novos contornos no mundo contemporâneo, tema que suscita questões complexas e urgentes em seus textos e contextos, tais como a natureza da verdade, a verdade da história, a memória como testemunho e identidade e a reconciliação como caminho espinhoso e necessário. Porém, para abordar estes novos aspectos do perdão, gostaria antes de fazer um desvio e começar, na medida em que seja possível localizar ou definir o "início" de uma reflexão, pela ficção, mais especificamente por um romance de Don DeLillo, um dos mais importantes escritores norte-americanos do século XX. Começo pela ficção não tanto pelo fato de DeLillo ser um escritor considerado contemporâneo ou pós-moderno (independente das definições que se possa dar a esses termos), mas pelo fato DeLillo, em seus romances, mostrar o mundo contemporâneo completamente tomado pela indústria da informação, com personagens aparentemente satisfeitos pela afluência material da sociedade norte-americana, mas cuja visão de mundo é totalmente guiada e preenchida pela (des)informação da midia.

White Noise,[1] escrito em 1985 e ganhador do *National Book Award* desse ano, é um romance sobre uma típica família norte-americana de classe média, no qual o protagonista é um professor universitário, seus filhos são adolescentes típicos, tipicamente hiperinformados pela internet, e a cidade em que moram – um microcosmo do próprio país – vive a realidade dos *mass media* que

1 DELILLO, Don. *White Noise*. New York: Penguin Books, 1985. Nas citações deste romance usaremos a tradução de Paulo Henriques Britto, *Ruído branco* (São Paulo: Companhia das Letras, 1987).

preenchem não somente a vida das pessoas, mas também seu imaginário e sua afetividade. Vários acontecimentos na vida desta cidade e desta família denotam uma experiência de mundo que o vocabulário crítico costuma denominar hiper-realidade, realidade líquida, desmaterializada ou virtual, numa espécie de materialização das sociedades pós-utópicas de Huxley e Orwell. Até mesmo um vazamento em uma usina nuclear com a contaminação de parte da população, que se vê desalojada de suas casas, contaminada e colocada em risco de morte, é tratado sem qualquer espanto ou indignação pela população. Depois de contido por meio de procedimentos que parecem estranhamente corriqueiros, a assim chamada "Nuvem tóxica" dá à cidade uma coloração do pôr-do-sol jamais vista, quase que inacreditável em sua beleza plástica beirando o artificial.

O aspecto deste romance que nos levou a iniciar nossa reflexão pela via da ficção é o fato de o protagonista, Jack Gladney que, como dissemos é um professor universitário, ter criado e se estabelecido academicamente por meio de um curso sobre Hitler.

> Sou chefe do departamento de hitlerologia de College-on-the-Hill. Inventei a hitlerologia norte-americana em março de 1968. Era um dia frio e claro, com um vento leste intermitente. Quando sugeri ao reitor a ideia de criar um departamento para estudar a vida e a obra de Hitler, ele logo percebeu o potencial de minha proposta. O sucesso foi imediato e eletrizante.[2]

Com a leitura do romance percebemos que o bem-sucedido curso do protagonista não se detém na obra de Hitler e tampouco aborda a história, a Segunda Guerra Mundial ou o holocausto. Na verdade, percebemos que o sucesso do curso se deve justamente a essa desistoricização do Holocausto e à desvinculação entre o líder do III Reich e a figura de Hitler como ícone da cultura pop. Concomitante a esta banalização de uma tragédia na história da humanidade pela cultura pop, o romance também expõe a ascensão do seu protagonista, símbolo da barbárie nazista, a ícone da cultura pop pelo simples fato da imagem de Hitler circular nas diferentes mídias, o que nos mostra o ocaso dos valores humanistas nas sociedades midiáticas contemporâneas, nas quais a

---

2 DELLILO, Don. *Ruído branco*. Tradução Paulo Henriques Britto. São Paulo: Companhia das Letras, 1987, p. 9.

circulação de informações e imagens obedece a uma lógica que já não guarda mais relações com a história ou com os valores éticos ou morais que fundamentaram a cultura ocidental.

A importância histórica do Holocausto deve ser lembrada, entre outras razões, pelos julgamentos de Nuremberg, pela criação do conceito de crime contra a humanidade e pelo perdão pedido pela Alemanha e pelo Papa aos judeus. Esta memória do Holocausto tem por objetivo manter a lembrança viva para que a tragédia não se repita, desta vez como farsa, diria Marx. De testemunhos pessoais a documentos fotográficos e escritos, das marcas no corpo aos sítios dos campos de concentração, a verdade do Holocausto se tornou um arquivo criado para ser mantido como memória viva, como lembrança "atemporal" do potencial humano para o totalitarismo e a barbárie, como a extensa análise de Hannah Arendt do Nazismo bem explica.[3]

Nem bem o Holocausto termina, com o fim da Segunda Grande Guerra, em 1945, três anos depois se inicia, na África do Sul, outro regime tão cruel e violento quanto o primeiro, e que perduraria por 50 anos, deixando milhares de mortos como herança. O final do Apartheid somente se deu com as eleições gerais de 1994 e a Vitória de Nelson Mandela, que iniciou a penosa tarefa de reconciliação do país, com a criação da Comissão da Verdade e da Reconciliação, no intuito de evitar que o ódio racial fosse outra vez praticado, desta vez pela maioria negra. Porém, se a herança do Apartheid foi um legado de mortes e violência, também foi a partir desta experiência histórica que o perdão foi proposto por um líder a uma maioria negra que acabara de sair de meio século de racismo e violência. Por mais difícil que a tarefa parecesse, Mandela consegue, mesmo que ainda com enormes problemas pela frente, reconciliar o país e deixar ao resto do mundo a lição de que a única possibilidade para a humanidade está justamente no aprendizado do perdão, do perdão como reconciliação e na tentativa de não reproduzir o ódio racial ou qualquer forma de ódio ou violência. Reconstruir um país dividido e marcado pelo ódio por meio da reconciliação talvez seja a mais importante lição do Apartheid.

Ao serem tratados como crimes contra a humanidade, o Holocausto e o Apartheid foram considerados atemporais em relação à história, isto é, cri-

---

3 ARENDT, Hannah. *Origens do totalitarismo*. Tradução de Roberto Raposo. São Paulo: Companhia das Letras, 2013.

mes cuja gravidade e culpabilidade independem de qualquer sistema jurídico ou legal. Este aspecto atemporal dos crimes contra a humanidade é também uma característica do perdão àqueles que perpetraram tais crimes, ou seja, ao serem considerados atemporais, o crime e o perdão são como que subtraídos da história, para não sofrerem os revezes das "relativizações" críticas ou ideológicas e permanecerem como memória viva e referência humanitária para as novas gerações.

Talvez a parte mais importante da memória desses dois crimes contra a humanidade (embora infelizmente ainda haja quem critique a classificação do Apartheid como tal) tenha sido o que me parece ser uma lição de perdão, que parte do reconhecimento coletivo ou nacional da culpa (pois tratava-se, em ambos os casos, de regimes governamentais) e leva ao pedido de perdão por meio da confissão do erro e da promessa de não repeti-lo. Não se confundindo com o esquecimento, como explica Derrida, o perdão em ambos os casos visava à reparação não pela vingança, mas pela admissão da culpa e pelo pedido de perdão.

Quando pensamos no perdão em sua longa história no ocidente, a própria noção de perdão é inseparável de sua herança cristã na demanda de reparação e na busca de redenção por aquele que perdoa. Tal noção, que se poderia chamar de "perdão condicional", é aquele que se dá a quem pratica o mal, para que se cure, para o reestabelecimento de sua saúde espiritual. Este perdão "finalizado", como explica Derrida, "não é um perdão, é somente uma estratégia política ou uma economia psicoterapêutica".[4]

O perdão pedido por governos nacionais a um povo (Holocausto) e a uma nação (Apartheid), porém, implica em crimes contra toda a humanidade e faz com o perdão seja trazido a um contexto humanitário global, o que é feito acionando sua transcendência na forma de imprescritibilidade. Como elucida Derrida: "A ordem do perdão transcende todo e qualquer direito e todo e qualquer poder político, toda e qualquer comissão e todo e qualquer governo. Ela não se deixa traduzir, transportar ou transpor na língua do direito e do poder. Ela retorna à pura singularidade da vítima, à sua solidão infinita".[5]

---

4 DERRIDA, Jacques *apud* NASCIMENTO, Evando. Introduction: Derrida au Brésil. Actes de mémoire. In: DERRIDA, Jacques; NASCIMENTO, Evando. *La solidarité des vivants et le pardon*. Paris Hermann, 2016, p. 35.

5 DERRIDA, Jacques. Le pardon, la vérité, la réconciliation: quel genre? In: DERRIDA, Jacques; NASCIMENTO, Evando. *La solidarité des vivants et le pardon*, *op. cit.*, p. 99.

Sendo incondicional e, portanto, transcendendo as ordens política e legal por meio da sua imprescritibilidade, esta modalidade de perdão se aproxima da graça e do divino, instâncias que historicamente não respondem aos critérios humanos de verdade ou de responsabilidade.

Porém, os "cálculos" estratégicos e "político-terapêuticos" necessários para a execução de um perdão que colocasse "a unidade do corpo nacional a salvo – no duplo sentido de a salvo do perigo e a salvo de uma doença (*heilen, heal*) antes de qualquer outro imperativo de verdade ou justiça",[6] como queria Mandela, acabaram por causar o que Derrida chama de "reimanentização", isto é, o condicionamento do perdão a questões materiais, históricas e locais, culminando na necessidade de reconciliação e anistia. Ou seja, apesar de o perdão se encaminhar para um "até o fim dos tempos", portanto rumo a um além do tempo",[7] ele necessariamente "inscreve no tempo, e no tempo da história, uma instância que excede todo e qualquer momento, toda e qualquer temporalidade determinada".[8]

Do contraste entre a imprescritibilidade do perdão, sua transcendência, com a sua necessária inscrição sobre o pano de fundo da história e do tempo, no seu contraste mesmo com a prescritibilidade e a historicidade da justiça e da lei é que a história moderna tem sido feita.

Nos cinquenta anos que se passaram entre os julgamentos de Nuremberg, acontecidos entre 1945 e 1949, e o fim do Apartheid, marcado pela eleição de Nelson Mandela à presidência da África do Sul em 1994, temos um lapso de tempo em que as concepções de memória e história sofrem mudanças radicais, mudanças essas que têm uma relação direta com a tecnologia, mais especificamente, com o que Gianni Vattimo chama de "universalização do domínio da informação".[9] O sentido mesmo da história, fundamentado nos conceitos hegelianos de dialética e *Aufhebung* – superação e conciliação final do espírito absoluto com a consciência humana – parece perder muito do seu sentido diante da onipresença do ambiente virtual, o que leva Vattimo a propor, um tanto

6 *Ibid.*, p. 79.

7 *Ibid.*, p. 73.

8 *Ibid.*

9 VATTIMO, Gianni. *O fim da modernidade*: niilismo e hermenêutica na cultura pós-moderna. Tradução Eduardo Brandão. São Paulo: Martins Fontes, 2002.

provocativamente, a aproximação entre o fim da história em Hegel e o advento da sociedade da informação:

> A utopia do retorno do espírito para junto de si, da coincidência entre ser e autoconsciência totalmente desenvolvida, se efetua, de certo modo, em nossa vida cotidiana, como generalização da esfera dos meios de comunicação, do universo das representações difundidas por esses meios, que hoje não (mais) se distingue da "realidade".[10]

Dito de outra forma, mas mantendo a provocação de Vattimo: as tragédias e os personagens históricos são esvaziados de seu sentido histórico e transformadas pela nossa sociedade midiática contemporânea em bens de consumo cultural. Porém, se a produção "cultural" do mundo contemporâneo parece esvaziar a história de seu sentido, parte desta produção parece remar contra a maré e insistir em uma crítica tenaz à alienação da população e sua submissão a uma economia baseada no consumismo desenfreado, de produtos e, sobretudo, de ideias. A ficção contemporânea – ou, pelo menos, parte dela – parece tomar para si esta tarefa de exercer o senso crítico e alertar as pessoas, por vezes de maneira até enfática demais, sobre os riscos da perda do sentido da história. Don DeLillo é um dos mais meritórios expoentes desta vertente da ficção contemporânea e foi por esta razão que iniciamos nossa reflexão pela "via da ficção".

Me deterei em uma das consequências desta perda do sentido da história que a crítica e o jornalismo norte-americanos atualmente denominam "era da pós-verdade", sobretudo em referência ao cenário político pós 11/09/2001. Resumidamente, o que se passa é o fato de que uma mentira, geralmente baseada em algum fato real ou verdadeiro, passa a ser repetida constantemente pelos meios de comunicação até que seja incorporada por grandes parcelas da população como verdade, como explica o jornalista Adam Kirschjan em um artigo intitulado "*Lie to me: Fiction in the Post Truth Era*",[11] "O problema com a nossa política "pós-verdade" é que uma grande parcela da população deixou para trás

---

10 *Ibid.*, p. 39.

11 KIRSCHJAN, Adam. *Lie to me: Fiction in the Post Truth Era*. Publicado em 15 de janeiro de 2017. Disponível em: <https://www.nytimes.com/2017/01/15/books/lie-to-me-fiction-in-the-post-truth-era.html?_r=0>. Último acesso 15 abr. 2017.

o verdadeiro e o falso. Eles desejam precisamente a falsidade de uma afirmação, porque ela mostra que o falante tem o poder de reformatar a realidade de acordo com suas fantasias de isolamento complacente."

A ficção norte-americana contemporânea tem respondido e refletido sobre este fenômeno midiático de diferentes formas, que variam entre a ficção autoconsciente de seu status ficcional (algo semelhante às estratégias narrativas pós-modernas examinadas por Brian McHale no já clássico *Postmodernist Fiction)*[12] à ficção hiperbólica das tragédias civilizatórias, também chamadas pós-apocalípticas, como, por exemplo, um ataque de zumbis à cidade de Nova Iorque, um vírus que destrói a humanidade inteira, pessoas substituídas por robôs que se rebelam contra os humanos, etc. Os temas são variados mas compartilham o que se chama de uma realidade pós-utópica, da qual se ocupa *Reality Hunger*,[13] um dos primeiros estudos deste tipo de ficção. Dentre as possibilidades deste tipo de ficção, uma das trilhas seguidas por alguns ficcionistas contemporâneos, como Ian McEwan na Inglaterra, ou como Don DeLillo, nos Estados Unidos, é mostrar como a ficção já está entranhada irrevogavelmente na vida das comunidades, não de forma estética, digamos assim, como pensavam os ficcionistas modernistas ou alguns expositores do pós-modernismo, mas de forma política, como controle midiático das sociedades pós-utópicas, como explica novamente Kirschjan: "Desde o seu início, o romance testou a distinção entre verdade, ficção e mentira; agora o colapso dessas distinções nos deu a era Trump".[14]

Contrariando a "suspensão da descrença" de Coleridge, a ficção pós-moderna, diz o jornalista, desvenda o processo pelo qual o leitor demanda do autor, no trato com a realidade e com os eventos históricos, que lhe diga mentiras sob a aparência de verdade, com a diferença de que na atualidade a mentira é percebida pelo leitor, que ainda assim a prefere à verdade:

> Ela [a mentira] permite ao mentiroso e sua audiência cooperar em mudar a natureza da realidade mesma, de uma forma que pode parecer quase "mágica". O "pensamento mágico" é

12 McHALE, Brian. *Postmodernist Fiction*. Nova York: Routledge, 1987.

13 SHIELDS, David. *Reality Hunger*: a Manifesto. Nova York: Vintage, 2011.

14 KIRSCHJAN, Adam. *Lie to me: Fiction in the Post Truth Era, op. cit.*

> usado como um insulto, mas talvez seja o modo mais primitivo de pensamento que há. O problema das pessoas modernas é que não se pode mais fazer tal mágica ingenuamente, com uma fé inquestionável na realidade de nossas invenções. Agora nós mentimos a nós mesmos com a consciência pesada. Quando a memória é exposta como não tendo de fato acontecido, nós queremos nosso dinheiro de volta.[15]

A ficção de DeLillo, com toda a sua capacidade crítica e premonitória, parece denunciar a transformação de nossas sociedades em sociedades da pós-verdade ao mostrar vários aspectos da sociedade norte-americana que nos permitem perceber que a sugestão de Vattimo talvez esteja de fato se concretizando pela onipresença da mídia nas vidas das pessoas. Vale a pena citar mais um exemplo do romance além dos já citados, "o celeiro mais fotografado da América" que, nos explica o narrador, é uma atração turística pelo fato de ser o celeiro mais fotografado da América, num flagrante da hiper-realidade substituindo a percepção do real.

A forma como o Holocausto é tratado no romance e, por extensão, na sociedade norte-americana contemporânea, parece nos mostrar que nela – assim como nas sociedades midiáticas contemporâneas – os personagens históricos e eventos traumáticos da história são esvaziados de sua historicidade devido ao seu tratamento como bens culturais, não mais em uma lógica histórica, mas na lógica do capitalismo midiático, na qual tudo e todos são transformados em bens de consumo. Bens de consumo não são verdadeiros ou falsos, são simplesmente convincentes ou não.

Se, por um lado, Hitler e o nazismo, parecem ter sido definitivamente transformados em bens culturais da era da pós-verdade, a memória do Apartheid e do seu perdão coletivo ou nacional ainda têm, digamos, alguma eloquência histórica, ainda têm o poder de nos situar diante da história, de nos fazer perceber que a história é feita pelos homens e que pode, portanto, ser mudada. Porém, não se pode desconhecer ou negar o risco de que a "universalização do domínio da informação" a que nossas sociedades ocidentais estão submetidas acabe por esvaziar o sentido histórico do Apartheid e transformá-

15 *Ibid.*

-lo, assim como seus interlocutores históricos, em bens culturais em circulação, como o que parece ter acontecido com Hitler e o Nazismo, a seguirmos a sugestão de DeLillo. Camisetas com as fotos de Mandela estampadas já são consumidas irrestritamente e a cada nova menção ao nome ou à imagem de Mandela nas séries televisivas, filmes, videoclipes ou músicas, consumidas sem moderação nos dias atuais, quer me parecer que Mandela está se tornando, assim como Hitler, um ícone da cultura pop.

Gostaria, então, de fazer um exercício de reflexão e trazer a lição de perdão, a reflexão de Derrida sobre a incondicionalidade do perdão na África do Sul pós Apartheid para a realidade pós-verdade das nossas sociedades contemporâneas midiáticas, sociedades que não passaram por traumas históricos como a Shoah ou o Apartheid, sociedades de afluência que, apesar dos problemas sociais, econômicos e políticos que tenham acontecido em sua história, seguem a normalidade do capitalismo midiático contemporâneo e mergulham na era da pós-verdade.

O que resta, podemos nos perguntar, da lição de perdão? Da lição de história que o Apartheid nos proporciona? O perdão ainda tem alguma relevância como resposta aos crimes contra a humanidade? O que será do perdão face à tecnologia da informação? O que há para ser perdoado em sociedades da pós-verdade?

Se, por um lado, a desconstrução do conceito de verdade foi o objetivo comum de pensadores como Derrida, Foucault, Barthes, Said, entre tantos outros nos anos 1960 e 1970, como reação à percepção de que a verdade fora usada historicamente como álibi para dominações, exclusões, silenciamentos, genocídios e mortes de pessoas e povos, por outro lado, também se percebeu, no esteio do pensamento de Heidegger, que não se pode simplesmente abandonar o conceito de verdade. É necessário achar caminhos para o pensamento por meio do trabalho de desconstrução de seu funcionamento e pressupostos, como Derrida insistentemente reafirma em praticamente toda a sua obra.

Porém, se a desconstrução da verdade possibilitou a pluralidade do pensar como pressuposto de uma democracia por vir, por outro lado a midiatização do mundo contemporâneo parece ter pulverizado esta verdade por desconstruir e transformado as tragédias históricas em verdades individuais, escolhidas na prateleira dos bens de consumo do grande hipermercado da sociedade pós-verdade. É inevitável, neste ponto, que pensemos nos profundos liames que unem esta midiatização da sociedade contemporânea ao que na literatura, nas artes e na crítica se convencionou chamar de pós-modernismo, como o texto-manifesto de David Shields ou o de John Barth[16] se esforçam por nos fazer entender. Se a mescla entre realidade e ficção se tornou uma estratégia no chamado pós-modernismo para destronar o antigo status da alta literatura modernista e promover também a chamada cultura popular – num movimento que guarda semelhanças de intenção com a desconstrução derridiana –, pode-se perceber claramente a desistoricização e a despolitização das tragédias históricas e personagens históricos ligados a crimes contra a humanidade no discurso pós-moderno. Se o tempo e a história foram abstraídos, se os fatos históricos, tais como massacres e genocídios, já não passam de referência inócua nas séries de TV e filmes atuais e em parte da ficção contemporânea, se não há mais agentes históricos e sim ícones da cultura pop, se não há culpa, enfim, como pensar o perdão?

O exemplo que tomamos como moto, o romance *White Noise* [Ruído branco], de Don DeLillo e sua exposição/denúncia da desistoricização da sociedade contemporânea, nos faz pensar nas relações entre a literatura e o perdão na sociedade midiática contemporânea. Enfatizamos que DeLillo faz tanto a exposição quanto a denúncia da desistoricização da sociedade midiática contemporânea em seu texto para diferenciá-lo de um pós-modernismo mais consoante às regras do mercado cultural, como cremos acontecer no livro de David Shields ou no manifesto de John Barth.

Nas palavras de um grande crítico norte-americano, John Lentricchia,[17] a ficção de DeLillo o caracteriza como um daqueles escritores "que concebem a sua vocação como um ato de crítica cultural; que inventam para intervir; cujo trabalho é um tipo de anatomia, um esforço para representar a sua cultura [dos leitores] na sua totalidade e que deseja levar os leitores a perceber que a forma e o destino de sua cultura ditam a forma e o destino de cada indivíduo".[18]

A ficção como ato crítico, de in(ter)venção, implica um questionamento, por parte de DeLillo, da sociedade norte-americana contemporânea, midiá-

16 BARTH, John. The Literature of Exhaustion. In:____. *The Friday Book*: Essays and Other Nonfiction. Baltimore: The John Hopkins University Press, 1984.

17 LENTRICCHIA, Frank. Introduction. In: LENTRICCHIA, Frank (Org.). *New Essays on White Noise*. Cambridge: Cambridge University Press, 1991.

18 *Ibid.*, p. 1.

tica a afluente, e mostra como atualmente "as pessoas têm dificuldade em reconhecer seus rostos no espelho da tecnologia moderna, sem dúvida porque nunca quiseram que suas revoluções tecnológicas saíssem do controle, assumissem uma vida própria indesejável e malévola e se tornassem virtualmente autogovernáveis".[19]

Em outro texto instigante sobre o romance de DeLillo, o crítico Paul Cantor[20] discute as terríveis implicações da transformação do símbolo maior do "mal absoluto", Hitler, em "commodity", em ícone cultural, lançando uma crítica certeira à crítica culturalista pós-moderna: "A aceitação branda do tratamento de que DeLillo dá a Hitler nos círculos acadêmicos parece espelhar o próprio fenômeno que *Ruído branco* retrata: um mundo erudito de horizontes tão abertos que agora pode acomodar qualquer tema sem, evidentemente, piscar os olhos".[21]

A "aceitação branda" que o crítico denuncia se refere ao processo de desistoricização de Hitler e do Nazismo, que fazem com que, como diz o narrador, "Não é [seja] uma questão de bem ou mal",[22] ou seja, a questão do mal e do crime contra a humanidade que caracteriza a Shoah é colocada na prateleira de um "supermercado de possibilidades humanas, no qual as pessoas são livres para buscar e comprar os seus valores e identidades".[23]

"É este o achatamento da história: remover o privilégio de qualquer momento histórico particular e, então, equalizar todas as perspectivas históricas",[24] continua Cantor, explicando o gesto crítico de DeLillo contra a desistoricização do passado e o achatamento dos valores humanitários. Seguindo a exposição/denúncia de DeLillo em *White Noise,* a reflexão de Lentricchia e a crítica de Cantor, podemos nos perguntar se haverá ainda lugar para o perdão nas sociedades midiáticas contemporâneas.

---

19 *Ibid.*, p. 14.

20 CANTOR, Paul. Adolf, We Hardly Knew You. In LENTRICCHIA, Frank (Org.). *New Essays on White Noise, op. cit.*, p. 39 *et passim.*

21 *Ibid.*, p. 40.

22 *Ibid.*, p. 63.

23 *Ibid.*, p. 41.

24 *Ibid.*, p. 42.

Nesta midiatização do mundo, do Nazismo e do Apartheid, o perdão é esvaziado tanto da sua transcendência – do seu sagrado – quanto da sua imanência – sua relação concreta e material com os povos, com as nações e com as leis –, o que parece estar acontecendo na África pós-Apartheid. De instância fundamental da vida e da história humanas, o perdão se torna um espetáculo midiático encenado com o propósito de render dividendos políticos, como diz Derrida a respeito do perdão à África pedido pelo Papa João Paulo II: "A midiatização dos pedidos de perdão constitui seguramente um componente de uma estratégia profunda de marketing, de cálculo com efeitos garantidos."[25]

Tampouco se pode deixar de pensar que este cálculo político sobre o perdão também tem por objetivo despertar e manter nas pessoas aquilo que Nietzsche já chamava, em *A gaia ciência*, de "instinto de rebanho", a passividade de um povo causada pela moral cristã.

Um segundo ponto importante a respeito do perdão na era da pós-verdade, que parece coincidir com o trabalho da desconstrução, é o dever de pensar o perdão fora desta economia política do dividendo, fundamentada no cristianismo, "independentemente da concepção cristã, mesmo que esta deva servir de ponto de partida desconstrutor",[26] o que implica fundamentalmente em pensar a (in)condicionalidade do perdão. Neste sentido, o perdão só poderá ser incondicional se esbarrar em sua própria impossibilidade, aquela de perdoar justamente o imperdoável, o que torna o perdão incondicional uma impossibilidade "que exige que as relações entre o possível e o impossível sejam pensadas de uma outra maneira, para além das limitações de um campo de possibilidades programadas, previsíveis como condição qualquer possibilidade epistemológica",[27] para além mesmo de qualquer intencionalidade do sujeito.

Para ser incondicional, o perdão deveria se abster da transitividade da relação entre sujeito e objeto, isto é, o perdão não seria dado e tampouco pedido, não dentro de qualquer cálculo ou programa, assim como o dom absoluto ou a literatura que, acionados em sua intransitividade, prescindiriam de uma causa, de um fato que os justificassem, assemelhando-se, assim, à loucura: "Ao não exigir a reparação pelo mal perpetrado, nem a transformação do malfeitor, ao

25 NASCIMENTO, Evando. Introduction: Derrida au Brésil, *op. cit.*, p. 29, n. 35.

26 *Ibid.*, p. 21.

27 *Ibid.*, p. 33.

não exigir nada em troca do puro ato de *per-doar*, o perdão incondicional tem qualquer coisa do excesso da *loucura*".[28]

Per-doar, grafado desta forma, nos leva a pensar no perdão como dom, na aporia deste termo que Derrida, em *Donner la mort*, retoma da antropologia para perscrutar em sua impossibilidade. Estamos falando de um perdão errante, sem face e sem causa, sem contexto e sem lei e que não se dá a qualquer consciência humana individual ou coletiva, permanecendo como mistério, como diz Nascimento, "Qualquer coisa em mim perdoa, mas não é 'eu'".[29]

O perdão incondicional teria, então, uma grande proximidade com o dom absoluto e a literatura por tangenciar a loucura, o desregramento, a possibilidade de dizer tudo e qualquer coisa que Derrida vê, em "Essa estranha instituição chamada literatura",[30] como a mais alta forma de responsabilidade. O perdão incondicional, "puro e distante de toda afirmação soberana, como um performativo que não se reduz a uma simples afirmação de sua força, [...] não exige restituição, correção ou resgate, nem implica redenção, martírio ou glória".[31]

Sem soberania, podemos dizer que o perdão incondicional também prescinde do maior soberano já pensado pelo homem, Deus ou, pelo menos, do Deus soberano cristão, levando Derrida a falar em um Deus "sem ser", "essencialmente *por-vir*".[32]

Na realidade pós-verdade das nossas sociedades contemporâneas, tal forma (im)possível de perdão talvez seja a única maneira de garantir a "paz mundial" de Hegel ou a cura das nações pela reconciliação, de Mandela e Tutu. Um perdão sem pecado, sem expiação, sem consciência e sem Deus talvez seja o mesmo que aceitar o outro como diferente, aceitar a diferença sem cálculo, a pluralidade sem exclusão, antes mesmo do pecado, antes mesmo do dom. O perdão incondicional como prática diária da diferença.

---

28 *Ibid.*, p. 34 (grifos do autor).

29 *Ibid.*, p. 37.

30 DERRIDA, Jacques. *Essa estranha instituição chamada literatura:* uma entrevista com Jacques Derrida. Tradução Marileide Dias Esqueda; revisão técnica Evando Nascimento. Belo Horizonte: Ed. da UFMG, 2014.

31 NASCIMENTO, Evando. Introduction: Derrida au Brésil, *op. cit.*, p. 37.

32 *Ibid.*

Pedindo desculpas aos animais na comunidade dos viventes

Mónica B. Cragnolini

Derrida fez sua última viagem à América Latina em agosto de 2004, um pouco menos de dois meses antes da sua morte, em outubro desse ano, e na palestra que proferiu no Rio de Janeiro,[1] "*Le pardon, la vérité, la réconciliation: quel genre?*", levantou a questão do perdão a partir da Comissão da Verdade e Reconciliação, e das figuras de Nelson Mandela e Tutu.

Costumamos pensar esta problemática só em referência às questões humanas: o que proponho, neste trabalho, é pensar o perdão relacionado à comunidade dos viventes. Após o texto da palestra de Derrida, na edição realizada por Evando Nascimento, foram apresentadas duas entrevistas: a primeira sobre "A solidariedade dos viventes", de 2001, e a segunda, de 2004, sobre a questão do porvir dos filósofos. Nesta última entrevista, Derrida atribui à filosofia "por vir" a tarefa de criar um novo conceito de política e direito internacional, e aponta a necessidade dos filósofos como criadores de conceitos no mundo que está vindo. Uma tarefa nietzschiana a partir de uma noção de temporalidade (o porvir) muito marcada, também, pelo pensamento de Nietzsche.

É nesse contexto da palestra e das entrevistas que se pode levantar a questão da solidão na comunidade dos viventes, noção que supõe mais do que o humano. Nessa linha, podemos pensar nossa tarefa como "criadores de conceitos" na América Latina, no marco das problemáticas que enfrentamos e

---

1 Isto foi no marco do "Colóquio internacional Jacques Derrida: pensar a desconstrução", organizado por Evando Nascimento, quem editou a palestra, seguida de duas entrevistas sobre o assunto, em: DERRIDA, Jacques; NASCIMENTO, Evando. *La solidarité des vivants et le pardon*. Paris: Hermann, 2016.

das perspectivas que nossa condição geopolítica nos abre. Com os conceitos novos (mas tão velhos nessa parte do mundo) referentes à mãe natureza e a *Pacha Mama* incorporados no direito, as recentes constituições do Equador e do Estado Plurinacional da Bolívia nos dão a oportunidade de pensar esta comunidade dos viventes.

A comunidade dos viventes

Em primeiro lugar, poderia parecer problemático falar de solidariedade na comunidade dos viventes, já que "solidariedade" e "comunidade" não são dois termos dos quais Derrida se sentiria próximo, e sobre os quais expressou seus reparos. Em "*Abraham l'autre*", salienta suas dificuldades com estes termos:

> Mas o mesmo sofrimento e a mesma compulsão em decifrar o sintoma também me alertaram, paradoxal e simultaneamente, contra a comunidade e o comunitarismo em geral, começando pela solidariedade reativa, tão funcional e às vezes não menos gregária, do que constitui meu entorno judeu.[2]

Essa rejeição da noção de comunidade e dos comunitarismos também se mostra em *Politiques de l'amitié,* nesta longa nota de rodapé[3] na qual assinala a linha de pensamento em torno deste assunto que se deriva de Bataille, Banchot e Nancy, e que Derrida associa com o pertencimento-não pertencimento ao tempo intempestivo e ao "acontecimento Nietzsche". Nessa nota, retoma as expressões "comunidade dos que não têm comunidade", "trabalho desobrado da obra" e "x sem x" (expressões todas que significam algo bem diferente dos modos habituais de pensar os comunitarismos). Contudo, a dúvida que ficou em Derrida nestas noções de comunidade, que indicam uma diferença ontológica com todo o conceito sociológico de comunidade, é o lugar atribuído à fraternização. Na verdade, a ideia de "irmão" continua indicando um pertencimento do comum no sangue e no gênero (os irmãos homens que matam o pai). Esta ideia de comunidade na linha Bataille-Blanchot-Nancy continua tendo, então, um pouco do gregário que se vincula ao falocentrismo e também à sarcofagia: os

2 COHEN, Joseph; ZAGURY-ORLY, Raphael. *Judéités.* Questions pour Jacques Derrida. Paris: Galilée, 2003, p. 23.

3 DERRIDA, Jacques. *Politiques de l´amitié.* Paris: Galilée, 1994, p. 56, nota 1.

irmãos homens se reúnem para matar e comer o pai.[4] Neste tipo de comunidade fraternal, então, a solidariedade se manifesta entre os iguais. Por isso, Derrida não é simpático à palavra "comunidade", entretanto, creio que é possível colocar a partir do seu pensamento a ideia de uma comunidade dos viventes que já não aponta ao comum, senão, justamente, à diferença que não impõe soberania alguma ao outro, nem mesmo a partir do esquema fraterno da igualdade. Os irmãos homens continuam sendo soberanos a respeito das mulheres e ao resto dos viventes, que estão sob seu domínio. A ideia de comunidade dos viventes poderia ser pensada, então, nos termos da "comunidade anacorética dos que amam afastar-se"[5] porque não têm esse "comum" que gregariza e tampouco o "segredo" da seita que se compartilha. O segredo aqui é o segredo de nada. Os amigos desta comunidade formam a comunidade do "desenlace social":

> Eles os convidam a entrar nesta comunidade de desenlace social, que não é necessariamente uma sociedade secreta, uma conjuração, o compartilhamento oculto de um saber esotérico e criptopoético. O conceito clássico de segredo pertencia a um pensamento da comunidade, da solidariedade ou da seita. Da iniciação ou do espaço privado que representa, ela mesma, contra o qual se rebela o amigo que nos fala como amigo da solidão.[6]

E se a palestra de Derrida no Rio de Janeiro refere-se à problemática dos estrangeiros, creio que deveríamos pensar nos viventes não humanos (nesta comunidade não fraternal dos viventes) a partir dessa ideia de alteridade que supõe a estrangeiridade. O estrangeiro, o estranho, merece respeito como outro, como radicalmente outro, e poderíamos nos perguntar então, quem (o quê) é mais outro que esse radicalmente outro que é o animal. Em outro lugar me referi aos animais como "os mais estranhos dos estrangeiros",[7] salientando que

---

4 Refiro-me, obviamente, aos irmãos de *Totem e tabu*, de Freud. Derrida alude ao tipo de aliança que eles têm em: DERRIDA, Jacques. *Politiques de l´amitié, op. cit*, p. 309 ss.

5 *Ibid.*, p. 54.

6 *Idem.*

7 Cf. CRAGNOLINI, Mónica. Los más extraños de los extranjeros: los animales. *Actuel Marx/Intervenciones*, Santiago de Chile, Universidad Arcis, n. 12, p. 139-145, 1er semestre de 2012.

o sentido da hospitalidade se faz mais presente a partir dessa condição de estranheza do animal, condição que não pode ser reduzida a nenhuma "semelhança". Ao outro estrangeiro humano, apesar das distâncias e das exclusões, sempre o aproximamos a partir do conceito do "humano", enquanto o animal não pode ser assimilado em nenhuma semelhança (por mais que se tente "humanizar" certos animais, como os domésticos, ou se tente aproximar, no conceito de "pessoa não humana", os bonobos, chimpanzés, gorilas e orangotangos do homem, tal como o propõe o Projeto dos Grandes Primatas). Derrida se pergunta: há uma vinda do animal? A voz do amigo pode ser a de um animal? Existe amizade possível com um animal, entre animais?[8]

Nesta ideia de "vinda" do animal, está presente a noção daquilo que chega, do incalculável e do imprevisível: o outro como acontecimento. Por isso, acredito que o animal pode ser pensado como a cripta incluída/excluída na cultura, já que a cultura é possível a partir da ideia de exclusão e diferença com a "natureza" (*locus* que se atribui ao animal), mas ao mesmo tempo a partir da inclusão dessa "animalidade" como o que deve ser sacrificado para que a cultura funcione.

Como aponta Nascimento, a ideia de "incondicionalidade sem soberania" é a chave para entender muitas das questões que se levantam na palestra de Derrida[9] e é um tópico das últimas obras. A ideia de hospitalidade com o animal como radicalmente outro (o mais estranho dos estrangeiros) daria conta desta incondicionalidade. De fato, o animal estava no lugar daquilo sobre o qual se exerceu a soberania com menos "culpa", na medida da consideração do mundo animal como disponibilidade ao serviço do humano. Pensar os animais em termos do "radicalmente outro" implica uma acolhida hospitaleira incondicional sem soberania.

Uma certa solidariedade

Ora, se a comunidade dos viventes é "uma certa comunidade" que se caracteriza justamente pela "incerteza" de toda atribuição locativa, gregarizante ou fraternal, como pensar uma "certa solidariedade" que não responda aos modelos habituais de aproximação com o igual?

---

8 DERRIDA, Jacques. *Points de suspention. Entretiens.* Paris: Galilée, 1992, p. 292.

9 NASCIMENTO, Evando. Introduction: Derrida au Brésil. In: DERRIDA, Jacques; NASCIMENTO, Evando. *La Solidarité des vivants et le pardon*, ed. cit., p. 36.

As raízes indo-europeias do termo "solidariedade" remetem a "sal" e a "sol", com a ideia do "inteiro" ou intacto, presente no termo latino *solidus* (sólido). A solidariedade seria, então, essa coesão, poderíamos dizer, que dá força ao comum, essa consolidação que solidifica o que é fraco no isolamento.

Derrida usa profusamente o termo "solidariedade" para se referir, por exemplo, à forma em que os conceitos se associam para produzir "solidez" metafísica,[10] ou à forma em que geram afinidades, afiliações ou aproximações.[11] Disso surge certo repúdio em utilizar o termo para pensar problemáticas relacionadas à alteridade na qual primam, justamente, o não comum, a diferença e a fragilidade da vulnerabilidade que o outro é. Contudo, também fala de "uma certa solidariedade" relativa ao outro enquanto outro.

Em *Du droit a la philosophie,*[12] refere-se ao âmbito do incontrolável ou inegociável, e remete a uma "gozosa intratabilidade" (*intraitable gaieté*) que se vincula ao caráter incondicional da afirmação. Em relação às reuniões dos Estados Gerais da filosofia, Derrida mostra que além das estratégias e negociações, devem-se inventar intervenções, ações e resistências que não são possíveis sem uma certa solidariedade. Também remete à ideia de "uma nova solidariedade universal"[13] ao referir-se à questão da Argélia, observando que a dita solidariedade indica um vínculo que vai além da ideia de cidadania e de estado-nação, ou seja, dos laços que se geram a partir desses conceitos. Em uma comunidade espectral, na qual os laços são os de desenlace, quer dizer, os que não unem nem geram afinidades, mas que mantêm a distância que faz possível o respeito ao outro, a solidariedade é, então, essa amizade de estranhos da qual

10 Por exemplo, em DERRIDA, Jacques. *Heidegger:* la question de l'Être et l'Histoire, Cours de l'ENS-Ulm 1964-1965. Édition établie par Thomas Dutoit avec le concours de Marguerite Derrida. Paris: Galilée, 2013, Derrida usa o termo "*solidaire*" para indicar de que forma os conceitos se "solidarizam" em uma certa interpretação do ser (poderíamos dizer "fazem sólida" uma certa interpretação do ser, *v.gr.* p. 90-81, 113, 186, etc.).

11 DERRIDA, Jacques. *Le toucher.* Jean-Luc Nancy. Paris: Galilée, 2000, p. 245.

12 DERRIDA, Jacques. *Du droit a la phlosophie.* Paris: Galilée, 1990, p. 270.

13 Em DERRIDA, Jacques. *Negotiations.* Interventions and Interviews, 1971-2001. Edição, tradução e introdução Elizabeth Rottenberg. Stanford (CA): Stanford University Press, 2001, p. 119, fala-se de uma "solidariedade internacional".

falava Nietzsche.[14] Por isso se faz referência também à solidariedade com os "*sans papier*",[15] como um estar junto ao outro que não ocupe o lugar do outro. Entretanto, ao mesmo tempo, Derrida antecipa constantemente a respeito do uso destes termos: "Não me atrevo a usar as palavras *solidariedade* ou *comunidade* porque essas palavras têm muito de uma ressonância particular, um laço (*lien*) [...]",[16] e aclara que o que está pensando é algo que acontece não entre cidadãos, nem entre sujeitos políticos, senão entre singularidades. Também em *Voyous* remete a uma solidariedade que não é a dos cidadãos nem a dos habitantes dos estados-nação.

Em *Cosmopolites de tous les pays, encore un effort!*,[17] aponta-se a necessidade de inventar formas de solidariedade entre as cidades-refúgio, como tarefa do Parlamento de escritores. Aqui se fala do estrangeiro, do imigrante, do refugiado, do deportado, do apátrida, do deslocado. Ou seja, além da solidariedade gregarizante, podemos considerar a ideia de outra certa solidariedade, vinculada ao respeito do outro enquanto outro, solidariedade que não assimila, e que aparece, nestes textos, relacionada à invenção. E a invenção, em Derrida, está ligada ao *invenire*, à chegada do outro.[18] É por isso, com todas essas previsões e advertências a respeito do uso dos termos, que pensamos que é possível propor "uma certa solidariedade na comunidade dos viventes", solidariedade que permitiria dar um sentido à ideia de incondicionalidade sem soberania na direção da hospitalidade (com o) animal.

O erro de Descartes: pedindo perdão aos animais

Sugeridos os sentidos nos quais poderíamos falar, no contexto da desconstrução, de solidariedade na comunidade dos viventes, vou me referir, então, ao assunto que saliento no título desta palestra: a questão do perdão na dita co-

---

14 Para este assunto, remeto a: CRAGNOLINI, Mónica. Nietzsche, la imposible amistad. In:___ *Moradas nietzscheanas*. De sí mismo, del otro y del entre. Buenos Aires: La Cebra, 2006, p. 127-134.

15 DERRIDA, Jacques. *Negotiations*. Interventions and Interviews 1971-2001, *op. cit.*, p. 134.

16 *Ibid.*, p. 240.

17 DERRIDA, Jacques *Cosmopolites de tous les pays, encore un effort*. Paris: Galilée, 1997, p. 13.

18 DERRIDA, Jacques. *Psyché, Inventions de l´autre*. Paris: Galilée, 2003.

munidade. No romance de Milan Kundera, *A insustentável leveza do ser*, Teresa aborda a questão da amabilidade relacionada aos outros humanos, e conclui que a bondade "verdadeira" é a que se relaciona aos animais: "A verdadeira bondade do homem só pode manifestar-se com absoluta limpeza e liberdade em relação a quem não representa força alguma. A verdadeira prova da moralidade [...] consiste em sua relação com aqueles que estão à mercê: os animais..."[19] E é no contexto desse pensamento que ela recorda a imagem mencionada em tantos textos, de Nietzsche nas ruas de Turim, abraçando o pescoço de um cavalo que era castigado, e chorando:

> Isso aconteceu em 1889, quando Nietzsche já tinha se afastado das pessoas. Dito de outra forma: foi precisamente, então, quando apareceu sua doença mental. Mas precisamente por isso me pareceu que seu gesto tinha um sentido mais amplo. Nietzsche pediu perdão ao cavalo por Descartes. Sua loucura (quer dizer, sua ruptura com a humanidade) começa no momento em que chora pelo cavalo.[20]

Kundera, por meio de Teresa, mostra, de forma muito certa, que Nietzsche pode pedir perdão ao cavalo no momento em que "rompe" com a humanidade. Porque justamente a ideia de "humanidade" implica um vínculo com os animais que se define em termos de sacrifício: dessa forma, a partir da submissão dos viventes não humanos, é possível pensar a cultura.[21] Esse passo nietzschiano de "separação da ideia de humanidade" que aponta Kundera é o que também se realiza em *Assim falou Zaratustra*, quando, quase ao final da obra, os "homens superiores" fogem de Zaratustra porque não suportam a visão dos animais: o leão que ri e o bando de pombos. Zaratustra fica então só, já que nenhuma forma de ser do humano pode enfrentar essa "nuvem de amor" que o rodeará, em outra forma de ser com o vivente animal,[22] modo de ser hospitaleiro.

---

19 KUNDERA, Milan. *La insoportable levedad del ser*. Tradução F. Valenzuela. México: Tusquets Editores, 1985, "La sonrisa de Karenin" § 2.

20 *Idem.*

21 Estas são as "lógicas de submissão do vivente" às quais Derrida alude em: DERRIDA, Jacques. *L'animal que (donc) je suis*. Paris: Galilée, 2006.

22 Refiro-me para este assunto a: CRAGNOLINI, Mónica. Los animales de Zara-

Nietzsche pede perdão ao animal, segundo Kundera, pelo "erro de Descartes":[23] supomos que por essa concepção de animal como autômato, presente na ideia de que os animais não sentem e, por isso, não sofrem, ideia que sugeriu Gomez Pereira em sua *Antoniana Margarita,*[24] e retomada de alguma maneira em Descartes.[25]

Mas foi um "erro" do pensamento o de Descartes, ou está tão naturalizado que o animal deve servir para as necessidades humanas, que convém concebê-lo antes como um mecanismo de relojoaria do que como um vivente que se sente ferido, sofre e se atormenta pela crueldade que como humanos acreditamos ter direito a exercer sobre ele? Se pensarmos no contexto de nascimento da ideia de *bête-machine* no pensamento cartesiano, é necessário levar em consideração que Descartes desejava opor-se tanto à escolástica medieval quanto ao ceticismo. E nessa questão do animal, ambas as posições supunham uma peculiar relação com a noção de vida. Se o aristotelismo que herda a escolástica medieval implicava considerar esse nexo fundamental entre alma e vida que supunha a escola da natureza, foi necessário estabelecer uma certa desconexão entre esses âmbitos, para preservar o caráter imortal da alma humana (caráter que o animal, obviamente, não poderia compartilhar). São Tomás, na *Suma contra gentiles*, aponta, no capítulo LXXXII do livro II, que "As almas dos animais brutos não são imortais",[26] e o justifica indicando que as operações dos brutos são

---

thustra: Heidegger y Nietzsche en torno a la cuestión de lo viviente animal, *Estudios Nietzsche*, SEDEN, Málaga, Num 10 (2010), p. 53-66.

23 Em ROLLIN, Bernard. *Putting the horse before Descartes: my life's work on behalf of animals.* USA: Temple University Press, 2011, Rollin retoma de alguma forma (sem menção a Nietzsche) a questão do erro de Descartes e o cavalo desde o título de seu texto. Na p. 30 vincula a concepção do animal máquina com a necessidade de fomentar a vivissecção, da qual os discípulos de Descartes foram pioneiros.

24 Desenvolvo este assunto da concepção do animal em: PEREIRA, Gómez; CRAGNOLINI, Mónica. *Animula, vagula, blandula,* o sobre el alma perdida de los animales, *Lo Sguardo - rivista di filosofía,* n. 18, 2015 (II) - *Confini animali dell'anima umana. Prospettive e problematiche,* p. 317-329.

25 Mostro "de alguma forma" levando em consideração que Descartes indica que não leu a obra de Gómez Pereira, e que, além disso, atribui "sensações" aos animais.

26 AQUINO, Santo Tomás de. *Suma contra los gentiles*, 2. ed., dirigida por L. Robles Carcedo e A. Robles Sierra. Madrid: BAC, 1977, p. 665 ss.

da ordem sensitiva e dependem somente do corpo. Por isso, ao morrer, com a morte do corpo nada fica do animal (porque toda sua alma é da ordem das sensações, alojadas no corpo). Se a alma do bruto permanecesse depois de sua morte, seria de caráter intelectual, o que é impossível já que sua alma se reduz ao sensitivo. Há um tipo de vida, então, que se torna pura matéria inerte com sua morte, e outro tipo de vida, a humana, que possui uma alma imortal que persiste após a morte. Por outro lado, São Tomás considera que o apetite do animal não é da ordem da perpetuidade, senão do concreto e presente, e que seus deleites se limitam somente ao que conserva o corpo. E confirmam suas opiniões as *Escrituras*, já que em *Gênesis* 9 indica-se do animal que "Sua alma está no sangue", o que supõe que seu ser depende da permanência do sangue. Ou seja, desaparecido o corpo do animal, nada fica deste. Como sugere Derrida em *Fé e saber*, toda religião respeita a vida, mas diferencia os tipos de vida,[27] e aqui há um tipo de vida que se considera mais valiosa por mais digna, a do humano, associada à ideia da imortalidade.

É interessante notar que São Tomás destaca em seus argumentos que há uma perpetuidade que interessa ao animal, é a da espécie: com isso se está sugerindo que os animais se reproduzirão uma e outra vez da mesma forma, dando lugar aos mesmos exemplares animais (da mesma forma em que os pássaros da mesma espécie constroem o mesmo tipo de ninho).[28] Se não há particularidade que os diferencie, poderíamos afirmar que os animais são "substituíveis" uns pelos outros, e talvez aqui esteja um dos fundamentos filosóficos da produção animal em série e intensiva. Não era necessário esperar até o capitalismo para justificar a matança de animais em virtude do numérico, aqui se encontra uma razão que a justifica antes do capitalismo. Quer dizer, poderíamos indicar que, para a escolástica cristã, a vida animal é reproduzível, por isso é efêmera e substituível, enquanto a vida humana, apesar de efêmera como a vida animal, tem esse *plus* de imortalidade que a alma lhe confere por ser de caráter intelectual (e poder, portanto, pensar em termos de eternidade).

---

27 DERRIDA, Jacques. Fé y saber. In: DERRIDA, Jacques; VATTIMO, Gianni. *La religión (Seminario de Capri)*. Tradução C. de Peretti e P. Vidarte. Buenos Aires: La Flor, 1997, p. 81 ss.

28 AQUINO, Santo Tomás de. *Suma contra los gentiles*, p. 665.

O ceticismo de Montaigne havia gerado uma crise nestas noções, na medida em que, de certa forma, "naturalizou" a alma, e estabeleceu uma ideia de comunidade entre o homem e a natureza que questiona a noção antropocêntrica do primeiro como dono e senhor da segunda.[29] Descartes, então, já não escreve a quinta parte do *Discurso do método* somente contra as ideias escolásticas, mas principalmente contra Montaigne, cuja *Apologia de Raymundo Sabunde*, como aponta Gontier, "não [é] uma simples humilhação do homem, senão o germe de uma psicologia materialista destruidora do dogma da imortalidade da alma humana."[30]

Mais de um comentador de Descartes se perguntou por que, se acreditava que existem as sensações dos animais, os transformou em máquinas. Duas das razões estão vinculadas ao que já foi indicado: a rejeição do ceticismo de Montaigne, que terminava assemelhando a razão em animais e homens, e a necessidade de preservar a imortalidade da alma humana. Neste sentido, Descartes estaria respeitando o modo em que *Gênesis* 1, 26-28 refere-se ao "domínio" do homem sobre todos os peixes do mar, as aves do céu e as bestas da terra.[31]

---

29 MONTAIGNE, Michel de. Apología de Raymundo Sabunde. In:___. *Ensayos*, Libro II, edición digital basada en la de París, Casa Editorial Garnier Hermanos, [s.a.]. Disponível em: <http://www.cervantesvirtual.com>. Último acesso 10 de abril de 2017.

30 GONTIER, Thierry. D'un paradoxe à l'autre. L'intelligence des bêtes chez M. et les animaux- machines chez Descartes. In: FAYE, E (Ed.). *Descartes et la Renaissance*. Paris: Champion, 1999, p. 94.

31 *Genesis* 1: 26- 28: "Entonces dijo Dios: Hagamos al hombre a nuestra imagen, conforme a nuestra semejanza; y señoree en los peces del mar, en las aves de los cielos, en las bestias, en toda la tierra, y en todo animal que se arrastra sobre la tierra. Y creó Dios al hombre a su imagen, a imagen de Dios lo creó; varón y hembra los creó. Y los bendijo Dios, y les dijo: Fructificad y multiplicaos; llenad la tierra, y sojuzgadla, y señoread en los peces del mar, en las aves de los cielos, y en todas las bestias que se mueven sobre la tierra."
[E disse Deus: Façamos o homem à nossa imagem, conforme a nossa semelhança; e domine sobre os peixes do mar, e sobre as aves dos céus, e sobre o gado, e sobre toda a terra, e sobre todo o réptil que se move sobre a terra.
E criou Deus o homem à sua imagem; à imagem de Deus o criou; homem e mulher os criou. E Deus os abençoou, e Deus lhes disse: Frutificai e multiplicai-vos, e enchei a terra, e sujeitai-a; e dominai sobre os peixes do mar e sobre as aves dos céus,

Uma terceira razão (e isto indicou, entre outros, Paola Cavalieri)[32] vincula-se à necessidade de justificar a vivissecção. Se, apesar de sentir, o animal é uma máquina, então não haveria objeções em estudá-lo por meio da vivissecção, já que a vida que possui é substituível ou reproduzível. Atuando como um relógio, e ainda não sendo as suas partes totalmente permutáveis e desmontáveis como as deste, não haveria objeções morais em fragmentá-lo. Por isso, costuma-se salientar que os seguidores de Descartes encontraram na teoria da *bête-machine* a desculpa perfeita para a vivissecção, que praticaram de forma excessiva.[33] Com o que, o de Descartes não foi erro algum, senão uma justificação da utilização do animal para necessidades humanas, em caso de investigação. Setenta anos antes havia feito o mesmo Gómez Pereira, justificando a partir do não sentir dos animais a crueldade do uso das mulas obrigadas a levar cargas pesadas caminhando pelas bordas dos precipícios.[34] De alguma maneira, quando Descartes abandona a definição do homem como "animal racional" e a substitui pelo "eu sou" está deixando de lado a vida no humano, que agora se define por "coisa que pensa", a *res cogitans*. Como aponta Derrida, esse corpo de Descartes que se deixa de lado nesta caracterização do "eu sou" é cadaverizada.[35] A presença de si que implica o pensamento deve excluir toda característica do vital. Por isso, Derrida afirma que "Descartes fez qualquer coisa para não ser um filósofo dos

e sobre todo o animal que se move sobre a terra. Disponível em: <https://www.bibliaonline.com.br/acf/gn/1/26-28>. Último acesso 24 de fevereiro de 2018].

32 CAVALIERI, Paola. The Animal Debate: A Reexamination. In: SINGER, P (Ed.). *In defense of animals:* the second wave. USA, UK, Australia: Blackwell Publishing, 2006, p. 54-68.

33 Sobre a vivissecção em Descartes, veja: VOELPEL, John. "Descartes' Bête Machine, the Leibnizian Correction and Religious Influence", *Graduate Theses and Dissertations*. University of South Florida. Disponível em: http://scholarcommons.usf.edu/etd/3527, p. 31 ss. Último acesso 02 mar. 2017. Embora da literatura de Descartes não se possa deduzir que ele praticou a vivissecção de forma pessoal, sim, existem recomendações de seu uso para o progresso dos conhecimentos acerca da anatomia e da fisiologia.

34 PEREIRA, Gómez. *Antoniana Margarita*: Reproducción facsimilar de la edición de 1749. Tradução J. L. Barreiro e C. Souto Barreiro. Oviedo: Universidade de Santiago de Compostela- Fundación G. Bueno, 2000.

35 DERRIDA, Jacques. *L` animal que (donc) je suis*, *op. cit.*, p. 103.

animais",[36] porque, em alguma medida, excluiu de maneira sistemática a questão animal da pergunta acerca da forma de ser humano. E quando se trata de pensar a questão da sensibilidade, os exemplos que dá Descartes[37] do simulacro do autômato são precisamente exemplos de sofrimento animal (o animal que grita quando alguém lhe desfere um golpe, o que foge quando ouve um ruído alto), como se a conversão em "reação" dessas ações do animal permitisse esquecer que estão ligadas à dor.

Se é necessário pedir perdão aos animais pelo erro de Descartes, é necessário pedi-lo por transformar sua vida em matéria inerte pronta para ser substituída como um mecanismo de relojoaria, e por ter tirado de sua linguagem toda possibilidade de sentido.[38] Esta transformação e este calar do dizer do outro animal permitiram, depois de Descartes, a vivissecção "sem culpas", já que os corpos vivisseccionados "já estavam mortos", como está morto, desde sempre, o animal para a filosofia moderna.

É necessário pedir perdão aos animais, então, não pelos erros, senão pelas justificativas em virtude das quais, seja a partir da religião, seja a partir da filosofia, os colocaram no lugar de vida inerte ou morta (mecânica ou não) apta para ser fragmentada, dissecada, empacotada e consumida.

O conceito de homem e a animalidade

É em *Béliers*[39] que esses assuntos se entrelaçam de uma forma especial: ali, referindo-se ao carneiro (*bélier*) e a seu caráter sacrificial no judaísmo (e em outras religiões), Derrida lembra o modo como soa o *sophar* (o chifre do carneiro) no primeiro dia do ano judeu e ao finalizar *Yom Kippur*, o dia do perdão. Esse primeiro dia do ano se lê em *Gênesis XXII*, o sacrifício que Javé solicita a Abraão no Monte Moriah: o de seu filho Isaac. Nesta cena, em que Abraão responde ao chamado com "Eis-me aqui", Isaac é substituído no sacrifício por um carneiro. Entre um dia e outro, nesses dias de arrependimento, o judeu, aponta Derrida, se

36 *Ibidem*, p. 107.

37 *Ibidem*, p 115.

38 Descartes afirma que os animais-autômatos poderiam emitir sons mas faltaria a eles a articulação de sentido que tem a linguagem humana. Ver: DESCARTES, R. *Discurso del método*. Tradução F. Romero. Buenos Aires: Losada, 1976, p. 95.

39 DERRIDA, Jacques. *Béliers*. Le dialogue ininterrompu: entre deux infinis, le poème. Paris: Galilée, 2003, p. 63-64.

encontra entre a vida e a morte. E esse "entre a vida e a morte" está caracterizado pela necessidade do perdão, e da reconciliação. Há algo, então, da ordem do perdão, que se amarra entre a vida e a morte e que é, portanto, de caráter espectral. O que nos faz uma comunidade, entre humanos e animais na comunidade dos viventes, é precisamente a espectralidade, este "entre" a vida e a morte.

A velha palavra "vida", se diz em *Voyous*, continua sendo o enigma da política.[40] A questão será pensar, então, como essa "vida" enigmática entre humanos e animais opera no coração da política. Na entrevista *"La solidarité des vivants"*, Derrida indica que é necessário repensar o conceito de "homem".[41] Como nasce o conceito homem e qual é a sua história são algumas das perguntas que nos podem permitir compreender por que este conceito se construiu em oposição ao conceito "animal", e por que se considera que é próprio do homem a linguagem, a cultura, a liberdade, em suma, tudo aquilo que se nega ao animal.

Os estudos etológicos mostraram que aqueles "próprios" do humano já não são tais, já que os animais possuem linguagem, transmissão de costumes, criatividade, etc.[42] Contudo, e apesar de que a forma de ser "humano" tal como era levantada desde o humanismo em função das "propriedades" do humano já se desconstruiu (e, principalmente, a partir das "feridas narcísicas" que lhe infringiram o darwinismo e o freudismo), há um "próprio" difícil de questionar: é o que está ligado à morte. Por mais que seja óbvio que tanto o animal como o ser humano morrem, a "morte do animal" é o que continua sendo ignorado, invisibilizado e negado para que a cultura funcione. O carneiro que apareceu quando Abraão estava a ponto de degolar seu filho torna evidente que a vida animal é vida "sacrificável", disponível para o humano. Então, se o enigma da política é a vida (o modo como a vida é "tratada" na forma de organizar a comunidade), a política atual, que se apresenta com o rosto da biopolítica, continua operando quase "religiosamente" ao separar tipos de vida. Nossa metafísica ocidental foi constituída desde o humanismo como a consideração de que a vida mais dig-

40 DERRIDA, Jacques. *Voyous*. Paris: Galilée, 2003.

41 DERRIDA, Jacques; NASCIMENTO, Evando. *La solidarité des vivants et le pardon, op. cit.*, p. 129.

42 Refiro-me ao modo como se desconstroem esses próprios do homem em: CRAGNOLINI, Mónica. *Extraños animales*. Filosofía y animalidad en el pensar contemporáneo. Buenos Aires: Prometeo, 2016, p. 15-28.

na e valiosa é a humana. Essa vida do humano e das populações humanas é a que cuida e preserva a biopolítica, mas, o que acontece com as outras vidas, as dos viventes não humanos? Poder-se-á objetar que, se o modo de organização econômica dominante na biopolítica é o capitalismo (em suas diversas formas: neocapitalismo, pós-capitalismo, capitalismo globalizado, ou como queira se denominar), então existem muitas vidas humanas (e não só animais) que são sacrificáveis. Entretanto, se analisarmos a questão, talvez se denote que as formas de vida humana sacrificáveis o são enquanto se as considerem em seus modos "animais", ou seja, naquilo que não as faz "dignas e valiosas" como essas outras vidas que se consideram "propriamente humanas". Um monte de pessoas está submetido na atualidade à "escravidão" no tráfico de pessoas para comércio sexual ou trabalho: tratam essas pessoas como animais, e suas vidas são consideradas "descartáveis", como são consideradas as vidas dos animais que são criados e assassinados na produção animal.

Se o animal (ou o humano considerado animal em um sentido pejorativo) é sacrificável, então "não morre": já estão mortos para a cultura, porque a cultura (da qual se sentem orgulhosos, como diz Nietzsche, no Prólogo de *Assim falou Zaratustra*)[43] se baseia nessa necessidade sacrificial. O homem "culto" é o que consegue vencer a animalidade em si mesmo para se dedicar ao que considera o "mais próprio" do humano: a criação, o saber, a história. De alguma forma, a "vida animal" é sempre a vida sacrificável na cultura ocidental, seja a vida animal no humano, seja a vida animal no não humano.

Por isso são tão relevantes a problemática da morte do animal e a necessidade de "negar" a ele a possibilidade de morrer: se o animal não morre, a morte que infligimos a ele não é tal morte, é o resultado das assim chamadas "necessidades" humanas (de alimentação, vestimenta, entretenimento: necessidades todas que comportam cadáveres animais). Se, como diz Derrida, o coração da política é a vida, é nossa vez de pensar a vida não a restringindo somente à vida humana, mantendo esse caráter "enigmático" da vida que obriga ao respeito do que não pode (e não deve) ser desentranhado para ser apropriado.

---

43 NIETZSCHE, Friedrich. *Also Sprach Zarathustra*, "Vorrede", § 5, em *KSA* 4, p. 20 (*Kritische Studienausgabe*, hrsg G. Colli-M. Montinari, Berlin, DTV, Walter de Gruyter, 1980).

Uma certa comunidade solidária na América Latina

Mencionava no começo que na América Latina tínhamos a oportunidade de pensar essa certa solidariedade na comunidade dos viventes, a partir da abertura de pensamento que supõem as novas constituições da Bolívia e do Equador, que mostram outra forma de se relacionar com a natureza, na medida do lugar que concedem ao vivente não humano. A Constituição do Equador, em seu "Capítulo Sétimo. Direitos da natureza", afirma:

> Art. 71.- A natureza ou *Pacha Mama*, onde se reproduz e realiza a vida, tem direito a que se respeite integralmente sua existência e a manutenção e regeneração de seus ciclos vitais, estrutura, funções e processos evolutivos. Toda pessoa, comunidade, povo ou nacionalidade poderá exigir à autoridade pública o cumprimento dos direitos da natureza.

Por sua parte, o Preâmbulo da Constituição do Estado Plurinacional da Bolívia indica:

> Em tempos imemoráveis ergueram-se montanhas, deslocaram-se rios, formaram-se lagos. Nossa Amazônia, nosso chaco, nosso altiplano e nossas planícies e vales cobriram-se de plantas e flores. Povoamos esta sagrada Mãe Terra com rostos diferentes, e compreendemos desde então a pluralidade vigente de todas as coisas e nossa diversidade como seres e culturas. Assim conformamos nossos povos, e jamais compreendemos o racismo até que o sofremos desde os fúnebres tempos da colônia.

Em ambos os casos, reconhece-se a terra já não só como recurso disponível, mas também como "sujeito de direitos".[44] A partir desta consideração, parece ser possível, partindo da América Latina, desconstruir a ideia do humano baseado na subjetividade moderna, soberana e avassaladora para pen-

44 Com certeza é discutível a consideração da terra como "sujeito" a partir do ponto de vista filosófico, contudo, reitero a necessidade no nível do direito (agora, não da justiça no sentido derridiano) da atribuição deste caráter aos efeitos de pensar políticas da hospitalidade com tudo que é vivente.

sar a relação de todo o vivente em uma forma do ser-com que não exclua o vivente não humano.

Quando se pensou a questão da alma dos animais como assunto de debate na época da conquista da América, uma das questões que estava em jogo era a do status ontológico e moral dos habitantes dessas terras. Os povos originários foram pensados como animais "sem alma": é a época em que Gómez Pereira justifica, como mencionamos antes, que os animais que são submetidos a trabalhos excessivos não sofrem, porque se sofressem, os homens não seriam bondosos.

Hoje em dia não temos escravidão nas formas que aconteceram na conquista, mas existem outras formas de submissão das pessoas. A América Latina é um âmbito de captura e cooptação de crianças e mulheres submetidas ao tráfico de pessoas, como acontece também em países asiáticos e do leste europeu. Se Derrida indica as aproximações entre as formas de tratamento dos animas e o tráfico de pessoas,[45] é necessário reconhecer a violência estrutural entre ambas formas de tratamento. Quando, no contexto de um congresso que se pergunta para onde vai o marxismo, Derrida faz o chamado a uma "Nova Internacional", assinala as dez pragas do mundo atual que obrigam a invenção de uma nova política. Como sabemos, muitos marxistas argumentaram que Derrida não conseguia captar as conexões entre essas dez pragas por desconhecer as relações entre o capitalismo, colonialismo, migração, desastre ecológico, capitalismo financeiro, entre outras formas de capitalismo.[46] Do ponto de vista que nos interessa, a problemática animal, essas conexões implicam uma relação entre liberalismo e cálculo estratégico econômico, que reduz a vida à numerabilidade e calculabilidade, e essa redução é possível pela consideração da vida animal como "vida já morta". Nesses termos da biopolítica, poderíamos dizer que toda vida é a vida calculável no modo populacional: a biopolítica é possível a partir do biocapital e das biotecnologias. Para que a vida seja parte do biocapital, tem que ser pensada em termos de calculabilidade e produção,[47] de alguma forma,

45 DERRIDA, Jacques. *Séminaire La bête et le souverain.* v. 1, 2001-2002. Organização e editoração Michel Lisse, Marie-Louise Mallet e Ginette Michaud. Paris: Galilée, 2008, p. 399.

46 SPIVAK, Gayatri. Goshtwriting, *Diacritics*, v. 25, n. 2, p. 68, 1995.

47 Como afirmam HARDT, M.; NEGRI, A. *Imperio*. Tradução A. Bixio. Paidós, 2002, p. 45: "Los grandes poderes industriales y financieros producen, entonces, no sólo mercancías, sino también subjetividades. Producen subjetividades que a su vez son

já não como matéria viva, senão como matéria inerte. Essa é a forma como o animal foi pensado em distintas parcelas da filosofia ocidental: como já "sempre" morto. Pontuando a questão animal, Derrida captou, apesar da opinião de muitos marxistas, os vínculos entre essas formas de capitalismo, porque indicou a conexão ontológica entre a vida e calculabilidade, conexão que funda o capitalismo atual, na forma da biopolítica.

Em ambos os textos das novas constituições da América Latina mencionados anteriormente, confere-se à terra um *status* diferente ao de recurso, e se a considera nos termos de uma comunidade com os viventes. Nesta perspectiva, pareceria que é possível desconstruir a ideia do humano baseado na subjetividade moderna, para pensar a relação de todo o vivente em uma forma do ser-com (*Mit-sein)* que não exclua o vivente não humano. Se a forma do ser-sujeito na filosofia moderna implica uma exclusão do vivo, o corporal no homem, e o resto do vivente, já que o sujeito se autoinstitui autotelicamente sobre toda a realidade, pensada como aquilo disponível para suas necessidades, esta ideia presente nestas duas constituições representa que o resto do que já existe não pode ser considerado na forma da disponibilidade.

Voltamos, então, à cena de Nietzsche abraçando o cavalo, que relata Kundera, pedindo perdão pelo erro de Descartes: sim, é necessário pedir perdão aos viventes não humanos pela forma em que nos constituímos como humanos frente a eles, e aos viventes humanos que tratamos como "animais". É necessário pedir perdão aos animais por acreditar que sua existência se explica somente por nossas supostas necessidades e a satisfação destas. É necessário pedir perdão aos animais por estabelecer nossa forma de ser a partir de uma dignidade do humano naturalizada e pouco questionada. É necessário pedir perdão aos animais por considerar que suas vidas são sacrificáveis, e organizar nossa cultura nesse pressuposto. É necessário pedir perdão aos animais cujas vidas produzimos, cujas cronologias estabelecemos, cujas locações limitamos, cujas alimentações transformamos, não só pelo maltrato e a tortura diária, senão também por negar suas mortes e considerar que suas vidas "são" para nós.

---

agentes dentro del contexto político: producen necesidades, relaciones sociales, cuerpos y mentes, lo que equivale a decir que producen productores. En la esfera biopolítica, la vida debe trabajar para la producción y la producción para la vida".

Talvez, a partir da América Latina, seja evidente que a comunidade dos viventes envolve muito mais do que os humanos, e que nessa comunidade a "solidariedade" deve ser pensada não a partir da assimilação e da igualização, senão do respeito à diferença, à fragilidade e à vulnerabilidade da vida, de toda vida (humana ou animal).

Tradução do espanhol: Escritório Modelo de Tradução
Ana Cristina César (Instituto de Letras - UERJ).
Revisão da tradução: Thayane Verçosa.

Derrida e as plantas: disseminações[1]

Evando Nascimento

Cana, café, boi
emergem ovantes dos suplícios.
O ferro modela espigas
maiores.
Brota das lágrimas e gritos
o abençoado feijão
da mesa baronal comendadora.

*Carlos Drummond de Andrade, "Agritortura"
("Bens de raiz"), Esquecer para lembrar*

À memória de Sarah Kofman
E a Marguerite Derrida, por toda gentileza

Perdão e agradecimentos

Antes de começar e de qualquer agradecimento, peço perdão pelo despudor de falar na primeira pessoa, mas esse é o único modo que tenho atualmente de tratar de um assunto (e é mais do que isso) relativo a grande parte de minha vida intelectual e afetiva. Este aqui será, portanto, mais um *ato de memória*, dentre os tantos que tenho multiplicado nos últimos anos, sempre a convite de colegas, amigos, pesquisadores e jornalistas interessados nesse *estranho* pensamento chamado "desconstrução" ou "desconstruções" (assinalo desde logo a diferença do plural). Um pensamento a maior parte das vezes associado a um nome próprio, ou antes, a uma assinatura, a de *Jacques Derrida*. Um filósofo

---

1 Este ensaio retoma e amplia a conferência pronunciada como encerramento do colóquio na UERJ.

unheimlich, como já o qualificava Sarah Kofman, num dos livros fundamentais em meu percurso inicial de leitura.[2] Trata-se, sem dúvida, de pensador *heterodoxo*, que instrumentaliza a contradição intensiva e performativa, o paradoxo e sobretudo a aporia como formas de abertura para a alteridade.

E assim inicio a parte essencial dos agradecimentos. Agradeço antes de todos ao pesquisador Nabil Araújo, pela iniciativa deste colóquio em torno do livro francês com Derrida, *La solidarité des vivant et le pardon*. Em seguida, a João Cezar de Castro Rocha, que, na qualidade de membro da Casa Dirce Cortes Riedel e de presidente da ABRALIC, acolheu com entusiasmo o projeto de Araújo, como sempre incentivando a que se ousasse tanto quanto possível, e até mesmo, nas circunstâncias atuais, além do possível... A Roberto Acízelo, coordenador da Pós-Graduação em Letras da UERJ no início do projeto, pelo senso da hospitalidade; e ao coordenador subsequente Julio Cesar França Pereira, por todo apoio. A Maria Aparecida Andrade Salgueiro, diretora da Casa Dirce Cortes Riedel, pelo acolhimento do projeto. A Alice Toulemonde e a Madeleine Deschamps do Escritório do Livro – Consulado da França, pelo apoio à participação de Ginette Michaud. A Jean-Paul Lefèvre e a Thomas Brégeon, respectivamente, Presidente e Diretor Cultural da Aliança Francesa no Rio e no Brasil, pelo apoio incondicional. E finalmente, agradeço a todos os colegas participantes e presentes, além dos alunos envolvidos neste encontro: Fernanda Bernardo, Marcos Siscar, Cláudia Perrone-Moisés, Marco Antonio Coutinho Jorge, Alcides Cardoso, Mónica Cragnolini, Cristina Batalha, Ana Chiara, Ieda Magri e, *last but not least*, Elisabeth Roudinesco, pelo envio do texto para leitura. Porém, agradeço sobretudo à nobre instituição de saber chamada Universidade do Estado do Rio de Janeiro, por acolher este evento e realizá-lo como forma de resistência às forças neofascistas, que tudo fazem para destruir o ensino público e gratuito no Brasil.

A questão da herança

Uma questão decisiva no que diz respeito à obra de Jacques Derrida seria como ser fiel sem cair na ortodoxia. Como abordar a riqueza desse pensamento, que não se reduz a nenhuma tese, como desdobrá-lo sem fixá-lo num *vade mecum*, numa bíblia para iniciantes ou iniciados? Percebo agora – sem, todavia,

2 KOFMAN, Sarah. *Lectures de Derrida*. Paris: Galilée, 1984.

cair num *teleologismo*, o qual leria o final como já presente na origem - que essas questões já compareciam no jovem pesquisador que fui e que decidiu, enquanto aluno de Derrida na École des Hautes Études en Sciences Sociales, nos anos 1990, escrever uma tese de doutorado em torno das "relações entre literatura e filosofia nos textos da desconstrução". Como tinha depreendido nos diversos ensaios de Nietzsche, o desafio era *interpretar* esses textos, e não simplesmente analisá-los sob forma de exegese ou mesmo de simples paráfrase. Não desejaria descartar a importância da exegese, nem o valor instrumental da paráfrase. Ao contrário, o comentário filológico, como já abordei noutros lugares,[3] é fundamental para uma leitura minimamente eficiente, mas ele deveria ser sempre apenas a base para o voo mais arriscado da interpretação-avaliação, tal como Nietzsche defendeu e praticou amplamente. E creio que esse foi o gesto por mim intentado, sobretudo na terceira parte desse livro que só me deu alegrias, o *Derrida e a literatura*, "Uma literatura pensante".[4] Foi nessa parte final, como percebeu a banca de doutoramento, onde mais me arrisquei, tentando formular questões que não estavam tão evidentes na escrita/escritura (écriture) derridiana. Procurei, assim, atender à injunção maior dos escritos de Derrida, leitor de Nietzsche: invente sua própria escrita, re-inventando seu próprio idioma, quer dizer, sua inscrição singular. Reinvente-se como outro de si mesmo, via linguagem, e mais além.

O "depois de Derrida" ou "pós-Derrida", que venho adotando como signo, insígnia e consignação de muito do que realizo nos últimos anos, tem a ver com esse gesto interpretativo de máxima fidelidade na infidelidade. De *ex-apropriação do próprio gesto desconstrutor*, a fim de evitar o excesso de autoidentificação, que sempre pode beirar a complacência e a repetição estéril. Um "depois" necessariamente anacrônico, pois se volta para uma interpretação do passado recente (o acontecimento "desconstrutor", a partir dos anos 1960), mirando um

---

3 Cf. especialmente "Literatura e filosofia: ensaio de reflexão" (In: NASCIMENTO, Evando; OLIVEIRA, Maria Clara Castellões de (Org.). *Literatura e filosofia*: diálogos. Juiz de Fora, EdUFJF; São Paulo, Imprensa Oficial, 2004, p. 43-66) e "Après Derrida: l'amitié philosophique" (In: COHEN-LEVINAS, Danielle; MICHAUD, Ginette (Org.). *Appels de Jacques Derrida*: précédé d'un texte de Jacques Derrida, "Justices". Paris: Hermann, 2014, p. 367-384).

4 NASCIMENTO, Evando. *Derrida e a literatura*: "notas" de literatura e filosofia nos textos da desconstrução. 3ª. ed. São Paulo: É Realizações, 2015.

pensamento por vir, em aberto. Como o próprio Derrida sinalizou, em particular numa de suas últimas conferências, intitulada sintomaticamente "Justices", a leitura do texto do outro envolve *responsabilidade*.[5] Ou seja, responsabilidade filológica, que se faz por meio de uma leitura cerrada ou *close reading*, com o máximo de competência literária, filosófica e cultural. Mas, em contrapartida, envolve também liberdade de reinvenção da letra do outro/da outra, a fim de pensar justamente o que o outro/a outra não puderam pensar, por razões individuais e contextuais, amplamente históricas. Nada garante a *justeza* nem a *justiça* de um e outro ato de leitura (o filológico ou o interpretativo). Os dois podem falsear e de alguma maneira falseiam inevitavelmente a letra da alteridade. Mesmo a filologia mais fidedigna é incapaz de repetir com toda justeza requerida o pensamento alheio, pois há sempre algo de secreto, de idiomático em qualquer forma de expressão, por mais clara que se proponha. Todo discurso se subtrai à legibilidade total, mantendo sempre seu tanto de ilegível e de inassimilável, sem o que não há texto, mas pura e ideal transparência de sentido, como remissão ao significado transcendental.

Assim, importou sempre não apenas a leitura interna, intrínseca, imanentista dos textos assinados *Jacques Derrida*, dentro de uma sofisticada tradição literária e filosófica, mas também uma leitura *estranhante*, nas bordas de sua fala hegemônica, como uma nota de pé de página acrescentada, algumas vezes ao revés do texto capital. A contra-assinatura sem temor nem tremor, pondo em dúvida algumas "linhas de força" da textualidade derridiana para evitar identificações ortodoxas, tal como procurarei fazer dentro de instantes. Somente desse modo, ao valor constativo de uma leitura relativamente fidedigna podem corresponder outras leituras mais performativas, e não de simples consumo semântico, ideativo. Indicaria como um desses lugares de desacordo, ou antes, de contraponto, contrapelo ou "contramão" (*contre-allée*), o texto da conferência "Heranças de Derrida: Desconstrução, destruição e messianicidade",[6] em que ponho em causa a leitura de Walter Benjamin que Derrida propõe no ensaio

5 DERRIDA, Jacques. "Justices". In: COHEN-LEVINAS, Danielle; MICHAUD, Ginette (Org.). *Appels de Jacques Derrida*, *op. cit.*, p. 19-71.

6 NASCIMENTO, Evando. Heranças de Derrida: desconstrução, destruição e messianicidade. In: PEREIRA, Maria Antonieta; SÁ, Luiz Fernando (Org.). *Jacques Derrida*: atos de leitura, literatura e democracia. Belo Horizonte: A Tela e o Texto/ Faculdade de Letras da UFMG, 2009, p. 17-60.

"Prenome Benjamin", e sobretudo no "Post-scriptum", ambos de *Força de lei*.[7] Trata-se de leitura derridiana certamente injusta em sua tentativa de justeza para com esse outro pensador e questionador do messianismo. Nem sempre se consegue fazer inteiramente justiça à potência do pensamento alheio, e Derrida não escapou a isso.

Existem dois grandes riscos envolvendo toda herança. O primeiro é o de que ela se perca, por acidente ou por inépcia dos herdeiros. O segundo é esmagar o herdeiro, que nada acrescenta de seu, nem portanto a transforma. Manter a herança intacta já traz grande mérito, mas isso a longo prazo pode significar seu enfraquecimento e aniquilação. O melhor é sempre fazê-la se disseminar em várias direções. Pois, como dito, a injunção maior da obra derridiana é a da contra-assinatura como reinvenção do legado. O porvir está no que chamo de *desdobra*, no devir da obra do outro e da outra. Desdobra seria meu termo para aquele outro, proposto muito cedo por Derrida: *a disseminação*, a ser reafirmado também aqui.

O parricídio, e também o matricídio, é estruturalmente a única chance de o filho ou a filha virem a ser pai ou mãe de si mesmo e de si mesma. E a melhor forma de parricídio é a *escrita*, aquela que ganha vida própria, indo mais além do querer-dizer do *pai* escritor. Parricida ou matricida *e* órfã, a escrita segue sozinha no mundo, sobrevivendo e se afirmando como *estranha forma de vida*, indecidível entre vida *e* morte. Nunca a vida absolutamente presente a si mesma – nunca a morte apenas como forma de ausência. Mas sempre *entre* uma *e* outra. Tal é o tema fundamental de "A farmácia de Platão", bem como de diversos outros textos de Derrida, que desde os anos 1960 se debruçam sobre a questão da herança.

O que está em causa nesta minha fala-escrita é, portanto, a problemática do legado, que comparece com intensidade em Nietzsche, especialmente no

---

7 DERRIDA, Jacques. *Force de loi*: le "Fondement mystique de l'autorité". Paris: Galilée, 1994. [*Força de lei*: o "fundamento místico da autoridade". Tradução Leyla Perrone-Moisés. São Paulo: Martins Fontes, 2007.] Para essa interpretação excessiva do texto de Benjamin, ver também a longa nota de Federico Rodríguez, o qual mapeia um conjunto de leituras a serem realizadas para dar conta da problemática benjaminiana da *Gewalt*, em *Cantos cabríos*: Jacques Derrida, um bestiário filosófico. Madri, Santiago: Fondo de Cultura Económica, 2015, p. 429-430, n. 48.

Assim falou Zaratustra: "É perigoso ser herdeiros",[8] não se deve, nem se pode, herdar tudo, é preciso selecionar, como um ato forte, que oscila indecididamente entre consciência e inconsciente. O herdeiro e a herdeira precisam *decidir* a partir do mais aporético, ali onde não parece haver simples decisão possível.[9]

8 "Não apenas a razão dos milênios – também a sua loucura rompe em nós. É perigoso ser herdeiro", NIETZSCHE, Friedrich. *Assim falou Zaratustra.* 3ª. ed. Tradução Mário da Silva. Rio de Janeiro: Civilização Brasileira, 1983, p. 91.

9 Em diversos lugares, Derrida aborda o caráter aporético de toda verdadeira decisão, que ocorre sempre no limite do impossível. Como é dito em *Força de lei*: "Indecidível é a experiência do que, estranho, heterogêneo à ordem do calculável e da regra, *deve* contudo – é de *dever* que é preciso falar – se entregar à decisão impossível, levando em conta o direito e a regra". Mas ele descarta em seguida o imperativo de se recorrer aos conceitos kantianos de "sujeito" e de "juízo", pois estes ainda se deixam regular pela ideia de um sujeito consciente e presente a si próprio, ou seja, pela dita metafísica da presença: "Para sustentar o enunciado 'apenas uma decisão é justa', não é necessário referir a decisão à estrutura de um sujeito ou à forma proposicional de um juízo [*jugement*, também 'julgamento']", cf. Derrida, Jacques. *Force de loi*, *op. cit.*, p. 53. E é por esse motivo que Derrida, recorrendo a Kierkegaard, descarta o racionalismo ao modo de Kant, colocando a loucura (*folie*) e não a razão como aquilo que preside a decisão *justa*: "O instante da decisão é uma loucura, diz Kierkegaard. Isso é particularmente verdadeiro no que diz respeito à decisão *justa*, que deve também fender o tempo e desafiar as dialéticas. É uma loucura. Uma loucura, porque tal decisão é, de uma só vez, superativa *e* sofrida [*subie*], guardando algo de passivo, até mesmo de inconsciente, como se quem decide fosse livre apenas para se deixar afetar por sua própria decisão, e como se ela lhe viesse do outro" (p. 58). Para Derrida, no fundo é sempre *o outro* quem decide. Jogando com a dubiedade da expressão em português, pode-se dizer que, para a crítica se tornar de fato desconstrutora, ela precisa ser "sem juízo" (quer dizer, "louca" e sem julgamento). É assim que, numa entrevista de 1991 a François Ewald, não por acaso intitulada "Une 'folie' doit veiller sur la pensée" [Uma 'loucura" deve velar sobre o pensamento], ele propõe rever a questão crítica a partir de outros pressupostos, mais além do juízo e da negatividade que a atividade implica; cf. DERRIDA, Jacques. *Points de suspension*: entretiens. Organização e apresentação Elisabeth Weber. Paris: Galilée, 1992, p. 368. (Essa entrevista foi publicada originalmente num número especial do *Magazine Littéraire*, Paris, n. 286, p. 349-375, mar. 1991.) Numa outra entrevista, publicada na mesma coletânea *Points de suspension*, realizada por Didier Cahen e intitulada "Il n'y a pas le narcissisme" [Não existe o narcisismo], ele é ainda mais explícito: "a descons-

Mas é exatamente então que se impõe a questão da herança: é preciso saber herdar bem e de fato, senão a herança se perde; mas, ao mesmo tempo, se herdo tudo, sem escolha, a herança vira mera repetição daquilo que o outro e a outra já disseram mais e melhor.

Não por acaso estou nomeando o outro e a outra, pois a meu ver Derrida não explicitou claramente esse dado do falocentrismo: no Ocidente, e na maior parte das nações do globo, a herança é eminentemente um fator patrilinear. O verdadeiro herdeiro é um sujeito masculino, que recebe o legado de outro sujeito também masculino. Até recentemente (mas isso está mudando de forma rápida e vertiginosa), a mulher quando herdava era assumindo de modo vicário o lugar do homem, na falta deste; em contrapartida, quando a mãe legava algo à filha ou ao filho teria de haver uma mediação paterna direta ou indireta. Isso ocorre até no plano da política: Hillary Clinton fez sua carreira à sombra do marido e tentou se apresentar como sua legítima herdeira, no rastro também da carreira do democrata Barack Obama. Mas a herança presidencial fracassou para a candidata norte-americana, por várias razões que mereceriam ser analisadas. Não se pode dizer que ela tenha constituído seu próprio patrimônio político de forma independente; e se constituiu (ao menos em parte), tal legado foi derrotado pelo patriarcalismo neofascista e mentiroso de Donald Trump, nas eleições indiretas do sistema estadunidense.

O fato é que raramente se fala em herança materna, como se o verdadeiro legatário fosse sempre o pai. Isso ocorre no privilégio da cena abraâmica, um assunto entre Abraão e seu Deus; o filho e a mulher são aí meros coadjuvantes, quase sem importância, embora a vida de um deles esteja em jogo... A figura patriarcal de Abraão comparece em mais de um texto derridiano, em particular

trução se distingue também da dúvida ou da crítica. A crítica opera sempre com vistas à decisão depois de ou por um juízo [*jugement*]. A autoridade do juízo ou da avaliação crítica não é a autoridade da última instância para a desconstrução. A desconstrução é também uma desconstrução da crítica. O que não quer dizer que toda crítica seja desvalorizada, mas sim que se tenta pensar o que significa na história a autoridade da instância crítica: por exemplo, no sentido kantiano, mas não apenas nesse sentido. *A desconstrução não é uma crítica*" (p. 226, grifos meus. Salvo indicação contrária, todas as traduções de textos estrangeiros são minhas).

em *Donner la mort*,[10] e em "Abraham, l'autre".[11] Na tradição, quem lega ou deixa de legar é sempre o patriarca, a não ser, é claro, quando se trata de um matriarcado. Há que se repensar e valorizar o legado materno, tão importante quanto o paterno. Genética e simbolicamente somos, em princípio, feitos pelo que mãe e pai deixaram como herança, embora as novas experiências sociais e genéticas estejam modificando esse quadro hétero-parental.

Por todas essas razões que acabei de aludir, jamais me coloquei na posição do discípulo de Derrida, menos ainda do exegeta, procurando sempre responder a apenas *algumas* injunções de seus textos e intentando contra-assinar na maior parte das vezes. Agora mesmo, mais uma vez, a convite do outro.

Inúmeros são os ensaios em que Derrida lê com rigor os textos de autores que não são necessariamente filósofos, sempre numa relação de *double bind*, ou seja, uma dupla injunção no limite do indecidível, sem a qual não há efeito de disseminação. Por um lado, ele demonstra o respeito máximo às regras discursivas da etnologia, da história, da teoria literária, da psicanálise e das ciências humanas em geral. Mas, por outro, e no mesmo gesto desdobrado, ocorre a abertura dessas textualidades disciplinares ao que elas não são, sem jamais reduzi-las ao discurso filosófico, e sempre numa perspectiva transdisciplinar. Assim, à diferença da tradição que, desde Platão e Aristóteles, passando por Kant e Hegel, elegeu a filosofia como disciplina-mestra capaz de repensar os fundamentos de todos os saberes, em Derrida é a própria filosofia que se vê *outrada* pelos aportes de diferentes discursos, mesmo daqueles que, como o discurso histórico, dela em grande medida derivam. E qual o saber ocidental, científico ou não, que não deve algo à tradição filosófica de pensamento? O que se chamava até ontem de *tradição metafísica* jamais se reduziu à filosofia; todavia, por meio desta, a metafísica de origem grega se espraiou no chamado Ocidente e alhures, nas mais diversas atividades teóricas e práticas, colaborando direta ou indiretamente para fundar novos campos, desde a antiguidade à mais extrema contemporaneidade. Hoje.

---

10 DERRIDA, Jacques. *Donner la mort*. Paris: Galilée, 1999.

11 DERRIDA, Jacques. Abraham, l'autre. In:___. *Le dernier des juifs*. Paris: Galilée, 2014, p. 67-126.

Como Derrida aborda em "*Some statements and Truisms about Neologisms, Newisms, Postisms, Parasitism, and Other Small Seisms*",[12] tudo o que as desconstruções não deveriam ser é mais uma grande teoria ou crítica em sentido clássico, na série da tradição metafísica desde os gregos, servindo para colonizar o mundo com seus conceitos fora do lugar, por assim dizer *em viagem*. Longe disso, *desconstruir* ou, como prefiro, *disseminar* deveria implicar sempre o tornar disponíveis instrumentos descolonizadores, que abram o pensamento para alteridades não ocidentais, sem refutá-las nem referendá-las de antemão, mas pensando-as em sua radical singularidade. Por definição, desconstruir é *outrar-se* (verbo caro a Fernando Pessoa), deixar-se *parasitar* pelo outro, a fim de possibilitar um conhecimento não totalitário do mundo em sua fase de planetarização e, em breve, de cosmopolitização (na medida em que o sistema solar e o próprio cosmos se veem cada vez mais colonizados pelas grandes nações).

O campo quase ilimitado da *teoria*, ou do que também se costuma chamar de "pós-teoria" ou de "pós-crítica" (termos a se utilizar com muitas aspas), hoje é então onde se dá a convergência dos discursos das ciências humanas. Tentando refletir sobre as transformações em processo no âmbito teórico e crítico, Derrida recorre à ambiguidade da palavra francesa *jetée*: 1) o jato (*jet*) que faz emergir novos sentidos, desestabilizando os campos, e 2) o que em linguagem marítima corresponde ao píer, aquela parte do cais, construída em pedra e outros materiais, *lançada* (*jetée*) sobre o mar, servindo como atracadouro. Ou seja, de um lado, *instabilidade* (própria à emergência das desconstruções e seus efeitos) e, de outro, *estabilização* (como movimento inevitável de institucionalização de novas ideias e procedimentos). Na segunda entrevista a mim concedida para a *Folha de S. Paulo*, retomada no livro *La solidarité des vivants*, sujeito-objeto do colóquio, Derrida desenvolve sobretudo as desconstruções ou as disseminações como jato irruptor (*jetée*, no primeiro sentido), que põe em causa os fundamentos do pensamento metafísico, como discurso e como instituição.[13]

---

12 DERRIDA, Jacques. "*Some statements and Truisms about Neologisms, Newisms, Postisms, Parasitism, and Other Small Seisms*". In: DUTOIT, Thomas; ROMANSKI, Philippe (Org.). *Derrida d'ici, Derrida de là*. Paris: Galilée, 2009, p. 223-252.

13 DERRIDA, Jacques. Deuxième entretien avec Jacques Derrida: "Penser la déconstruction". In: DERRIDA, Jacques; NASCIMENTO, Evando. *La solidarité des vivants et le pardon*: Conferência e entrevistas, precedidos da Introdução de Evando Nascimento, "*Derrida au Brésil*". Paris: Hermann, 2016, p. 141-143.

O que esse pensamento múltiplo mais me ensinou, como parte essencial de minha formação, mas também de minha *de-formação*, a fim de me liberar de complexos atávicos, foi a repensar as relações hierárquicas entre colônia e metrópole, província e capital, por exemplo, Américas e Europa, dentro de uma oposição que funda a própria modernidade ocidental, ou o que chamamos de Modernidade simplesmente, com seu sistema de racionalizações. Desde a *Gramatologia*, passando por *Espectros de Marx* até *O monolinguismo do outro*, e mais além, inúmeros foram os temas descolonizadores e emancipatórios (sem redencionismo, porém) propostos pelos textos disseminadores. Não por acaso, tais obras contribuíram amplamente para as reflexões de grandes teóricos do pós-colonial, entre eles, Gayatri Spivak, Homi Bhabha e Stuart Hal.

Crescendo durante a ditadura numa província ultramarina, fui obrigado a repensar o tempo todo meu lugar individual e coletivo, no interior da Bahia, depois numa capital de Estado como Salvador, também primeira capital colonial, e em seguida na ex-capital do império e da república, o Rio de Janeiro, no país assim batizado como Brasil, antes mesmo que ele existisse, e no continente bem ou mal denominado de Américas, de norte a sul. E o que está em jogo, com efeito, é a relação complexa e profícua entre sul e norte, entre um Norte, com maiúscula, idealizado como fonte da modernidade e da civilização, e um sul, com minúscula, rebaixado como um derivado malformado e mal resolvido da colonização europeia. Uma América do Sul, por exemplo, eminentemente distinta da América do Norte, Estados Unidos e Canadá principalmente. Como diz o poeta João Cabral de Melo Neto, numa de suas últimas intervenções públicas,

---

Na já citada entrevista a François Ewald, Derrida comenta que seu trabalho é apenas uma das formas de *manifestação das desconstruções*, ligada a sua própria história. Em seguida, ele aborda a expressão "a idade ou a era da desconstrução" – "*l'âge de la déconstruction*", tal como Kant falou da idade ou era da crítica –, e que no caso inclui seu próprio trabalho: "[Seria] antes a idade de uma certa temática da desconstrução, que recebe de fato um determinado nome, podendo ser formalizada até certo ponto em métodos e modos de reprodução. Mas as desconstruções não começam nem acabam aí. Decerto é necessário, mas ainda bem difícil, dar conta dessa intensificação e dessa passagem ao tema e ao nome, a esse começo de formalização" Cf. DERRIDA, Jacques. Une "folie" doit veiller sur la pensé, *op. cit.*, p. 369. Em certo sentido, sua obra faz parte desse processo de formalização das desconstruções, podendo ser compreendida como *jetée* nos dois sentidos aqui referidos: ao mesmo tempo, desestabilização *e* estabilização, indecidivelmente.

em 1990, o diálogo Norte e sul nunca ocorreu de verdade, permanecendo como um monólogo do Norte consigo próprio, cujas falas deveriam reverberar cedo ou tarde, de um modo ou de outro, do lado debaixo do Equador.[14] Basta, para isso, apreciar o quadro de Dalí "O sonho de Cristóvão Colombo" (de 1959),[15] em que sua musa Gala aparece como a Virgem redentora da América selvagem; Colombo, como jovem conquistador, cercado de efebos nus, portadores de cruzes... Igualmente em outro quadro surreal mas no fundo muito realista de Dalí, "Criança geopolítica assistindo ao nascimento do novo homem",[16] o corpo humano, nascente e viril, se confunde com a América do Norte, a Europa se vê esmagada pela mão desse Homem, enquanto da África pende uma lágrima, bem como da América do sul; a criança está acompanhada por sua mãe esquelética, o globo tem a forma de um ovo de Colombo rachado pelo nascimento do Homem, de cuja fenda escorre uma gota de sangue... Perguntaria nesta altura: pode-se perdoar o massacre ameríndio de sul a norte? Quem pode perdoar em nome dos mortos, quais de nós aqui está apto a fazê-lo, agora mesmo que as tribos indígenas continuam a ser dizimadas por invasores de todos os matizes? Qual seria o legado efetivamente descolonizador do pensamento pós-colonial? (Como se sabe, a Ilha Brasil existia imaginariamente na Idade Média. Já éramos assim colonizados como paraíso antes de existirmos como colônia portuguesa, e mais tarde como nação independente).

Pensar o Brasil, o conceito de América Latina, mas sobretudo o valor nocional das Américas como um todo, é o que nos dá a refletir o intérprete-a-

---

14 MELO NETO, João Cabral. A diversidade cultural no diálogo norte-sul. In:___. *Obra completa*: volume único. Rio de Janeiro: Nova Aguilar, 2003, p. 789-795. Evidentemente esse quadro histórico tem se modificado bastante nos últimos anos, na medida em que o Sul cada vez mais habita o Norte, ao tempo em que o Norte passou a escutar um pouco mais as vozes do Sul, vindas do estrangeiro ou em seu próprio território. Hoje vivenciamos outra fase geopolítica, porém ainda fortemente hierarquizada.

15 O quadro de Dalí "El Sueño de Cristóbal Colón" está disponível em: <https://artmaniepeinture.wordpress.com/2012/11/09/salvador-dali-1904-1989-pintor-espanol-catalan/dali_dreamofchristophercolumbus1959/>. Último acesso 10 maio 2017.

16 O quadro de Dalí "Niño geopolítico observando el nacimiento del hombre nuevo" está disponível em: <http://www.artehistoria.com/v2/obras/9578.htm>. Último acesso 10 maio 2017.

valiador do cartesianismo e do eurocentrismo, em textos admiráveis como a citada *Gramatologia*, *L'autre cap* e *Cosmopolites du monde, encore un effort!* Não se trata de recair num outro tipo de nacionalismo, que valorizasse a suposta periferia (Brasil, "América Latina", Américas) em oposição às nações hegemônicas (Europa, América do Norte, uma parte da Ásia), mas de repropor a geopolítica filosófica, abrindo o diálogo entre Norte e Sul, Leste e Oeste, para além das fronteiras territoriais. Cabe desterritorializar o debate para potencializar as trocas culturais, de forma menos centrada nas mesmas tradições de produção. Inverter a oposição metafísica, para em seguida deslocá-la rumo ao inesperado, aqui, agora, eis a chance única do gesto desconstrutor. Se repetição há nesse gesto, esta deve ser paródica, *heterodoxa*, no limite da aporia. Abordei esse tipo de questão cultural, por exemplo, em "Uma leitura nos trópicos", no qual li a contrapelo o ensaio clássico de Silviano Santiago "O entre-lugar do discurso latino-americano", pondo em causa justamente o conceito naturalizado de América Latina, a partir de mas também mais além das reflexões de Walter Mignolo.[17] Igualmente em "Desconstrução e antropofagia" e "A questão antropofágica",[18] intentei um questionamento desconstrutor do mito antropófago entre nós, tendo como referência capital os textos de Oswald de Andrade.

E a categoria de *uma literatura pensante*, com a qual lido desde 1992, surgiu no contexto de minhas leituras francesas de Derrida, enquanto seu aluno na EHESS. Interessam, nessa perspectiva, os textos literários que permitem pensar o impensado e mesmo o impensável para a tradição metafísica. A literatura seria, segundo Derrida, uma estranha e moderna instituição, vinculada ao princípio do segredo declarado (*secret affiché*) e ao dizer tudo (*tout dire*), que somente são possíveis no espaço de uma democracia por vir (*démocratie* à venir).

---

17 NASCIMENTO, Evando. Uma leitura nos trópicos: a ideia de América Latina. In:___; OLIVEIRA, Maria Clara Castellões de (Org.). *Leitura e experiência*: teoria, crítica, relato. São Paulo: Annablume, 2007, p. 2008, p. 9-24.

18 NASCIMENTO, Evando. A desconstrução "no Brasil": uma questão antropofágica? In: SANTOS, Alcides Cardoso dos; DURÃO, Fabio Akcelrud; SILVA, Maria das Graças Villa da (Org.). *Desconstruções e contextos nacionais.* Rio de Janeiro: 7Letras, 2006, p. 144-179. Ensaio retomado, com modificações, em NASCIMENTO, Evando. A antropofagia em questão. In: ROCHA, João Cezar de Castro; RUFFINELLI, Jorge (Org.). *Antropofagia hoje?*: Oswald de Andrade em cena. São Paulo: É Realizações, 2011, p. 331-361.

Isso tudo tem contribuído para a expansão do próprio *conceito de literatura*, que jamais se estabilizou num significado único, mas sempre se disseminou em múltiplos *sentidos*: rumos, direções, significações.[19]

E são os fundamentos da tradição crítica, como Kant os formatou, talvez o principal alvo da *desconstrução da crítica*, que Derrida sempre fomentou e que tantos inimigos gerou na filosofia, na literatura, na etnologia e nas ciências humanas em geral. A mim como herdeiro parcial, seletivo, "decisor", da obra de Derrida, me cabe cada vez mais refletir acerca da banalização do verbo desconstruir e do substantivo desconstrução. Nada tenho contra o uso popular dos termos, mas é inegável certa insuficiência reflexiva quando passam a serem aplicados a qualquer situação. Próximo do final de sua "Carta a um amigo japonês", em que tenta explicar não só os sentidos possíveis da palavra desconstrução, mas sobretudo seu "valor de uso" (*valeur d'usage*), Derrida diz que não a considera "uma *boa palavra*" ("un *bon mot*", termos grifados por ele), e que sobretudo não é bela.[20] Sinceramente, tampouco a considero bonita, embora ela tenha tido uma força imensa ao abalar estruturas arcaicas, contribuindo para novas intervenções de pensamento, justo por sempre apontar para algo além do meio cultural onde se insurge, como uma *jetée* desestabilizadora. O desgaste a que o substantivo e o verbo desconstrução e desconstruir sofreram nas últimas décadas, em particular na mídia jornalística, seja ela política, esportiva ou outra, é um fenômeno mundial ou no mínimo ocidental, se essa fronteira geopolítica ainda tem alguma validade. Esse sucesso da palavra se deve sem dúvida a sua força performativa e não apenas conceitual, pois, intuitivamente, mesmo quem nunca ouviu falar de Derrida, nem jamais o leu, se dá conta de que se trata de algo que vai além de uma crítica ou de uma demolição. *Et pour cause*. Até no discurso de extrema direita de um dos gurus-mores de Trump, Steve Bannon,

---

19 Ver, nesse sentido, NASCIMENTO, Evando. Para un concepto de literatura en el siglo XXI: expansiones, heteronomías, desdoblamientos. In: UGARTE, Nicolás; CUADRA, Josefina; HORMAZÁBAL, Juan Pablo (Org.). Valparaíso: Ediciones Universitarias de Valparaíso/PUC-Valparaíso, 2016, p. 47-87. Uma versão mais recente se encontra no v. 18, n. 28 da *Revista de Literatura Comparada* da Abralic (2017). Disponível em: <http://revista.abralic.org.br/index.php/revista/article/view/388>. Último acesso 16 set. 2017.

20 DERRIDA, Jacques. Lettre à un ami japonais. In:____. *Psyché*: inventions de l'autre. Paris: Galilée, 1987, p. 389.

o verbo compareceu; ele prometeu "desconstruir" todo o legado do presidente Obama, sobretudo no que diz respeito à ingerência do Estado na vida pública... Essa não ingerência começa, portanto, com uma ingerência maior e mais brutal, a de destruir o legado social construído a duras penas pelo antecessor. Tudo em nome de uma suposta "*deconstruction*" (*sic*).[21]

Por todos esses motivos, jamais lamentarei se um dia o termo *desconstrução* perder a pertinência histórica que teve desde os anos 1960, sobretudo a partir de 67, ou seja, há cinquenta anos, a suposta "idade da desconstrução". Como a questão nem de longe se resume a essa palavra, sendo um processo *imemorial* (*sans âge*), a que Derrida remeteu na primeira entrevista que fiz com ele para a *Folha de S. Paulo*, também retomada no livro *La solidarité des vivants*[22] – se assim é, pode-se dispensar um termo e permanecer fiel em grande parte ao pensamento e ao processo que ele, de modo sempre insuficiente, tentou nomear. É nesse sentido que se orienta minha reflexão atual.

Se, ao longo dos anos, Derrida não cessa de multiplicar as categorias de pensamento, nomeando-as como *leviers d'intervention* (alavancas de intervenção), indecidíveis, quase-conceitos, *jetées* e outros, ele o faz por meio de uma sistematicidade coerente, plena de cálculos e estratégias, deixando pouco espaço para dúvidas e equívocos (obviamente se seu texto for filologicamente bem lido). Trata-se de elaborações discursivas altamente vigilantes acerca de desvios interpretativos e comentários, comportando mesmo certa normatividade, como ele mesmo reconheceu na referida entrevista de 1991, a François Ewald, no *Magazine Littéraire*.[23] Arma-se aquilo que, a partir da tradução que fiz de *Papel-máquina*, passei a nomear como *máquina de escrita ou de escritura*: um

---

21 Bannon foi posteriormente alijado do grupo governamental, tornando-se inimigo público de Trump após a publicação de *Fire and Fury: Inside Trump White House*. Nesse livro de Michael Wollf (Nova York: Henry Holt and Co., 2018), Bannon descreve uma reunião com um grupo russo na Trump Tower, em junho de 2016, como "traiçoeira" e "antipatriótica". Pelo visto até aqui, o poder neofascista acaba por se autodestruir...

22 DERRIDA, Jacques; NASCIMENTO, Evando. La solidarité des vivants. In:____. *La solidarité des vivants et le pardon*, *op. cit.*

23 Cf. DERRIDA, Jacques. Une "folie" doit veiller sur la pensé, *op. cit.*, p. 373.

sistema altamente performático, em que quase nada fica ao sabor do acaso, mesmo quando acaso e sorte são tematizados explicitamente.[24]

A obra de Derrida, como dito, corresponde tanto à irrupção quanto à formalização das *jetées* desconstrutoras, abrindo o campo das ciências humanas e das artes para o *ilimitado*, ao tempo em que também redimensiona discursos e instituições. Enfatizo que o próprio Derrida, a despeito de ter utilizado diversas vezes o termo desconstrução no singular, declarou sua preferência pelo plural: desconstruções.[25] Assinalou também certa sistematicidade, mas que se faz por meio de um sistema "não fechado" (*non clos*) sobre si mesmo, porque aberto ao que *acontece* no mundo e sobretudo a esse grande *acontecimento* que é a leitura como contra-assinatura e interpretação singular.[26]

Vidas precárias

Se há algo que a escrita de Derrida também ajuda a pensar, são as vidas precárias que habitam as ruas do mundo, inclusive as do chamado "Primeiro Mundo", designação etnocêntrica, como a matriz mesma do sistema capitalista, e que serve para segregar ao menos dois mundos incompatíveis, o de "lá" e o de "cá". Mas quando a miséria aumenta nos dois lados, quando um governo de extrema direita assume o poder na ainda maior potência mundial, é todo mundo que não é parte da elite branca norte-americana, de preferência republicana, que *se precariza*. Um dos efeitos mais iniludíveis da hegemonia absoluta de um grupo social sobre os outros é a *precarização geral da vida*. Em princípio, qualquer um que não pertença a "meu" grupo é suspeito e pode ser acusado, perseguido, processado e expulso. O fortalecimento excessivo e quase absoluto do lar, do *home* e do *Heim*, do *chez soi*, do *hogar*, do *oikos*, da oca, da casa, como lugar de estabilização particular, nacional e identitária, procura reduzir qualquer força diferencial a *ruínas*. Lá no Norte como aqui no Sul, a extrema-direita de hoje tenta reprimir as forças de ocupação de praças e ruas, as manifestações legíti-

---

24 DERRIDA, Jacques. *Papier machine*: le ruban de la machine à écrire et autres réponses. Paris: Galilée, 2001. [*Papel-máquina*. Tradução Evando Nascimento. São Paulo: Estação Liberdade, 2004].

25 "*E 'desconstruções', que prefiro dizer no plural*, decerto jamais nomeou um projeto, um método ou um sistema" (grifos meus). Cf. DERRIDA, Jacques. Une "folie" doit veiller sur la pensé, *op. cit.*, p. 367.

26 *Ibid.*, p. 361.

mas contra o neoliberalismo globalizado, as invasões dos movimentos sem-terra e sem-teto, que se fazem em nome de uma efetiva democracia por vir, vindo. Uma *democracia planetária*, como tenho defendido em vários textos, para deslocar o economicismo do termo globalização. A solidariedade dos viventes seria isso: um movimento que já está aí, vindo, por vir, a vir, em que os mais diversos grupos de viventes humanos e não humanos se sentem representados e participantes das transformações mundiais. Se a *solidariedade* remete ao étimo de "sólido", "firme", "seguro", não se trata de absolutizar uma força coletiva, nem muito menos de reduzi-la a um movimento gregário. O termo solidariedade, utilizado de forma parcimoniosa na obra de Derrida, e não sem muitas aspas visíveis ou invisíveis, sinaliza apenas para a necessidade de reforço do precário.[27] De algum modo, é preciso que as forças precarizadas, arruinadas, se solidarizem como resistência aos poderes hegemônicos, que são sempre mais de um, a fim de poder sobreviver num mundo feito contra elas e sobre seus despojos.

Há ainda uma chance para isso, uma saída? Sim, sem dúvida, e é essa contribuição que o pensamento diferencial e democrático das desconstruções e disseminações tem ajudado a fomentar um pouco em toda parte, sem nunca se fixar num lugar, nem ser apenas o porta-voz de uma voz central. Ao contrário, mais além do horizonte desconstruído da política hegemônica, trata-se de ouvir as vozes recalcadas, reprimidas, abafadas até o silêncio, onde se erguem muros em Israel, nos EUA; ou cercas e grades, nos prédios e casas pelo Brasil afora, tentando sempre se proteger daquilo que se exclui e que reaparece violentamente como retorno do recalcado. Daí as invasões, os assaltos e os arrastões, sempre vistos como monstruosidades, mas nunca efetivamente analisados naquilo que são: atos destrutivos como resposta à precarização e à destruição em massa, programada por forças totalitárias.

Todavia, jamais farei a apologia da violência pela violência. Se resistir é imperativo, há de se encontrar os modos mais brandos, incisivos e, portanto, eficazes de fazê-lo, sem a necessidade de recair no anarquismo estéril. Pois a democracia só pode advir por meio de outra ordem mundial: a contraordem da ordem neoliberal instalada em todas as regiões do planeta, sobretudo a par-

27 Agradeço a Mónica Cragnolini por ter elencado diversas passagens na obra de Derrida em que a palavra *solidariedade* aparece, muitas vezes afirmada, mas nunca sem um tipo de ressalva. Ver o ensaio da leitora argentina nesta coletânea.

tir do início dos anos 1990, após a queda do muro de Berlim. Outras ordens, outros modos de exercer e exigir a gestão do bem público, em nome de uma comunidade em aberto, não coercitiva nem identitária, mas sim efetivamente plural e solidária. Nisso, Jacques Derrida é apenas um nome, que se inscreve entre outros, pelo desejo de mudar o estático e o estabilizado, dentro e fora da universidade. Uma mudança que se faz a partir das ruínas e das cinzas, como *rastro* de um pensamento inovador, que inclui prioritariamente as vidas precárias onde quer que estejam: grupos étnicos (curdos, palestinos, ameríndios, negros e outros), sexuais e de gênero (mulheres, gays, trans e outros) e grupos socialmente perseguidos, mulheres violentadas, trabalho escravo, domínio criminoso do tráfico, animais seviciados, florestas devastadas pelo agrobusiness, e assim por diante. Um verdadeiro rol de horrores. Precário vem do latim *precarius*, "obtido por meio de prece; concedido por mercê revogável; tomado como empréstimo; alheio, estranho; passageiro". No sentido atual, remete ao "que tem pouca estabilidade".[28] E é a instabilidade do precário que o expõe a todo tipo de exploração, como um escravo e um estrangeiro, um escravo estrangeiro em sua própria terra, naquela que deveria ser seu lar.

Desse modo, tal como antes em ocasiões de forte crise planetária, no momento atual a vida se encontra vulnerável às forças que a destroem por dentro e por fora, obrigando-a ao estado de sobrevivência permanente. As vidas humanas em particular, especialmente os pobres e miseráveis, se veem fragilizados quando um Deputado do Golpe (o inefável Rodrigo Maia) declara que a Justiça do Trabalho não deveria simplesmente existir. Ou quando um ministro do Supremo Tribunal Federal, Gilmar Mendes, também diz que a mesma justiça trabalhista parece apenas servir ao Partido dos Trabalhadores. O projeto de terceirização universal do trabalho em curso faz parte dessa redução dos direitos dos trabalhadores ao mínimo ou a quase nada. Só falta agora suspender a Lei Áurea, pois o trabalho escravo é fato em nosso país, mais de um século após a abolição.[29]

---

28 Cf. *Dicionário on-line UOL-Houaiss*. Disponível em: <https://houaiss.uol.com.br/pub/apps/www/v3-0/html/index.htm#3>. Último acesso 10 maio 2017. Salvo indicação contrária, todas as definições e etimologias retiradas de dicionário vernáculo se referem a essa obra.

29 Em 11 de novembro de 2017, entrou em vigor a reforma da legislação trabalhista, com a alteração de cem pontos da Consolidação das Leis do trabalho (CLT). O

A questão do mundo, portanto, não é mais apenas a de sua exploração e colonização pelos diversos impérios que tomaram posse da Terra; essa é toda a história do planeta. Agora uma das chaves fundamentais do porvir é justamente a coabitação entre as espécies, sobretudo a espécie humana e seus outros, as plantas e os animais. Não interessa mais a soberania humana cultivada a partir do mito adâmico e de outras fábulas antropocêntricas nas mais diversas culturas. Muito menos importa o ser ou estar-com (o *Mitsein* de Heidegger, que inspira o être-avec de Nancy),[30] ainda de natureza ontológica. E onde há ontologia, há discriminação, segregação, princípio de destruição do outro enquanto outro, sempre em nome de uma identidade essencial, contraposta ao que lhe é dessemelhante, estrangeiro ao lar. Importa, sim, o *com-viver*, o *viver-com* das espécies, que subsistem no limite da sobrevida e da aniquilação. Tal é a solidariedade essencial dos viventes, sem a qual o destino de muitas espécies para a morte é inexorável e chegará antes da hora. A obra de Derrida, publicada em livros na França e em outros países, se encerra então com essa bela reflexão sobre o coabitar, na décima sessão do último seminário, no agora quase remoto ano de 2003.[31] Curiosamente o seminário *La bête et le souverain* [*A besta e o soberano*], realizado durante dois anos na EHESS, se dedicou de forma quase integral a uma análise da soberania humana, relacionada à ferocidade suposta da besta,

aspecto mais importante foi a prevalência do negociado sobre o legislado. Ou seja, na relação de força entre patrões e empregados, os acordos, nem sempre favoráveis aos últimos, se sobrepõem à legislação existente. Tal como e outros países, a flexibilização nos contratos de trabalho apenas favorece o neoliberalismo econômico, nada trazendo de proveitoso aos trabalhadores.

30 Em *La communaté affrontée*, Jean-Luc Nancy faz um balanço da substituição do termo "comunidade", que tinha marcado seus trabalhos anteriores, por expressões como "être-ensemble", "être-en-commun" e finalmente "être-avec". A razão principal, sem dúvida, foi o sentido de "comunitarismo" étnico que se afirmou na virada do século. Ele sublinha a força do "*avec*" para marcar um "être-ensemble sans assemblage" (ser/estar-junto sem reunião), e observa entre parênteses: "Nesse sentido, é preciso levar mais longe uma análise do *Mitdasein* no estado em que o abandonou Heidegger". Trocar o être-avec por um *vivre-avec*, ou *com-viver*, é, segundo penso, um modo de deslocar e fazer avançar a questão mais além da ontoteologia. Cf. NANCY, Jean-Luc. *La communauté affrontée*. Paris: Galilée, 2001, p. 42-43.

31 Cf. DERRIDA, Jacques. *Séminaire la bête et le souverain*: v. II, *op. cit.*, p. 357-397.

ou seja, dos animais. Como veremos adiante, faltou uma reflexão, tão detalhada quanto, acerca desses outros tão maltratados e sacrificados viventes, as plantas. Isso foi o que fez Clarice Lispector, com sua literatura ou escrita pensante, ficcionalizando em mais de um momento nossa relação desastrada e estranha, *unheimlich*, se quiserem, com *as* plantas.[32] Mais do que aos animais, que ainda de algum modo *estranhamente* se nos assemelham, somos quase indiferentes ao destino do chamado reino vegetal. Reino: o termo alude a uma falsa soberania, diante da onipotência humana. Os animais podem ter patas (mas nem todos as têm), que se assimilam às mãos e aos pés humanos, porém como membros inferiores aos nossos; podem também ter olhos semelhantes e até mais potentes do que os nossos, e assim por diante. Mas há algo que normalmente sempre é dado como exclusivo de nossa espécie: o tamanho e a complexidade do cérebro humano. O recurso à linguagem verbal, como fator decisivo para a qualificação da espécie como superior, depende dessa maior capacidade cerebral e do desenvolvimento correlato do órgão fonador. A despeito dessas diferenças rebaixadoras, os animais em sua *familiar estranheza* são menos estrangeiros nessa perspectiva do que as plantas, que raramente nos são comparadas, a não ser por metáfora (tal como no Brasil se tornou moda nas últimas décadas nomear mulheres como "melancia", "melão" e frutas do gênero...).

Costumamos nos preocupar abstratamente com as florestas, por exemplo. Mas poucos, exceto os biólogos e ambientalistas de vasta plumagem, se dão conta real do risco que corremos ao destruir de forma sistemática, em todos os continentes sem exceção, a chamada flora, da qual em princípio dependemos em tudo e por tudo: para comer e para respirar, e também para beber, pois a subsistência do leito dos rios depende diretamente da cobertura vegetal; de outro modo impera o deserto. Matéria publicada no mês de março deste ano no *New York Times*, na *Folha de S. Paulo* e em diversos outros periódicos confirma essa devastação florestal em curso.[33] Em novembro, 15.364

32 Abordei a questão dos animais e das plantas em *Clarice Lispector*: uma literatura pensante. Rio de Janeiro: Civilização Brasileira, 2012. Ver em especial "A desnatureza das flores", p. 183-186.

33 Cf. o artigo de Hiroko Tabuchi, Claire Rigby e Jeremy White, "*Amazon deforestation, once tamed, comes roaring back*", no *New York Times*, em 24 de fevereiro de 2017. Disponível em: <https://www.nytimes.com/2017/02/24/business/energy-environment/deforestation-brazil-bolivia-south-america.html?_r=0>. Último

cientistas de 184 países lançaram um manifesto contra a degradação geral das condições de vida no planeta.[34]

Derrida se preocupou antes de tudo com o *carnofalogocentrismo* (o mito do indivíduo de sexo masculino, comedor de carne vermelha e centrado no privilégio da linguagem verbal: *carnis* era a "carne", o "pedaço de carne"; *carnum* significava "de carne", "corpóreo"). Mas hoje podemos acrescentar mais um prefixo ao neologismo: *vegetum* (originalmente, "vigoroso", "robusto", "bem disposto"). *Vegetocarnofalogocentrismo*, em sua versão vegetal, significa a implementação da *agritortura* (poeticamente denunciada por Drummond),[35] desde que as primeiras populações nômades se fixaram na Ásia e depois no resto do mundo. Evidentemente plantar para comer não é um mal em si, pois "*il faut bien manger*": é preciso comer de fato e bem.[36] O problema é quando, a partir sobretudo da era moderna, e com o ciclo europeu das grandes navegações, se inicia também uma ampla devastação florestal. Espanhóis, portugueses, franceses, holandeses e ingleses decerto estiveram entre os primeiros megaexploradores e devastadores da flora mundial, no princípio fundador da globalização moderna, mais ou menos cinco séculos atrás. A quase extinção do chamado pau-brasil ao longo da costa brasileira, ainda no século XVI, foi o primeiro mau sinal da história futura. Aliados a isso, os múltiplos instrumentos de exploração agrária do solo nem sempre respeitaram a singularidade das espécies e sua capacidade de adaptação, pois, como todos sabem, vegetais não sentem, não pensam, não

---

acesso 14 abril 2017. Cf. também artigo de Márcio Santilli, "Amazônia esquartejada", na *Folha de S. Paulo*, em 12 de fevereiro de 2017. Disponível em: <http://www1.folha.uol.com.br/opiniao/2017/02/1857957-amazonia-esquartejada.shtml>. Último acesso 19 maio 2017.

34 Cf. o artigo de William J. Ripple e outros autores, publicado no *Le Monde* "*Le cri d'alarme de quinze mille scientifiques sur l'état de la planète*", em 13 de novembro de 2017. Disponível em: <http://www.lemonde.fr/planete/article/2017/11/13/le-cri-d-alarme-de-quinze-mille-scientifiques-sur-l-etat-de-la-planete_5214185_3244.html>. Último acesso 20 nov. 2017.

35 ANDRADE, Carlos Drummond de. Agritortura. In:____. *Esquecer para lembrar*: Boitempo III. 2a. ed. Rio de Janeiro: J. Olympio, 1980.

36 Cf. o diálogo fundamental de DERRIDA, Jacques. "Il faut bien manger" ou le calcul du sujet: entretien avec Jean-Luc Nancy. In:____. *Points de suspension*: entretiens. Organização e apresentação Elisabeth Weber. Paris: Galilée, 1992, p. 269-301.

reclamam... Ademais, a partir da revolução industrial, todo tipo de poluentes, associados aos pesticidas, contribuíram para o envenenamento em tempo real de grande parte da vegetação do globo. É isso também que o poema pensante de Drummond nos ajuda a refletir, ainda mais em se tratando de um poeta filho de fazendeiro, cultivador de terras e letras, além de outros bens de raiz.

Um *pensamento vegetal*, com suas muitas ramificações e disseminações, tal é o que um filósofo contemporâneo como Michael Marder nos convida a refletir, sem descair num biologismo como versão derradeira e acabada de um novo vitalismo.[37] O que impede a compulsão vitalista é o fato de não se tratar de uma valorização da vida em si mesma, mas sim de pensá-la sempre em suas articulações com a não vida, com aquilo que a excede, estruturando-a desde dentro. A vida seria assim um modo de alteridade, que demanda, por sua vez e lugar, o contato com outras formas de existir e *restar*. Desde Freud, sabemos – mas isso começou com o pensamento do ser e do não ser entre os gregos antes de Sócrates – não haver vida em estado puro, que não seja *habitada* por alguma pulsão de morte. E Nietzsche, legítimo herdeiro de Heráclito, já explicava com todas as letras: é impossível interpretar e avaliar qualquer forma histórica de existência sem, no mesmo gesto, levar em conta seus contrários. Essa é a *hiper-ética* vital a que nos convida o pensamento disseminador, onde quer que ele compareça, nos ensaios filosóficos ou nos gêneros e subgêneros dessa *estranha* instituição chamada literatura.

É chegada a hora, portanto, de pensar *a diferença vegetal*, a fim de saber se toda a questão do *ser* lançada pelos gregos antigos não passa de uma invenção ocidental. Esse teria sido o pontapé inicial helênico. *Teria sido* é o condicional passado do verbo *ser*, o qual engendrou a categoria filosófica equivalente, o *ser*, que talvez seja de fato menos universal do que se pensa, pois nenhuma outra cultura com que tive contato detém categorias tais como essência, substância, *idea*, *eidos* etc. Observaria que a substancialização do verbo ser ocorre de forma

37 Eis como Marder explica o duplo aspecto de sua investigação: "em primeiro lugar, dar nova proeminência à vida vegetal, retraçando a mudança de paradigma que já ocorreu entre as investigações aristotélicas sobre *animalia* e o estudo de Teofrasto sobre plantas, e, em segundo lugar, averiguar os pressupostos acríticos que fundamentaram até aqui a explicação sobre essa vida". Cf. MARDER, Michael. *Plant-thinking*: A Philosophy of Vegetal Life. Prefácio de Ginanni Vattimo e Santiago Zabala. Nova York: Columbia University Press, 2013, p. 3.

precária em português e em espanhol. A rigor, o *Mitsein* de Heidegger, e o être-avec de Nancy[38] deveriam ser traduzidos nessas duas línguas de forma bífida como ser/estar-com. Tal é a chance dos idiomas ibéricos, esses monolinguismos dos outros, que o português do Brasil teve a chance (e o azar) de herdar. Ao des-substancializar o *Sein*, o être, o *to be*, o *esse*, latino, e o *eînai* grego, dividindo-os em ser e estar, aumentamos igualmente as chances das outras formas de vida além da humana, as das variadas espécies vegetais e animais. Pois a ontoteologia do *Sein* ou do être, por exemplo, sempre esteve a serviço desse sujeito autoconsciente e profundamente devastador nomeado como o Homem, o *Dasein* humano de Heidegger, ou, para citar a expressão latina, o *homo humanus*, o homem humano aludido por Guimarães Rosa, em *Grande sertão: veredas*.[39] A *agritortura* coincide com o surgimento da subespécie do *homo sapiens*, ou seja, o *homo sapiens sapiens*, ou homem moderno, que deixa de viver apenas em grupos nômades, para se fixar, dedicando-se à agricultura e criando as primeiras sociedades humanas.

A ontoteologia da metafísica dita ocidental consistiu em dotar esse sujeito moderno de uma substância incomparável na história da espécie humana, sacrificando as demais espécies, animais ou vegetais, por serem supostamente desprovidas de um legítimo status ontológico. No entanto, esquecemos que a saga dessa espécie é muito recente, nada tendo de atemporal: o *homo sapiens* data "apenas" de 250.000 anos, enquanto o chamado "homem moderno", "nós", o *homo sapiens sapiens*, com uma capacidade cognitiva semelhante à nossa atual, data tão-somente de 40.000 anos, o que representa alguns minutos em termos de história da vida no planeta e de história da própria Terra; ou microssegundos, se se levar em conta a história do próprio universo. Como então pensar a universalidade do ser dito humano dentro de um calendário cosmológico que o excede de todos os pontos de vista? Nem mesmo toda transcendência desse ser/estar cognoscente explica a soberania do homem sobre as demais espécies. As feras e o soberano (o homem humano), eis a questão. A bela e a fera, ou antes, o belo humano e a ferocidade animal ou a estupidez vegetal, segundo o tradicionalismo humanista. Na própria *Carta sobre o humanismo*,

38 Cf. nota 45.

39 Abordei essa questão do *homo humanus*, com e mais além da leitura de Heidegger, em *Clarice Lispector*: uma literatura pensante, *op. cit.*, p. 50-52.

em que tenta separar a analítica existencial da tradição humanista, Heidegger reitera diversas vezes a ontologia da linguagem como antropocentrismo: "O pensamento inicial é o eco a favor do ser pelo qual se ilumina e pode acontecer apropriativamente o elemento único: o fato de que o ente é. Este eco é a resposta humana à palavra da voz silenciosa do ser. A resposta do pensamento é a origem da palavra humana; palavra que faz surgir pela primeira vez a linguagem como manifestação da palavra nas palavras".[40] Retornaremos adiante a esse logocentrismo e a esse fonocentrismo de Heidegger, como definidores da espécie humana, em oposição aos outros viventes.

Hoje, felizmente em toda parte, surgem especialistas tentando entender uma inteligência e uma sensibilidade próprias aos animais e às plantas, sempre no plural. Trata-se de vidas tão precárias e tão preciosas como a nossa, nem mais, nem menos. Cabe agora mais do que nunca pensar as diferenças vegetais e animais, sem fetichizá-las por sua vez, mas inserindo-as no corpo de baile das espécies, sem especifismo humanista todavia. Em defesa do direito incondicional à vida, em todo o planeta. Sim, *il faut bien manger*, como disse Derrida na célebre entrevista a Jean-Luc Nancy, mas esse "*bien*", esse bem, não deveria ser o privilégio de uma única espécie em detrimento das outras. Esse é nosso bem e nosso mal-estar de hoje, a ser repensado urgentemente, com e além do pensamento da *différance* derridiana. Pedir perdão às demais espécies não pode ser uma desculpa para continuar a maltratá-las; longe disso, deveria ser o princípio de outra atitude com essas alteridades que habitam em torno de nós e nos habitam também, alimentando-nos com seus nutrientes. Descristianizar o perdão significa retirá-lo do código religioso, abrindo caminho para um pensamento pós-teológico.

As últimas palavras de Derrida foram em defesa incondicional do direito à vida.[41] Os direitos humanos se ampliam e se afirmam pelos direitos dos outros viventes, em particular dos animais e das plantas. Anunciam-se, desse modo, as Luzes de uma nova época, contrastada com as sombras do totalitarismo cego,

---

40 Cf. HEIDEGGER, Martin. Carta sobre o humanismo (1946). In:___. *Marcas do caminho*. Tradução Enio Giachini e Ernildo Stein, revisão Marco Antonio Casanova. Petrópolis: Vozes, 2008, p. 322.

41 "Prefiram sempre a vida e afirmem sem cessar a sobrevida" *apud* PEETERS, Benoît. *Derrida*. Paris: Flammarion, 2010, p. 660.

como violência soberana e avassaladora do humano sobre as demais espécies. Nisso, a Universidade é um lugar privilegiado para se refinar os saberes em torno do direito, contra o obscurantismo e a favor de um projeto educacional amplo.

Das dez chagas (*plaies*) da "nova ordem mundial" (a qual marcou o advento internacional do neoliberalismo pós-muro de Berlim) repertoriadas por Derrida em 1993, nos *Espectros de Marx*, apenas uma delas se fechou parcialmente, a da dívida dos países emergentes e dos países pobres. As outras persistem e algumas se acentuaram, mas seria preciso acrescentar mais algumas, tão determinantes quanto. Revejamos, de forma resumida:

1. O desemprego, que ainda grassa em diversos países, desenvolvidos ou não.
2. A exclusão cidadã de sem-teto, exilados, apátridas e imigrantes em geral. Questão agudizada e em plena ordem do dia em todo o planeta, com os novos fluxos migratórios do século XXI.
3. A guerra comercial implacável entre países e comunidades.
4. A incapacidade de lidar com as normas e o conceito do mercado liberal.
5. O agravamento da dívida externa.
6. A indústria e o comércio do armamento.
7. A extensão e a difusão do armamento atômico.
8. As guerras interétnicas.
9. A multiplicação de Estados-fantasmas, como a máfia e o narcotráfico.
10. O problemático estado presente do direito internacional e suas instituições.[42]

Ora, a grande chaga ou o grande flagelo que ameaça hoje não apenas a humanidade mas a comunidade em aberto dos viventes é justamente o desrespeito e a infração constantes do direito à vida como um todo, em suas relações complexas com o inorgânico e com a própria morte. É a fragilização extrema de formas de vidas por si só vulneráveis, no limite da miséria absoluta, que torna o desafio da *restância* (resistência e resto, sem ontologia existencialista) no planeta mais necessário do que nunca. A multiplicação da miséria nos grandes,

42 Cf. DERRIDA, Jacques. *Spectres de Marx*: l'État de la dette, le travail du deuil et la nouvelle Internationale. Paris: Galilée, 1993, p. 134-139.

médios e pequenos centros (ou seja, em toda parte), faz a tarefa de se solidarizar com os miseráveis mais árdua, por vezes quase impossível. Em contrapartida, o aumento vertiginoso da concentração da riqueza nas mãos de poucos indivíduos, algo como 1% da população mundial, implica a necessidade de refletir sobre como os mecanismos clássicos do capitalismo, quando entregues a si mesmos, se retroalimentam ao infinito. Tudo isso pede reavaliações, sem demora.

Alisto alguns signos da exacerbação dessa precarização geral da vida em suas formas mais frágeis, menos hegemônicas: enrijecimento das leis trabalhistas e das regras de aposentadoria, em diversos países; enfraquecimento da força de trabalho nas relações com o capital, particularmente no Brasil, por causa da referida terceirização em curso; tentativas persistentes de desvalorizar a demarcação das terras indígenas, com a consequente e repetida invasão de território; desarticulação do código florestal; agravamento do preconceito racial frente às tentativas de combater o racismo; fortalecimento da misoginia clássica diante das conquistas feministas, reduzindo-as a um mero efeito de "feminazismo"; uso e abuso dos dados e metadados de usuários da internet e da telefonia móvel por parte de provedores, operadoras e demais empresas ligadas a cultura digital, como ficou patente depois da denúncia de Edward Snowden.[43] Etc.

A figura de Macabéa, da novela *A hora da estrela*, pensada e repensada por seu autor-narrador Rodrigo S.M., reúne alguns desses sinais de precarização vital, indiciados por Clarice Lispector na década de 1970, e agravados com o passar das décadas. Como diz Rodrigo, "é paixão minha ser o outro. No caso, a outra".[44] Ser aqui nada tem de ontológico, implicando apenas o referido *outrar-se* de Pessoa: colocar-se na pele do outro, ao menos via ficção, por esse modo que a ficção literária tem de juntar imaginação e realidade, não só como compossíveis mas como mutuamente necessárias, no limite da impossibilidade. A imaginação fertiliza a realidade, na medida em que abre para a alteridade, por meio da lógica insólita do *como se*. E a realidade fertiliza a imaginação, ao evitar que esta flutue na "longa azul gaiola" da existência abstrata. Isso é fundamen-

43 Ver entrevista de Gerardo Lissardy com Martin Hilbert, "Despreparada para era digital, a democracia está sendo destruída", realizada pela BBC mundo. Disponível em: <https://tecnologia.uol.com.br/noticias/bbc/2017/04/09/despreparada-para-era-digital-a-democracia-esta-sendo-destruida-afirma-guru-do-big-data.htm>. Último acesso 10 maio 2017.

44 LISPECTOR, Clarice. *A hora da estrela*. 4ª. ed. Rio de Janeiro: J. Olympio, 1978, p. 37.

talmente o que uma literatura pensante como a de C. L. nos dá a pensar, aqui mesmo, neste espaço universitário de resistência ou de restância, configurando o que nomeio como alterficção: a ficção do outro, pelo outro, para o outro, de preferência com sua própria voz.[45]

A vulnerabilidade da vida e a necessidade de sua preservação se tornaram, portanto, tarefas decisivas no chamado antropoceno, que anuncia uma nova época da humanidade e do planeta, qual seja, a era em que nossa presença no globo teria alterado fundamentalmente sua estrutura e funcionamento. Tal é a verdadeira *injunção do pensamento*, que se faz como marca da alteridade em nós – o outro e a outra que logo somos: pensar um conviver que seja de fato um viver-com, na aceitação do outro em sua mais radical diferença, desde que não atente contra a própria vida. Tal é a hospitalidade incondicional que o pensamento disseminador reafirma com seus enunciados e ações, com suas ações enunciativas, performando-se como obra ou operação sempre em aberto, nunca acabada.

O Derrida de que me sinto ainda e cada vez mais próximo é, portanto, aquele que não parou de multiplicar as questões ético-políticas, em nome de uma hiperética, de uma ética além da ética como moral, como tábua prévia de valores e comportamentos. Num debate ocorrido nos anos 1980, Derrida explicita sua recusa de subsumir o termo ética, tal como repetirá na entrevista à *Folha de S. Paulo*, em 2001.[46] Ele destaca a necessidade de se reavaliar os pressupostos que tradicionalmente fundamentam a ética, devendo-se indagar "a respeito da origem da ética e da eticidade da ética".

O outro pensador com quem Derrida dialoga a fim de pensar a ética de outro modo é Emmanuel Levinas. Com esse filósofo judaico, originário da Lituânia e naturalizado francês – autor, entre vários outros textos, de *Totalidade*

45 A relação entre autoficção e alterficção é o tema do texto que escrevi para um número especial, sobre autoficção, da revista *Matraga*, da UERJ. Cf. NASCIMENTO, Evando. Autoficção como dispositivo: alterficções. *Matraga*, Dossiê sobre autobiografia e autoficção. Organização Eurídice Figueiredo, Universidade do Estado do Rio de Janeiro, v. 24, n. 42, 2017. Disponível em: <https://www.e-publicacoes.uerj.br/index.php/matraga/article/view/31606> Último acesso 05 jun. 2021.

46 Cf. DERRIDA, Jacques; LABARRIÈRE, Pierre-Jean. *Altérités*. Com estudos de Francis Guibal e Stanislas Breton. Paris: Osiris, 1986, p. 70. Cf. também DERRIDA, Jacques; NASCIMENTO, Evando. *La solidarité des vivants: entretien*, *op. cit.*, p. 124.

e infinito –, com Levinas, portanto, trata-se de pensar uma alteridade que não se reduza ao Mesmo, entendido como eu individual ou identidade coletiva. Em Levinas, na verdade é o eu que passa a existir em função do outro. A heteronomia nesse caso é absoluta. Somente no momento em que se divisa o "rosto" do outro ou de outrem ("*le visage d'autrui*") é que um eu se forma e se informa a respeito dessa alteridade, que ele nunca poderá esgotar, reduzir, em suma, interpretar em definitivo a sua maneira e segundo seus valores.[47]

Se assim é, a fonte dos valores morais já não pode ser pré-dada por um *a priori* individual ou cultural. O que dá origem à própria ética não é subsumível ao campo de uma moral estrita ou condicional. Derrida vai radicalizar aquilo que em Levinas ainda tem algum contorno antropomórfico, pelo fato de se tratar de um "rosto", muito embora absolutamente desconhecido. O pensamento derridiano da *différance* se deixa fundamentar numa alteridade que nada mais tem das feições do humano, muito menos de um humano calcado nos valores da colonização europeia e recentemente norte-americana sobre o resto do mundo. *Tout autre est tout autre*, diz e sublinha Derrida.[48] Enunciado que se pode traduzir, performativamente, das mais diversas maneiras: todo outro é todo outro, totalmente outro é totalmente outro, ou radicalmente diferente é radicalmente diferente, completamente outro é completamente outro etc. Esse enunciado é mais do que uma tautologia, pois indica que a diferença só pode ser pensada a partir de si mesma, desdobrada no intervalo de si para consigo, mas, por ser sempre *diferente*, jamais se autoidentifica no processo. A dobra da *différance* é o que impede a autoidentificação, alterando-a permanentemente; essa dobra é a marca indelével do heteronômico e do heteronímico.[49]

É a multiplicação de novos valores ou de *valores outros*, em nome de uma alteridade (*tout autre*) que chega e precisa chegar o mais rápido possível, que subscrevo integralmente. Valores outros que só podem advir com a desconstrução radical de questões que a tradição dita metafísica deixou quase intactas,

47 Cf. LEVINAS, Emmanuel. *Autrement qu'être ou au-delà de l'essence*. Paris: Kluwer Academic, 1996. Também do mesmo autor: *Éthique et infini*. Paris: Kluwer Academic, 1992; e *Totalité et infini*: essai sur l'extériorité. Paris: Kluwer Academic, 1994.

48 Cf. DERRIDA, Jacques. *Donner la mort*. Paris: Galilée, 1999, p. 98.

49 Para todas essas questões de ética, cf. NASCIMENTO, Evando. Ética e política segundo Derrida. In: SANTOS, Alcides Cardoso dos (Org.). *Estados da crítica*. Cotia-SP: Ateliê; Curitiba: Ed. UFPR, 2006, p. 63-77.

pelo fato de quase nunca tê-las privilegiado cabalmente como tema: o segredo, o dom e o perdão, a responsabilidade sem resposta diante de uma autoridade, a pena de morte como o impensado mais inacreditável da história da filosofia, o nacionalismo como fundamento geopolítico do dogmatismo planetário, o feminino através dos gêneros e do gênio, a hospitalidade, a vida e suas próteses, o perdão, e por fim, mas não o menor, o problema fundamental da animalidade ou dos animais. Acho profundamente tocante que uma obra tão vasta se conclua com *um pensamento animal.*

Nisso, a literatura acompanha de perto as análises mais refinadas que se possam imaginar do ponto de vista da tradição filosófica. Como se Derrida, por um ato de fingir radical, mimetizasse ainda certa tradição filosófica francesa, acusada por Foucault de excesso imanentista,[50] para, com outras mãos, praticar o deslocamento dos conceitos tradicionais da filosofia, francesa, alemã, grega ou latina, estadunidense etc. E a desconstrução ou disseminação da conceitualidade dos conceitos se dirige sempre, de um modo ou de outro, à tradição humanista, ao Homem, este "ser de pé", ereto, *vegetocarnofalocêntrico* por definição e natureza, firme em sua "*station debout*".[51]

Trata-se de uma leitura desconstrutora radical do que, em *Le toucher, Jean-Luc Nancy*, se nomeia o "humãonismo" (*humainisme* – palavra antiestética, quase um palavrão),[52] mas que vinha sendo questionado desde muito antes, em particular nos textos sobre "as mãos de Heidegger". Esse Derrida tem me ajudado a repensar constantemente dois fatores ou duas forças assimétricas porém fortemente relacionadas: *certa animalidade dos humanos* (e não mais do Homem, nem mesmo da humanidade como um todo homogêneo), mas uma animalidade singular, relativamente específica, porém não ontoló-

50 Abordei o debate Foucault/Derrida, numa intervenção em mesa-redonda em 1 de dezembro de 2011, no Seminário "Michel Foucault e os 50 anos de *História da Loucura*: inflexões, ressonâncias", realizado no Museu de Arte Contemporânea (MAC) de Niterói, sob curadoria de André Queiroz, numa parceria entre a Universidade Federal Fluminense (UFF) e o SESC. O texto foi publicado com o título "O debate Foucault e Derrida: razões e desrazões do pensamento", na revista *Matraga*, UERJ, v. 24, n. 40, p. 135-153, set. 2017. Disponível em: <http://www.e-publicacoes.uerj.br/index.php/matraga/article/view/29031>. Último acesso 15 out. 2017.

51 DERRIDA, Jacques. Penser ce qui vient, *op. cit.*, p. 49.

52 DERRIDA, Jacques. *Le toucher, Jean-Luc Nancy*. Paris: Galilée, 2000.

gica. E *certa racionalidade dos animais*; ou antes, para evitar o dogmatismo implicado na palavra *razão*, no *logos* que nomeia, entre outras coisas, a racionalidade humana, o cálculo e a linguagem dita verbal – para evitar, portanto, o logocentrismo denunciado já nos primeiros textos assinados *Derrida*, nomearia simplesmente a *alógica dos animais*, quer dizer, suas *estranhas* formas de vida; *estranheza* esta fundada na singularidade de suas múltiplas linguagens, seus cálculos infinitos para viverem e sobreviverem num planeta cada vez mais invadido por uma das espécies viventes. Uma espécie que se arroga o direito de reinar soberana sobre todas as demais, porém antes de mais nada sobre si mesma, invadindo e colonizando territórios, escravizando povos, explorando abusivamente riquezas e bens coletivos.

O Derrida dos anos 1990 vai acelerar a análise de tudo isso com uma espécie de urgência, como se soubesse de antemão (o que não é verdade) que lhe restava pouco mais de uma década para concluir o trabalho de uma vida. Os seminários e livros que se inscreveram, portanto, sob a rubrica "Questões de responsabilidade", tal como comparece no programa de cursos da EHESS, têm o signo e o sinete de certa *iminência*. Uma iminência que marca também, talvez com a mesma intensidade, o último livro que Clarice Lispector publicou em vida, o referido *A hora da estrela*.[53] E esse é o tema de abertura do diálogo na Sorbonne com Alain Minc, "*Penser ce qui vient*":[54] a iminência do que chega, sem mais delongas, como outro, estrangeiro, intempestivo, transformador. Tal é o dom do pensamento: subtrair-se aos lugares-comuns da tradição filosófica, ao mesmo tempo em que lhe é profundamente fiel, evitando também os lugares-comuns da *doxa* midiática, da opinião corrente, muitas vezes (mas nem sempre) irrefletida.

Para mim, o maior legado hoje, mais do que nunca, são os seminários que Derrida deixou *escritos* e vêm sendo editados por uma equipe de especialistas competentes (os amigos Ginette Michaud e Michel Lisse, entre eles). Nesses seminários estão as *sementes* de um pensamento outro, que continuam a vir

53 "É visão da iminência de, de quê? Quem sabe se mais tarde saberei" e "Escrevo portanto não por causa da nordestina mas por motivo grave de 'força maior', como se diz nos requerimentos oficiais, por 'força de lei'". Cf. LISPECTOR, Clarice. *A hora da estrela*. 4ª. ed. Rio de Janeiro: J. Olympio, 1978, p. 16 e p. 23.

54 DERRIDA, Jacques. Penser ce qui vient. In: MAJOR, René (Org.). *Derrida pour les temps à venir*. Paris: Stock, 2007, p. 17-62.

à luz, depois de terem sido proferidos durante quatro décadas nas instituições de ensino da França e de outros países. A disseminação se reintensifica com a publicação dos seminários, em sentido inverso, dos últimos aos do início, com exceção do primeiro, *Heidegger*: la question de l'Être et de l'Histoire, que Marguerite Derrida, junto com o pesquisador Thomas Dutoit, teve a paciência de transcrever e tornar legível para publicação.[55] E o que germina de tudo isso são as transvalorações em curso do humanismo de extração ontoteológica, não em nome de um anti-humanismo, mas de uma humanidade repensada na perspectiva de seus outros: antes de tudo, os animais e as plantas, essa vasta comunidade dos viventes, que deveria ser de fato e incansavelmente solidária. Tal solidariedade somente é e será sempre possível como relação com o outro, com os outros diferentes de nós, tal como se inscreve na e mais além da filosofia de Levinas. Sabendo-se, contudo, que em toda *promessa* há sempre embutida uma ameaça, um temor e um risco. Mas sem esse *risco*, *traço* ou *rastro*, sem essa abertura ao diferente, ao outro (penso nas belíssimas telas de Lucio Fontana), ao que vem e a quem vem, a vida se vê de antemão paralisada, incapaz de sair de si mesma, transformando-se e ampliando sua vivência, sua sobrevivência, sua sobrevida e mesmo – tal é um dos propósitos da arte – sua *supervivência*. O viver mais do que o simples sobreviver. É assim que traduzo a *sur-vie* de Derrida, como super-vivência (cruzando-a com o Überleben e o *Fortleben*, de Benjamin), algo que compreende e vai além da oposição entre vida e morte, vida presente e fantasma futuro. Na supervivência, há um pouco de morte na vida, de artifício na natureza, de irracional na lógica, de loucura na reflexão etc.

A *obra* de Derrida, sua operação magna, sua obra de pensamento, é sem dúvida uma reflexão sobre a destruição que nos aguarda a todos, viventes e não viventes, inclusive com a possibilidade virtual de apagamento do rastro do rastro, sem deixar vestígio algum. No entanto, ela é também uma exuberante afirmação da vida e do que existe, e de sua máxima sobrevivência. Trata-se de uma obra que sobrevive ela mesma em função de sua comunidade de leitores. Uma comunidade não gregária, nem homogênea, mas feita de singularidades,

---

55 DERRIDA, Jacques. *Heidegger*: la question de l'Être et l'Histoire. Edição de texto Thomas Dutoit, com a colaboração de Marguerite Derrida. Paris: Galilée, 2013. Este ano saiu mais um seminário fora da cronologia, organizado por Alexander Garcia-Düttmann: *Théorie et pratique*: cours de l'ENS-Ulm 1975-1976. Paris: Galilée, 2017.

como este colóquio mesmo atesta. Uma comunidade que se sustenta em função do *dom*, termo que concerne o evento de solidariedade. Um movimento solidário que se revela sororal e fraterno, dadivoso, juntando de forma não coercitiva irmãs e irmãos, muito além das leis tradicionais do gênero. Algo próximo do niilismo ativo de Nietzsche, mas sem enfatizar o aspecto destrutivo, longe disso. *Disseminar* é repropor a ordem vigente sem destruí-la, mas tornando impossível o retorno ao estado anterior e intensificando a abertura e a reversão de valores. Isso possibilita um diagnóstico da precarização geral da vida, ao lado de sua potencialização máxima, junto com e mais além do que se chama de novas tecnologias. Estas somente são de fato *novas* se contribuem para repensar o lugar do humano na perspectiva de todas as outras formas de vida, sem antropocentrismo e sem ontoteologismo. Nisso, uma das categorias mais intensivas de Derrida é a da *différance* (*différance* com *a*, em vez do ortográfico *différence* com *e*) que não se reduz a nenhum dos sistemas opositivos validados pelas culturas. *Différance* é a abertura para o pensamento diferencial não binário, como marca e rastro da alteridade, em nós e em toda parte.

Transformar a ruína em potência, a cinza em chama, é o que se deseja hoje, com toda urgência, no momento mesmo em que uma das mais sólidas universidades do país se vê arruinada em suas bases administrativas e educacionais. Quando isso acontece, na Alemanha nazista, na ditadura brasileira ou no governo golpista de um presidente Temerário, são os próprios lastros da Universidade, enquanto fonte de um saber efetivamente universal, que se veem abalados. Converter a ruína e a precariedade em potência vital e arruinar ou precarizar o poder violento – eis a tarefa sem fim do pensamento disseminador.[56]

Para isso, há que se resgatar plenamente o Estado de Direito. E o direito à literatura, à filosofia, às ciências e ao saber em geral é, sem dúvida, um dos mais decisivos, a serem defendidos sempre *em mais de uma língua*. Enfatizo que a universidade tem uma vocação plurilíngue, constituindo o espaço mesmo do *mais de uma língua* (*plus d'une langue*).

---

56 Próximo da realização deste colóquio, publiquei o artigo "Derrida na UERJ: um encontro solidário", no *Suplemento Pernambuco*. Disponível em: <http://www.suplementopernambuco.com.br/artigos/1844-derrida-na-uerj-um-encontro-solid%C3%A1rio.html>. Último acesso 10 maio 2017.

O chamado golpe desferido contra uma presidente eleita marcará por muitos anos a nossa frágil democracia, tanto mais que a substituição foi para colocar no poder algo de muito pior, com a benção de parte da mídia impressa, televisada e digital. Está por surgir uma nova tendência à esquerda que reafirme o verdadeiro compromisso social, sem demagogia e sem ceder a combinações escusas a fim de se eternizar no poder. A precariedade social de nosso país exige de fato a reinvenção de uma ética e de uma prática política, as quais nada mais devam à tradição que vem se perpetuando ao longo das décadas e que em princípio o Partido dos Trabalhadores parecia destinado, senão a romper, pelo menos a evitar.

Derrida e as plantas: o perdão incondicional

É preciso, pois, que o animal humano peça perdão à vida urgentemente, sabendo todavia que somente o perdão incondicional pode dar conta do abismo construído ontologicamente entre "nós" e os "outros" e as "outras". Há tempos, perdemos a noção do que é dispor de um habitat, habitá-lo e ser por ele habitado, no sentido indecidivelmente empírico e transcendental. Pois a *convivência*, essa palavra tão portuguesa, tão latina, é uma via de mão dupla e com vários sentidos. Ou aprendemos que as plantas, os animais e todas as *estranhas* formas de vida têm seu próprio modo de sensibilidade e sua maneira de pensar e experienciar o mundo, ou continuaremos nossa saga destrutiva, achando que tudo depende somente de nossa suposta racionalidade. Não há mundo habitável sem uma flora realmente florescente e sem uma fauna ativa, livre de ameaças, a não ser a própria predação que lhe é conatural. Agora empresas e governos intencionam colonizar Marte; com que finalidade e com que proveito para a vida, não se sabe bem. Os bilhões de dólares a serem investidos nesses projetos insanos poderiam ser legitimamente aplicados na preservação da vida na Terra, em nome de uma coabitação solidária dos humanos entre si e destes com as demais espécies.

Sem essa coabitação solidária entre humanos e não humanos, plantas e animais, descobrindo o que temos deles e o que eles têm de nós, continuaremos habitando mônadas isoladas, dificultando uma *sobrevida* a mais longa possível. Tal é o que nos tem ajudado a compreender a literatura pensante de Clarice Lispector, essa *sensitiva*. Utilizo o termo em toda sua ambivalência: sensitiva é o nome do que popularmente se chama de *dormideira* (palavra que se encontra no conto "A Legião estrangeira"),[57] aquela planta que se encolhe como um pequeno bicho quando tocada. Por isso ela também é chamada de *mimosa*, não apenas por ser formosa, mas antes por *mimetizar* um animal. Mimosa tem a mesma raiz grega de *mímesis*, termo tão caro a quem trabalha com literatura, arte e pensamento. Razão pela qual passo a palavra a essa *outra* sensitiva, indecidida entre humana, animal e planta, num dos mais belos momentos desse livro inclassificável chamado Água viva, debruçada sobre as plantas, em especial as flores: "Adoro orquídeas. Já nascem artificiais, já nascem arte".[58] A *precariedade da vida* pode ser senão suspensa ao menos protegida desde que abramos nossa sensibilidade estética e existencial para esses outros tão próximos e tão estranhos a esse animal humano, as plantas e os animais, nas fronteiras entre o orgânico e o inorgânico.[59]

Derrida abordou o tema das plantas já nos anos 1960. Categorias reflexivas como enxerto (*greffe*), deiscência, semente e sobretudo *disseminação* remetem para processos orgânicos, que se relacionam com o mundo vegetal.[60] Além disso, o pequeno livro sobre Francis Ponge traz em seu bojo a metáfora vegetal, constituindo na verdade bem mais do que uma metáfora segundo o senso-comum. Finalmente, em *Glas*, toda uma genealogia das flores se vincula ao sobrenome de Jean Genet. Porém, antes de expor sucintamente esses lugares de florescência do pensamento disseminador, referirei aquele que foi o texto de seu último seminário, o já citado segundo volume de *La bête et le souverain*. Os dois anos desse seminário giraram em torno da relação entre a besta ou a

57 LISPECTOR, Clarice. A legião estrangeira. In:____. *A legião estrangeira*. São Paulo: Ática, 1977, p. 106.

58 LISPECTOR, Clarice. Água viva. 10ª. ed. Rio de Janeiro: Nova Fronteira, 1980, p. 59. Ver também NASCIMENTO, Evando. A desnatureza das flores. In:____. *Clarice Lispector*: uma literatura pensante, *op. cit.*

59 Durante as comemorações dos 40 anos sem Clarice, participei do evento realizado pelo Corpo Freudiano, no Rio de Janeiro, em 9 de dezembro de 2017: "Lispectator: Celebrar Clarice Lispector". A conferência "Clarice e as plantas: uma literatura pensante" foi em seguida publicada na revista lusa *Caliban*. Disponível em: <https://revistacaliban.net/clarice-e-as-plantas-uma-literatura-pensante-22f3c3111f38>. Último acesso 20 dez. 2017.

60 Para compreender a força dessa primeira terminologia derridiana no contexto em que aparece, ver meu *Derrida e a literatura*, *op. cit.*

fera, de um lado, e o soberano, o humano, do outro. Embora esses papéis sejam reversíveis, e o humano possa se revelar mais fera do que a fera, tanto quanto a fera pode se comportar mais soberanamente humana do que o humano, dentro da tradição humanista ocidental cada um permanece em seu âmbito. E a grande preocupação de Derrida, em diálogo cerrado sobretudo com dois textos de Heidegger, *Identidade e diferença* e *Os conceitos fundamentais da metafísica*, é ver até que ponto se sustenta a linha de separação entre esses dois mundos, começando por verificar em que medida eles são, separadamente, idênticos e homogêneos em relação a si mesmos, ou se, ao contrário, essa linha divisória, esse limite e esse limiar tendem sempre à divisão e à impossibilidade de separação entre as esferas, implicando a mistura e a contaminação. Seria inviável deslindar aqui a trama dos conceitos e noções tanto literários quanto filosóficos que Derrida levanta, mas é possível indicar dois traços relevantes desse seminário. Por um lado, Derrida acusa em mais de um momento Heidegger de dois equívocos graves: 1) tratar os animais no singular, como se formassem um grupo homogêneo, cuja característica é ser pobre de mundo (*weltarm*), ou seja, ter bem menos mundo do que o *Dasein* humano; 2) "esquecer-se" sistematicamente das plantas, como se estas não atingissem ao menos a necessidade da reflexão.[61] No que diz respeito ao primeiro aspecto, Derrida está coberto de razão, e as reflexões heideggerianas sobre os bichos necessitam de inúmeros questionamentos, por repetirem alguns dos piores dogmas da tradição metafísica, que o próprio Heidegger tanto desejou *destruir*. Todavia, e por outro lado,

61 Cf. DERRIDA, Jacques. *La bête et le souverain*: v. II, *op. cit.* Na p. 33 desse volume, Derrida fala dos viventes, referindo-se sobretudo, dentro do senso-comum, aos homens e aos animais, mas faz a seguinte ressalva: "(seja lá o queira dizer a palavra vida, *bios* ou *zoé*, e supondo-se que se tenha o direito de excluir os vegetais, as plantas e as flores)". Na p. 73, aparecem "as plantas e os animais", com referência a Heidegger. Na p. 120, sempre com referência aos *Conceitos fundamentais da metafísica*, de Heidegger: "Aí mais uma vez, seria sintomático o fato de Heidegger não falar da planta, não direta ou ativamente, pois me parece que, se ele menciona, é claro, nunca a terá levado tão a sério, como vida, quanto a animalidade. Penso sempre no *ranunculus* (*clonos*, em latim), flor dos pântanos, flor aquática, cujo nome vem de *ranunculus*, a pequena rã ou rãzinha", uma flor-animal, portanto. Na p. 171, mais uma crítica ao fato de Heidegger mencionar as plantas sem lhes atribuir um estatuto ontológico particular, não lhes dando a mesma atenção que ao animal. Na p. 276, comentário de igual teor.

em nenhum momento o próprio Derrida reflete detidamente sobre as plantas, nem sequer promete que o fará nos seminários vindouros, ao contrário de uma análise do *Walten* heideggeriano, que terminará o seminário de 2003, e a série histórica desde os anos 1960, como promessa impossível de ser cumprida, pois o devedor morrerá no ano seguinte. Nem tampouco se refere ao trabalho que ele próprio desenvolveu de maneira dispersa tanto em *Glas* como em *Signéponge*. No fundo, ele age *como se* (categoria kantiana por ele comentada no segundo ano do seminário) a questão das plantas fosse da mesma ordem da dos animais e não merecesse uma reflexão à parte. Em certa medida, isso é verdade: toda a discriminação que Heidegger impõe ao animal como pobre de mundo (*weltarm*) poderia se aplicar às plantas. Poderia, mas não esclareceria de todo a questão. Se Heidegger considera que os animais são pobres de mundo porque não se relacionam de forma autêntica com a diferença ontológica, ou seja, são entes incapazes de dar conta da questão do ser no horizonte temporal, como somente o *Dasein* humano consegue, pode-se dizer que o mesmo acontece com as plantas.[62] Apesar, disso seria indispensável tratar da "especificidade" relativa da diferença vegetal, ao menos como um capítulo à parte da história da metafísica, pois tudo indica que as plantas têm de fato um diferencial agravante: se à maior parte dos bichos se pode atribuir qualidades humanas, tais como alguma forma de consciência, mesmo precária, certa mobilidade e meios de comunicação, às plantas isso sempre foi sistematicamente negado. Bem mais do que os animais, as plantas não parecem pensar, nem sentir, nem nada, só *vegetam*, e o significado usual desse verbo diz tudo: vegetar não é viver, é nascer e crescer como um vegetal, mas sem a consciência de estar vivo, sem qualquer consciência simplesmente. E disso Derrida não fala, decerto porque lhe faltou tempo, ele que tantas vezes repetiu que "a vida terá sido curta", quando ainda estava muito vivo. No esquema da reflexão heideggeriana, pode-se dizer que as plantas estão em pior situação do que as pedras: se o homem é construtor de mundo (*weltbildend*), o animal é pobre de mundo (*weltarm*) e a pedra desprovida de mundo (*weltlos*), aos vegetais é negada qualquer particularidade existencial, a não ser como anexas à questão animal – um derivado desta, sem nenhuma autonomia.

---

62 Para todas as referências a essa temática, cf. HEIDEGGER, Martin. *Os conceitos fundamentais da metafísica*: mundo finitude solidão. Tradução Marco Antônio Casanova. Rio de Janeiro: Forense Universitária, 2003.

O recurso a uma palavra, já citada, me parece decisivo para refletir acerca do lugar das plantas no pensamento de Derrida e para deslocar a própria ideia de desconstrução como herdada do vocabulário de Heidegger, por um ato de tradução. Tal é a já referida *dissémination*, que dá título ao importante livro de 1972.[63] À diferença de desconstrução, que tem como fator problemático estar excessivamente vinculada ao pensamento fundamentalista de Heidegger (*Destruktion*, *Abbau*), disseminação é uma palavra latina sem contaminação ideológica totalitária. Ao contrário, a força do termo vem do fato de nomear a dispersão em vez da reunião totalizante (*Versammlung*, *rassemblement*), que perpassa as reflexões de Heidegger. Antes de referir mais a potência desse termo, como é retomada no último seminário, citaria um trecho de *Glas*, em que, comentando Hegel, Derrida expõe a força totalizante e totalitária do pensamento metafísico:

> A idealidade, produção da *Aufhebung*, é, portanto, um "conceito" onto-econômico. O *eidos*, forma geral da filosofia, é propriamente familiar, produzindo-se como *oikos*: casa, habitação, apartamento, quarto, residência, templo, túmulo, colmeia, família, raça etc. Se há nisso um sema comum, é a guarda do próprio: ela retém, inibe, consigna a perda absoluta ou apenas a consome para melhor vê-la voltar a si [*la regarder revenir à soi*], ainda que seja na repetição da morte. O espírito é o outro nome dessa repetição.[64]

63 DERRIDA, Jacques. *La dissémination*. Paris: Seuil, 1972. Ver em particular o capítulo homônimo, que encerra o livro, abrindo a escritura à dispersão. Ali se estabelece a diferença entre polissemia (que tende a reunir os vários sentidos ou semas num único feixe) e a disseminação textual. "O semântico [relativo à polissemia] significa, como momento do desejo, a reapropriação da semente na presença, a retenção do seminal junto a si, em sua re-presentação. A semente então se contém para se guardar, se ver, se resguardar". Já o seminal "se dissemina, sem nunca ter sido ele mesmo e sem retorno a si" (p. 390-391). Outro texto importante para compreender a diferença do pensamento disseminador, de Derrida, em relação ao pensamento do ser, de Heidegger, é "*Envoi*", em DERRIDA, Jacques. *Psyché*: inventions de l'autre. Nova edição, revista e ampliada. Paris: Galilée, 1998, p. 109-143.

64 DERRIDA, Jacques. *Glas*. Paris: Galilée, 1974, p. 152.

Ora, se a idealidade visa a reter, economicamente, a perda, a impedir que o *eidos* se perca, extraviando-se na precariedade do mundo sensível, segundo a dicotomia platônica entre o sensível e o inteligível, algo muito diferente ocorre com a *disseminação*, que as plantas e a vida em geral sinalizam. No trecho de *La bête et le souverain*: v. II, que cito a seguir, Derrida começa expondo a necessidade de, a despeito de tudo, se falar num único mundo possível, onde todos habitamos; tal seria nossa casa, nosso lar, nosso *oikos*, o lugar mais *próprio* da habitação. No entanto, a sequência da mesma longuíssima frase indica justamente o contrário, sob o traço da disseminação:

> Porém, num sentido mais corrente [...], é de fato necessária certa unidade *presumida, antecipada*, do mundo, ainda que para com isso sustentar, num discurso, a multiplicidade, intraduzível e não passível de reunião, **a disseminação dos mundos possíveis**. Não apenas uma multiplicidade e uma equivocidade do mundo, da palavra "mundo" (cosmos, *mundus*, *Welt*, *World*, mundo), a qual guardaria um horizonte comum de univocidade, mas também **uma disseminação sem horizonte semântico comum**, o substantivo "mundo", como palavra vazia de sentido, ou o sentido sem emprego da palavra "mundo", não sendo senão um efeito artificial, uma construção verbal e terminológica remendada, destinada a mascarar nossa afobação de bebê, que nasceria sem vir ao mundo, destinada, portanto, a nos proteger contra a angústia infantil, mas infinita, pelo fato de *não haver o mundo*, de nada ser menos seguro do que o próprio mundo, de talvez não mais haver e de provavelmente jamais ter havido mundo como totalidade do que quer seja, mundo habitável e coabitável, e de **a disseminação radical, quer dizer, a ausência de mundo comum**, a solidão irremediável e sem salvação do vivente, se dever primeiramente à ausência sem recurso de qualquer mundo, quer dizer, de todo sentido comum da palavra "mundo", de todo sentido comum em suma.[65]

65 DERRIDA, Jacques. *La bête et le souverain*: v. II, *op. cit.*, p. 366 (grifos do autor e negritos meus).

Nessa disseminação radical, que rege o(s) mundo(s) como multiplicidade, é como se cada "ente" vivesse em sua própria esfera, sem relação com as outras existentes; todavia, mesmo assim, a inter-relação hipotética dos mundos precisa ser sustentada, de outro modo seria o caos.[66] É nesse mundo quase inabitável, porém cada vez mais habitado e coabitado, que os viventes compartilham suas existências: humanos, animais em geral, plantas em geral, e todas as formas intermediárias entre o orgânico e o inorgânico. Todas as formas de vida no planeta de algum modo estão submetidas à soberania, para não dizer à tirania, dos humanos. E é aí que as plantas encontram seu lugar de permanência *e* instabilidade, a um só tempo. É nessa coabitação impossível (pois não existe um único mundo onde todas as formas de vida se reúnam consensualmente) e possível (apesar disso, as formas de vida convivem entre si, participando de um legado comum ao vivente, em suas relações complexas com a morte), que a palavra *disseminação* pode com muita eficácia deslocar o desgastado termo "desconstrução". E mesmo que esse último vocábulo não estivesse desgastado, é preciso sempre lembrar que, para Derrida, nunca há termo definitivo, pois o processo vital e letal, empírico e transcendental, se existe, não pode jamais ter termo definitivo ou único, a não ser dentro da lógica da tradição metafísica.

"E se coabita o mundo", diz, portanto, Derrida.[67] Como a ciência já demonstrou, o planeta não é um suporte neutro, que receberia a vida como um conteúdo externo, algo como um *extraterrestre* (aliás, essa seria a hipótese, entre outras, da vida como originária do espaço e não da atmosfera terrestre primitiva). Longe disso, a Terra foi profundamente modificada pela existência da vida, essa camada de organicidade que impregna tudo. No curso de milhões de anos, a vida se afeiçoou à Terra, tanto quanto esta se deixou moldar pelas *estranhas* formas de vida que a habitam. *Habitar* significa, para cada espécie, encontrar seu habitat, onde bem desenvolver seus hábitos. Habitar não é simplesmente

66 O termo disseminação vem do latim *disseminatio*, "ação de espalhar". Em 1883, ganha a definição botânica de "dispersão natural de sementes ou esporos, na época da maturação; seminação". Já o antepositivo *seme-* provém do latim *semen,ĭnis*, "'semente, germe, causa, princípio', de um [verbo latino] *sero,is,sevi,satum,serĕre* 'semear, plantar' só representado em romance por seus [derivados]: *seminālis,e* 'que tem que ser semeado', *seminarĭum,ĭi* 'viveiro (de plantas), [*figurado*] escola, seminário', *semĭno,as,āvi,ātum,āre* 'semear'".

67 Cf. DERRIDA, Jacques. *Séminaire la bête et le souverain*: v. II, *op. cit.*, p. 366.

estar por acaso neste ou naquele lugar, mas existir de fato *apenas por estar* em determinado lugar, afeiçoar-se, moldar-se com e pelo entorno, e não a despeito dele ou contra ele. *Viver é, portanto, uma questão de afeição e de afeto.* Esse é o sentido profundamente ético da existência humana e outra: a coabitação, o com-viver, para viver mais e melhor, com bons hábitos. Como indica o radical *hav-*, habitar tem a mesma raiz do verbo haver: mas é um possuir que não se apossa de nada, ao contrário, se nos apossa, nos habitando.

Em síntese, a coabitação pode e deve ser pensada não como um *a priori* ideal, mas exatamente no lugar de uma aporia: os mundos estão isolados e são irredutíveis; apesar disso, *há* (*il y a*) relação. Mas essa relação não se faz pela ilusão romântica de uma unidade essencial, onde as diferenças se dissolvessem. É como se vigesse *a relação na dispersão*, e não no recolhimento e na reunião homogênea dos diferentes mundos. O que relaciona é a diferença, a singularidade de cada espécie, e não a semelhança ou a comunidade de hábitos.

Esse deslocamento de desconstrução por disseminação se impõe na medida em que, como dito, desconstrução foi uma tentativa de tradução de dois vocábulos de Heidegger (*Destruktion* e *Abbau*, esse último sendo dotado também do sentido de redução ou anulação).[68] Aqui pode-se confrontar dois momentos da trajetória de Derrida. Quase ao final do segundo volume de *La bête et le souverain*, há uma defesa do *língua*, da *escrita* ou da *linguagem* de Heidegger, o

68 Encontra-se em *Ser e tempo* uma síntese da proposta de Heidegger enquanto pensador do ser, ou antes, pensador do esquecimento do ser ou da diferença entre ser e ente (nomeada como diferença ôntico-ontológica): "Se se deve obter para a questão-do-ser ela mesma a transparência de sua própria história, então é preciso dar fluidez à tradição empedernida e remover os encobrimentos que dela resultaram. Essa tarefa nós a entendemos como a *destruição* [*Destruktion*] do conteúdo transmitido pela ontologia antiga, tarefa a ser levada a cabo pelo *fio-condutor da questão-do-ser* [*Leitfaden der Seinsfrage*] até chegar às experiências originárias em que se conquistaram as primeiras determinações do ser, as determinações diretoras a partir de então" (HEIDEGGER, Martin. *Ser e tempo*. Edição bilíngue. Tradução, organização e notas Fausto Castilho. Campinas: Ed. da Unicamp, 2012, p. 86-87). Essa temática do retorno fundamental a um pensamento originário do ser jamais será abandonada por Heidegger, a despeito das inúmeras reformulações que veio a propor nos anos seguintes. Desenvolvi amplamente essas questões no primeiro capítulo da terceira parte, intitulado "Fechamento e época", de *Derrida e a literatura*, *op. cit.*, p. 219-297.

qual supostamente leitores despreparados não saberiam reconhecer. O trecho se refere ao texto *Identität und Differenz*:

> *Devemos aqui estar mais atentos do que nunca* à letra alemã da linguagem de Heidegger. Aos olhos das pessoas apressadas e impacientes para se sentirem em casa com uma língua que elas imaginam conhecer, e das obviedades letárgicas (e isso pode ser o alemão de muitos alemães ou o francês de vários franceses), aos olhos dessa gente, *a escrita de Heidegger pode parecer às vezes um jogo abusivo ou fastidioso.* Mas ele carrega aqui todo o peso dos contextos mais graves, no momento em que as diferenças mais sutis são também as mais decisivas, por vezes no interior mesmo do mesmo, em que alguns gostariam de se autorizar a misturar tudo.[69]

No entanto, o jovem Derrida, do primeiro seminário de 1964/1965, não economiza críticas a esse mesmo *estilo*, que a "letra alemã da linguagem de Heidegger" configura. Antes de propor uma citação, duas observações se fazem necessárias: em primeiro lugar, como para toda a transcrição dos seminários de Derrida atualmente em curso, é preciso ter em mente que seu autor escreveu mas não revisou o texto para publicação. Em segundo lugar, é importante entender que, naquele momento dos anos 1960, o texto completo de *Sein und Zeit*, bem como de outros livros de Heidegger, ainda não tinha sido traduzido; daí Derrida traduzir e comentar, ou *comentar traduzindo*, diversas passagens da textualidade heideggeriana. O comentário que transcrevo em seguida vem logo após uma longa citação da famosa *Carta sobre o humanismo*, referindo-se tanto ao conteúdo quanto e sobretudo ao *estilo* desta:

> E então aparece aqui o que se assemelha *mais uma vez* a uma pura e simples metáfora de estilo expressionista-romântico-nazista [à une pure et simple métaphore de style expressionisto-romantico-nazi] (que talvez, provavelmente mesmo, também seja romântico-nazista, mas o problema, nosso problema, é saber *se ela é apenas uma metáfora* e se o estilo romântico-nazista

69 *Ibid.*, p. 350 (grifos meus).

> a esgota; e se, *ao nos deixarmos fascinar por esse estilo*, não perdemos – por uma violência filológica – o essencial).[70]

O exemplo que ele dá é o trecho provavelmente mais famoso da *Carta sobre o humanismo*, e também um dos mais conhecidos da obra de Heidegger:

> De acordo com essa essência, a linguagem é a casa do ser, apropriada pelo ser em meio ao acontecimento e estabelecida pelo ser. Por isto há que se pensar a essência da linguagem a partir de sua correspondência com o ser, ou seja, como morada da essência do homem.

Mas o homem não é apenas um ser vivo que, ao lado de outras faculdades, possui também a linguagem. Ao contrário, a linguagem é a casa do ser; e, nela morando, o homem ek-siste, na medida em que, guardando a verdade do ser, a esta pertence.[71]

O que há de semelhança a uma metáfora romântico-nazista é a analogia entre Ser e linguagem (entenda-se linguagem verbal), esta sendo a "morada" ou a "residência" daquele (*sic*), implicando um antropocentrismo por exclusão de tudo o que não é da ordem do *Dasein* humano nessa relação essencial. Logo depois de traduzir e citar, Derrida trata de "justificar" (o termo é dele) esse estilo, parafraseando o trecho sem metáfora ou abstração, ou seja, numa linguagem por assim dizer anti-heideggeriana, enxuta de qualquer romantismo expressionista e nazista...

Mais adiante, Derrida vai enfatizar a necessidade de se afastar do *estilo heideggeriano*, por ele explicitamente caricaturado no que se refere à metáfora do "habitar", remetendo a uma função de unidade e reunião. Propõe então novo comentário nos seguintes termos: "Vou tentar fazê-lo de forma bastante esquemática do ponto de vista que aqui nos interessa, mas também de forma bastante voluntária, *numa linguagem não heideggeriana, numa linguagem despojada de filologia alemã e do pathos que corre o risco de chocar*";[72] o exemplo dado em

70 DERRIDA, Jacques. *Heidegger*: la question de l'Être et l'Histoire, *op. cit.*, p. 98 (grifos meus).

71 HEIDEGGER, Martin. Carta sobre o humanismo, *op. cit.*, p. 346.

72 *Ibid.*, p. 100 (grifos meus).

seguida se refere a um dos textos de Heidegger sobre Hölderlin. Sem dúvida, o estilo de Derrida se fez ao longo dos anos por meio de um afastamento do estilo expressionista-romântico-nazista de Heidegger, sem confusão estilística possível entre os dois. Mas por que então essa qualificação do "estilo expressionista-romântico-nazista" desaparece da obra publicada em vida, a ponto de o último seminário fazer uma defesa cheia de *pathos* desse mesmo *estilo*, negativamente avaliado pelo jovem Derrida? (Um jovem que, no entanto, já havia publicado alguns de seus ensaios mais importantes, a serem reunidos em livros lançados nos anos seguintes; um intelectual, portanto, já em seu pleno vigor reflexivo).

O que teria acontecido nesse meio tempo? Por que, a despeito das inúmeras denúncias e comprovações sobre as relações com o nazismo, e de ele mesmo ter constatado isso muito cedo, por assim dizer no início da obra, Derrida defende o indefensável estilo de Heidegger, que é essencialmente inseparável do pensamento deste último? Pois o *estilo* não é um mero ornato que se acrescenta a uma escrita, independentemente de seu conteúdo. Longe disso, como bem demonstra *Esporas*, livro de Derrida sobre Nietzsche, o estilo é a escrita mesma, o modo de incisão e portanto de inscrição no texto do mundo, num processo que é tanto empírico quanto transcendental.[73] Cito uma definição bastante comum de estilo, que ele a seu modo subscreve em *Signéponge*: "*o estilo, o idioma inimitável* de um escritor, de um escultor, de um pintor ou de um orador".[74] (Sublinho, mais uma vez entre parênteses, que, como já vimos, em si a metáfora do habitar não é romântico-nazista, mas sim o modo de interpretá-la, dentro de uma ontologia fundamental, da linguagem como "morada do Ser", que nada tem a ver com o pensamento disseminador proposto por Derrida).

A hipótese seria a de que, apesar das inúmeras críticas desconstrutoras que o próprio Derrida desenvolveu em torno do pensamento e das "mãos" de Heidegger, em certa medida a herança desse pensamento acabou pesando mais do que o afastamento dispersivo dessa origem nefasta. Daí o diálogo até o último minuto com o espectro de Heidegger, no que diz respeito à espinhosa questão do *Walten*. Essa hipótese necessita ser analisada em todo o corpus da obra, no qual referências heideggerianas comparecem – tarefa ingente a ser desenvolvida por mais de um ou uma intérprete nos próximos anos. Se *Do espírito*

73 DERRIDA, Jacques. Éperons: les styles de Nietzsche. Paris: Flammarion, 1978.

74 DERRIDA, Jacques. *Signéponge*. Paris: Seuil, 1988, p. 47 (grifos meus).

foi uma tentativa de responder às acusações contra Heidegger, deflagradas nos anos 1980, sobretudo nos Estados Unidos, esse opúsculo fica muito aquém da importância do tema.[75] Foi por esse motivo que, em 2014, após a publicação dos *Cadernos negros* de Heidegger, a editora Galilée decidiu reunir dois textos de Derrida sobre a temática judaica em *Le dernier des juifs*. O *Avertissement* (Advertência), escrito por Jean-Luc Nancy, sinaliza as dificuldades do problema, apontando o não desenvolvimento temático, por parte de Derrida, das relações de Heidegger com a questão judaica e o antissemitismo, com uma única exceção, na referência a Sartre. Indaga Nancy: "como ele nada tinha suspeitado do antissemitismo de Heidegger? Que cara faria diante dos *Cadernos negros*, onde isso se revela de maneira infame?"[76]

É interessante, portanto, que um seminário não editado por seu autor, *Heidegger*: l'Être et l'Histoire, antecipe em cinco décadas a avaliação (em sentido nietzschiano) que o Derrida sênior jamais chegou a fazer, ao menos publicamente. Essa diferença entre a obra canônica publicada em vida e a obra de juventude publicada postumamente coloca uma questão crucial: que teria feito Derrida se fosse ele mesmo o revisor e editor de seu seminário de 1964-65? Teria corrigido o jovem e brilhante pensador, suprimindo a qualificação das metáforas de Heidegger como expressionista-romântico-nazista? Ou teria se mantido fiel a seu primeiro impulso, apesar de talvez não subscrever mais as antigas frases sobre o estilo heideggeriano? Ainda que suprimisse e destruísse o manuscrito de sua letra cursiva, certamente um rastro da inscrição primeira sempre poderia *restar*, inapelavelmente... O que estou querendo apontar é: faltou a Derrida desconstruir ou, antes, disseminar cabalmente a *Destruktion* de Heidegger. Se o tivesse feito, provavelmente a própria palavra desconstrução pudesse ser senão sacrificada – termo que não endosso, evidentemente – mas deslocada pela palavra disseminação, esta sim da lavra de Derrida, sem tradução do alemão. Nesse caso, e mais do que nunca, o pensamento derridiano se faria longe de qualquer *Versammlung* ou reunião romântica e nacional-socialista, com uma visada efetivamente disseminadora. Ficaria confirmado o que sempre achei: Derrida é um herdeiro inautêntico de Heidegger, na medida em que deslocou em definitivo a questão do ser e toda ou qualquer ontologia fundamental,

75 DERRIDA, Jacques. *De l'esprit*: Heidegger et la question. Paris: Galilée, 1987.

76 DERRIDA, Jacques. *Le dernier des juifs*. Paris: Galilée, 2014, p. 9.

para não dizer fundamentalista. Essa traição ao que mais fundamental há em Heidegger – a questão do Ser que atravessa toda sua obra, a despeito e por causa das inúmeras reproposições conceituais – infirmaria completamente seu lugar de discípulo do pensador alemão, de que tantas vezes foi acusado.

Em que consistiria o traço mínimo para se reconhecer o nazismo do estilo e, portanto, o nazismo de Heidegger? Por certo não o biologismo antissemita, que ele explicitamente recusou, mas certamente a univocidade relacionada à questão do ser, como envio inicial dos gregos. É a essa univocidade fundamental que a *Versammlung* heideggeriana se refere, e que foi refutada por Derrida em mais de um momento. Não penso que o nazismo se defina apenas pelo antissemitismo. Esse foi sem dúvida um de seus traços essenciais no século XX; todavia, o movimento nazista consiste num tipo de totalitarismo voltado para o fundamento da origem pura e unívoca (por exemplo, de um povo), razão pela qual é uma interpretação totalizadora e, portanto, totalitária. A exclusão antissemita é uma das derivas lógicas desse movimento totalizante, unicista e fundamental; a questão heideggeriana do ser não deixou de pagar tributo a isso, inclusive publicamente. Entre outros lugares, no Discurso da Reitoria, quando associa o destino nacional do povo alemão ao dos primeiros gregos. Eis como ele resume a condição para o advento da verdadeira ciência no seio da Universidade alemã, sob os auspícios do nazismo, no ano de 1933, quando assume o cargo de reitor na Universidade de Friburgo "Só se novamente nos colocarmos sob o poder do *início* [*Anfang*] da nossa existência espiritual-histórica. Este início é a irrupção da filosofia grega. Aí, o homem ocidental levanta-se pela primeira vez, por força da sua linguagem, a partir de uma nacionalidade [*Volkstum*], *diante do ente no seu todo* [*Seiendes im Ganzen*], perguntando e concebendo-o enquanto o ente que ele é".[77] Ainda que a passagem pelo cargo de reitor tenha sido curta, nada tem de episódica, pois envolveu a própria filosofia de Heidegger, ou o seu "pensar" (*Denken*).

Não por outro motivo, Derrida reconhece muito cedo, numa entrevista reproduzida em *Posições*, que talvez o que ele propunha fosse algo muito distinto do pensamento de Heidegger: "tenho por vezes a impressão de que a problemática heideggeriana é a defesa mais 'profunda' e mais 'potente' do que

77 HEIDEGGER, Martin. *A auto-afirmação da universidade alemã*: Friburgo 1933. Tradução Alexandre Franco de Sá. Covilhã: LuSofia, 2009, p. 5.

tento pôr em questão, com o título de *pensamento da presença*".[78] Faltou levar essa "traição" tradutória às últimas consequências, rasurando e deslocando a dupla tradução de *Destruktion* e *Abbau* como desconstrução, em proveito da metáfora conceitual da disseminação. Por razões óbvias, ele nunca publicou um livro chamado *La déconstruction*, mas, como dito, publicou um belíssimo livro intitulado *La dissémination*.[79]

Doravante, portanto, disseminação poderá deslocar o lugar privilegiado de desconstrução, tal é minha proposta. E nisso, as plantas desempenham um papel decisivo, elas que, talvez mais do que os humanos e os animais, tenham sido inteiramente sacrificadas no discurso metafísico. Sacrificadas: abatidas e devoradas de modo sistemático e irrefletido, com toda crueldade. Mas sobretudo desqualificadas ontologicamente, como desprovidas de qualquer essência própria, e nem mesmo Derrida chegou a lhes dar o mesmo tratamento e preocupação

78 Cf. DERRIDA, Jacques. *Positions*. Paris: Minuit, 1972, p. 75.

79 O texto em que Derrida aborda mais detidamente a questão do "nazismo de Heidegger" é "L'oreille de Heidegger: philopolémologie (Geschlecht IV)", uma conferência pronunciada em 1989, na Universidade Loyola de Chicago, e reproduzida em *Politiques de l'amitié* (Paris: Galillé, 1994, p. 341-419). O grande problema desse texto é diluir a força da problemática nazista numa análise filológica de textos de Heidegger. Mesmo o tenebroso *Discurso do reitorado* recebe um tratamento filosófico bastante tradicional, que não destaca tudo o que envolve a problemática histórica, sem a qual ele não pode ser compreendido em toda sua extensão. Chocam duas inconsequências dessa reflexão derridiana: primeiro, a ausência de qualquer conceituação sobre o nazismo, do ponto de vista histórico e ideológico; segundo, igualmente a inexistência de qualquer menção à solução final, e o silêncio de Heidegger a esse respeito. O mesmo pensador que no derradeiro ensaio de *Força de lei* não hesita em associar um texto de Benjamin à solução final, dá um tratamento quase "neutro" à potência destrutiva (e não apenas desconstrutora) da textualidade heideggeriana. Certa valorização conceitual do *pólemos* grego e do *Walten* alemão servirão como ponto de partida para amplas discussões sobre a insuficiência do questionamento derridiano no que diz respeito aos aspectos ideológicos e partidários não só de Heidegger, como também de Carl Schmitt, amplamente citado em *Polítiques de l'amitié*. É, acima de tudo, nesse aspecto que a palavra disseminação pode ajudar a deslocar em definitivo desconstrução. E isso se fará evitando toda polêmica, e *por amor de Derrida*, não em guerra contra ele. Nesse sentido, ver o interessante ensaio de RABATÉ, Jean-Michel. *Les guerres de Derrida*. Montreal: Presses Universitaires de Montréal, 2016.

reservados aos animais. Sem dúvida, é preciso comer bem e de fato. Todavia, há modos e modos de devorar o outro ou a outra, e a necessidade de nutrição para a humanidade e para as outras espécies ainda é matéria para muita investigação por vir, sobretudo se se levar em conta a injunção maior e mais justa do "dar de comer", em vez de simplesmente devorar o outro.[80]

Se Derrida, em *Força* de lei, afirma que "*A desconstrução é a justiça*",[81] seria preciso trair e rasurar essa sentença, repropondo sem temor, nem tremor: "*A disseminação é a justiça*". Pois faltou na arquitetura em aberto dessa obra colossal *desconstruir a própria desconstrução*, arrastando-a por fim rumo à alteridade disseminadora e rompendo em definitivo com o pensamento heideggeriano de fundo nazista. Com isso, mata-se igualmente o Derrida "Pai da Desconstrução", para que ele renasça por meio de muitos outros, em nome do pensamento disseminador. Também desse modo cumpre-se outra sentença, que se encontra lá no princípio da escrita: "Lapidarmente: a disseminação figura o que *não retorna* ao pai".[82] Pois o pai desde sempre já morreu, para que a escrita-órfã siga outro caminho, longe da firma patriarcal.

O pensamento vegetal de Ponge e de Genet

Diante do curto espaço restante, sintetizaria mais alguns aspectos da problemática das plantas em momentos distintos da obra de Derrida. Em todos os trechos do segundo volume de *A La bête et le souverain* já sinalizados,[83] é como se Derrida marcasse a necessidade de *também* pensar a planta, mas sem chegar a esboçar qual seria exatamente a diferença vegetal (se há). A questão seria: as plantas seriam um vivente *como* os animais e *como* os homens, ou deveriam receber um tratamento à parte? A dúvida recai sobre o estatuto e o alcance dessa analogia, ficando como semente para futuro desenvolvimento, num texto já em plena germinação. Assinalo, todavia, que, mesmo sem desenvolver uma refle-

80 É muito esclarecedora a entrevista concedida por Derrida a Daniel Birnbaum e Anders Olsso, publicada postumamente, em torno da questão do comer o outro e da digestão. Disponível em: <https://conversations.e-flux.com/t/e-flux-journal--redux-daniel-birnbaum-and-anders-olsson-an-interview-with-jacques-derrida--on-the-limits-of-digestion/3086>. Último acesso 7 out. 2017.

81 DERRIDA, Jacques. *Force de loi*, *op. cit.*, p. 35.

82 DERRIDA, Jacques. *Positions, op. cit.*, p. 120.

83 Ver anteriormente a nota 55.

xão extensa sobre o vegetal ou os vegetais, para Derrida, aquilo que os relacionaria aos animais seria sem dúvida o tema do *sacrifício*. Tal como os animais, as plantas se deixam *sacrificar* porque não gozam do mesmo estatuto ontológico do humano: elas estão por assim dizer à nossa disposição, ou à disposição do sujeito masculino, viril, que tem precedência sobre as mulheres, as crianças e, portanto, as demais espécies.[84]

O ensaio "A mitologia branca", publicado em *Margens*, de 1972, intenta abalar a oposição metafísica entre sentido figurado e sentido próprio da linguagem por meio da metáfora do *heliotrópio*, palavra que significa ao menos quatro coisas: 1) um tipo de planta de origem tropical e temperada, utilizada com função ornamental; 2) plantas cuja flor se orienta na direção do sol, como os girassóis; 3) tipo de pedra esverdeada, marchetada de vermelho; 4) instrumento utilizado para enviar raios solares em grandes distâncias. Todas essas imagens são instrumentalizadas para reler a oposição metafísica entre sol inteligível e sol sensível, que organiza a teoria aristotélica da metáfora. O heliotrópio é, assim, a figura de linguagem que serve para pôr em perspectiva a noção de metáfora: linguagem sobre linguagem, sem que haja referência primeira ou sentido *próprio*.[85] E se o pensamento disseminador de Derrida se afasta de todo humanismo tradicional, bem como de todo vitalismo, é porque ele intenta pensar o vivente a partir de categorias que, desde o início da obra, remetem a processos que vão além do humano. Como ele resume em *L'animal que donc je suis*, inserindo a questão da linguagem verbal (humana) no funcionamento de uma gramatologia geral: "A marca, o grama, o rastro, a *différance*, dizem respeito, de maneira diferencial, a todos os viventes, todas as relações entre o vivente e o não vivente".[86]

84 Cf. DERRIDA, Jacques. "Il faut bien manger" ou le calcul du sujet, *op. cit.*, p. 296-298.

85 Cf. DERRIDA, Jacques. La mythologie blanche. In:____. *Marges*: de la philosophie. Paris: Minuit, 1972, p. 247-324. Cf. também *Derrida e a literatura*, *op. cit.*, em especial o segundo capítulo da terceira parte: "Literatura e pensamento", p. 297-391.

86 DERRIDA, Jacques. *L'animal que donc je suis*. Organização Marie-Louise Mallet. Paris: Galilée, 2006, p. 144. Sem negar a heterogeneidade das formas de vida, ao contrário, apontando para a singularidade de cada uma, ele enfatiza também noutro contexto: "Penso em particular na marca em geral, no rastro, na iterabilidade, na *différance*, tantas possibilidades ou necessidades sem as quais não haveria linguagem, *mas que não são somente humanas*". Cf. "Il faut bien manger" ou le calcul du sujet, *op. cit.*, p. 299.

O pequeno livro escrito a partir de Ponge, originalmente uma conferência pronunciada em Cerisy diante do próprio autor, *Signéponge*, fala sobretudo da já referida mimosa, relacionando-a por sua etimologia à *mímesis*. Pinhos, árvores em geral, pereira, mas sobretudo o *mimosa* (termo masculino em francês e feminino em português) deixam seu rastro vegetal, por assim dizer clorofílico, nas páginas do livro que Derrida contra-assina.[87] Mas ele aborda também os animais (vespa, andorinha, camarão...) e os minerais, em particular a pedra, bem como a coisa ou as coisas. Toda a reflexão sobre a assinatura *Francis Ponge* se realiza em torno do nome de autor e da coisa assim nomeada, enfatizando a relação com a *pierre ponce*, a nossa pedra-pomes.

A assinatura de Jacques Derrida se faz como contra-assinatura da de *FP*, por um gesto mimético que consiste em dar um tratamento nominal às coisas, sem no entanto convertê-las em puro signo. São antes *metáforas conceituais* para pensar a relação do humano, por exemplo com as plantas, com os viventes em geral e até mesmo com os minerais, os objetos, as coisas. Entre todos esses aspectos abordados como performance mimética, destaque-se também a esponja (*l'éponge*, que contém em francês o nome do autor), a qual é uma zoófita, nem propriamente animal, nem vegetal, indecidível: "uma planta animal", que Derrida também identifica à escrita. Nesse sentido, informe, "a esponja constitui não apenas o termo de uma analogia (alegoria ou metáfora), mas também, além disso, o *meio* [*milieu*] de todas as figuras, a própria metaforicidade", que por si mesma não é nem linguagem figurada, nem própria ou referencial.[88] Tal como o heliotrópio, a esponja se torna aqui um quase conceito, numa linguagem que não é nem própria, nem figurada, mas serve para repensar o funcionamento da linguagem em geral, e da linguagem filosófica em particular, como impossível de se definir por um único sentido ou função. Por assim dizer, a escrita ou a linguagem-esponja absorve tudo e tudo refaz metaforicamente, como deslocamento incessante do sentido. Com isso, ela abala a metafísica do *próprio*, que constitui o fundamento de uma teoria tradicional da linguagem, baseada numa oposição binária entre sentido próprio (ou referencial) e figurado: "a esponja é sobretudo a escrita [*l'écriture*]".[89] Trata-se de um recurso de *antonomásia*, figura

87 Cf. DERRIDA, Jacques. *Signéponge*, *op. cit.*, p. 29.

88 *Ibid.*, p. 60.

89 *Ibid.*, p. 59.

que consiste em tomar um nome comum como próprio ou o inverso: Te chamarei Pedro porque és pedra...

Igualmente, em *Glas*, livro organizado em duas colunas, a primeira como leitura de textos de Hegel, a segunda como leitura de textos de Jean Genet, as plantas comparecem sobretudo como instrumento para repensar uma teoria clássica da linguagem e da literatura. A partir do sobrenome do autor de *Nossa Senhora das Flores*, Genet, se compõe toda uma florescência para testar os limites do nomear. A palavra francesa *genêt*, com acento circunflexo, equivale ao que se chama em português de giesta: "[designação] comum a vários arbustos da [família] das leguminosas, [subfamília] papilionoídea, [especialmente] aos do [gênero] *Cytisus*, [frequentemente usado] por propriedades medicinais e para o fabrico de vassouras". Sem o acento, *genet* nomeia o ginete da Espanha. Sobrenome, portanto, indeciso entre planta e animal. Trata-se, mais uma vez, de antonomásia: "Portanto, é verdade que a flor significa, simboliza, figura, retoriciza, e também que *Genet anagramatiza seu próprio sobrenome, semeando mais do que qualquer outro e colhendo-o em qualquer coisa onde caia. Colher igual a ler*"[90] É assim que com o nome ou sobrenome Genet, o autor de *Nossa Senhora das flores* colhe flores reais e artificiais em toda parte, flores por sua vez recolhidas por Derrida em sua retórica disseminadora: mimosas, rosas, resedás, gladíolos, orquídeas, lilases, lírios... a flora se expande por toda a textualidade do *estilo*, termo que também designa uma parte da flor: "Quando uma flor se abre, 'eclode', as pétalas se afastam e então se ergue o que se chama de *estilo*. O estigma designa a parte mais alta, o ápice do estilo".[91] Em morfologia botânica, segundo o *Houaiss*, o estigma é a "parte terminal do gineceu, de forma e aspecto variados, [geralmente] provida de células produtoras de substância açucarada e pegajosa, com a função de captar os grãos de pólen, que nele germinam". A anthologia floral[92] proposta por Derrida a partir de Genet se separa de qualquer ontologia metafísica, seja ela a mais fundamental de todas, ou por isso mesmo: "A flor não é nada, nunca tem lugar porque jamais é natural, nem artificial. Ela

---

90 DERRIDA, Jacques. *Glas*, *op. cit.*, p. 55-56 (grifos meus).

91 *Ibid.*, p. 29.

92 Estou jogando com o sentido etimológico da palavra *antologia*, que vem do grego, com o sentido de "ação de colher flores, coleção de trechos literários". O radical grego é "*ánthos*", significando "rebento, broto; flor", donde "erupção".

não tem nenhuma borda que se lhe possa atribuir, nenhum perianto fixo, nenhum ser/estar-cingido".[93] Por natureza, a flor *não é*. Não é propriamente uma essência, nem uma aparência, escapando às classificações ontológicas.

O estilo das flores se desdobra e eclode no outro estilo da reflexão derridiana, que não é nem filosófica estrito sensu, nem propriamente literária, mas *pensante*. Tal seria o "estigma" de J. Derrida, seu estilete, que traça o sinete, a rubrica e a assinatura, a partir da floração do outro, J. Genet. *Glas* é esse livro rizomático, feito de raízes, ramas e ramificações, sem um único tronco originário – descentrado, portanto. Tal como dispõe uma belíssima explanação em torno do estilema disseminandor: "O enxerto que se cose, a substituição do sinete suplementar 'constitui' o texto. Sua necessária heterogeneidade, sua interminável rede de ramificações de escuta *en allo*".[94] Corte, costura, enxertia, eis o método do pensador-botânico-jardineiro, cuja escrita faz aquilo de que fala, anthologizando o ser, reconduzindo-o a esse quase nada, que é a flor – disseminando-o radicalmente, pela raiz. Próximo ao final do livro, mimetizando expressamente o discurso científico da botânica, que assume ares de anthologia poética, Derrida diz o seguinte:

> É a respeito do grão, óvulo fecundado, que se acredita falar propriamente de **disseminação** (nos angiospermas ou nos gimnospermas). Às vezes, quando o fruto rebenta, os grãos são projetados em todos os sentidos. Com maior frequência, eles escapolem por fendas ou buracos abertos no revestimento; o vento ou os animais os dispersam. A germinação apenas é imediata se a luz e a humidade permitirem. De outro modo, os grãos maduros ficam em estado de latência, num meio exterior, durante semanas ou meses.[95]

Com isso, a assinatura *Jacques Derrida* não se monumentaliza numa impossível Desconstrução, mas se dissemina em vários outros nomes, prenomes e sobrenomes, que por sua vez podem contra-assinar a obra. Tal como nós, hoje, aqui, neste outro seminário ou estufa de saberes plurais, que é todo colóquio

93 DERRIDA, Jacques. *Glas*, *op. cit.*, p. 99 (negrito e grifos meus).

94 *Ibid.*, p. 136.

95 *Ibid.*, p. 279.

universitário. Sempre digo que a maior homenagem que se pode fazer a um grande pensador é lê-lo criteriosamente, sem a veneração do discípulo.

Tanto o valor de enxerto, quanto o de *différance*, mas também todos os inúmeros quase-conceitos espalhados na vasta obra *assinada Derrida*, ajudam a pensar que a questão da vida jamais deve ser privilegiada com relação ao humano, nem tampouco com relação ao binarismo vivente/não vivente. Enxerto, por exemplo, é algo que se aplica tanto aos vegetais, quanto ao que chamamos de carne (animal): enxerto de plantas, enxerto de pele, e quiçá enxerto mineral...

Observo ainda que Derrida pouco se interessou pelo que se costuma chamar de "vida literária", expressão que recobre tanto a biografia de escritores, como todo o sistema literário: críticos e teóricos que se ocupam da obra, leitoras e leitores não especializados, jornalistas etc. Isso é válido para quase todos os autores que ele abordou, como Mallarmé, Baudelaire, Jabès, Joyce, Kafka, Ponge, Celan, Shakespeare... a lista é longa e quase inesgotável, pois alguns nomes e obras só aparecem nos seminários, a maioria ainda inédita. As exceções seriam Hélène Cixous e Jean Genet, não por acaso duas personalidades literárias de quem ele esteve muito próximo, em momentos diferentes e por razões distintas. No que diz respeito a Genet, desde a questão onomástica, a vida do escritor se impõe em *Glas* não por fetichismo, nem propriamente por um desejo de desconstrução da textualidade, por si só já bastante disseminada e disseminadora. Mas sim pelo fato de se tratar de uma biografia excepcional, desenvolvida, junto com a obra, praticamente à margem do sistema literário. Isso no fundo confirma o interesse de Derrida pela literatura não como discurso em si mesmo, autônomo, mas como impossibilidade de se restringir a mecanismos tradicionais de legitimação. Isso faz dela uma instituição paradoxal e *estranha*.

Outras semeaduras

O perdão jamais pode ser uma desculpa para o esquecimento, ao contrário, como agora sabemos, o perdão se faz por meio de uma ativa memória. Em razão de tudo isso, mais uma vez, mil perdões, e que a palavra perdão não seja mesmo uma desculpa para se reincidir no mal da destruição pela destruição, da extinção em massa dessas outras estranhas *e* familiares formas de vida, as plantas, os animais e os híbridos. Quem sabe consigamos um dia *sacrificar os sacrifícios* de tantas existências, sacrifícios estes sempre praticados em nome da superioridade do Homem. Um perdão incondicional é aquele que se oferece por meio de uma aporia, como defesa também incondicional da vida nas relações complexas e quase impossíveis com seus duplos, as máscaras da morte. Impulsionados pela força da disseminação pensante, podemos imaginar novos colóquios e seminários, dissertações, ensaios e teses, sustentando essa coabitação infinita no espaço da Universidade, em nome de Jacques Derrida, e lançando sua semente mais além. Mais do que desconstruir, disseminar com urgência *e* calma é o que importa.

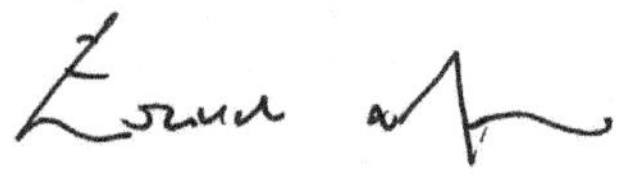

Rio de Janeiro, abril de 2017 / janeiro de 2018.

P.S.: assinar, literalmente, um ensaio pareceria um gesto mimético em relação ao que fez Derrida em "*Signature Événement Contexte*", texto de *Marges*: de la philosophie. E seria, se somente ele tivesse praticado tal ação, mas diversos autores espalharam seus nomes próprios, assinaturas, rubricas, firmas, sinetes, selos, senhas e outras inscrições onomásticas nos livros que publicaram. O traço germinativo não é privilégio de nenhum pensador, mas a singularidade do estilo resta inimitável.

Comentários de Evando Nascimento[1]

> Talvez não necessitemos do perdão, nem de acreditar na existência possível de tal coisa; mas, justamente, trata-se da possibilidade do impossível, e se se quer falar disso, se se quer servir dessa palavra de forma consequente, é preciso admitir que perdoar o imperdoável é realizar um gesto que não se deixa mais medir pela imanência humana.
>
> Jacques Derrida, *De quoi demain...*

A singularidade do texto introdutório que fiz para o livro com Derrida, como rastro de sua passagem pelo Rio de Janeiro, no colóquio de 2004, reside no fato de – desde o título e o subtítulo, "*Introduction: Derrida au Brésil: Actes de mémoire et le pardon*"[2] – estar interessado não exatamente em propor uma exegese dos textos de Derrida sobre o perdão, pois sempre achei, a partir de quando comecei a lê-lo, mais interessante *interpretá-lo*, a fim de poder pensar as questões que me interessam. Sem desvalorizar a exegese, que é um método de excelência filosófica, configurando um dos pilares da tradição de pensamento ocidental, preferi escolher alguns fios da conferência do Rio, a fim de destacar os pontos de interesse particular, sobretudo a questão do "negro", em seu con-

1 Está previsto no protocolo das Jornadas da Casa Dirce Cortes Riedel o diálogo do autor do livro com os participantes do evento. Este texto procura realizar uma síntese da interlocução durante o colóquio na UERJ, nos dias 17 e 18 de abril de 2017.

2 NASCIMENTO, Evando. Introduction: Derrida au Brésil: Actes de mémoire et le pardon. In: DERRIDA, Jacques; NASCIMENTO, Evando. *La solidarité des vivants et le pardon*: Conferência e entrevistas, precedidos da Introdução de Evando Nascimento, "*Derrida au Brésil*". Paris: Hermann, 2016, p. 9-57.

texto sul-africano e em outros países, como um dos argumentos da reflexão derridiana em "*Le pardon, la vérité, la réconciliation: quel genre?*". Nesse sentido, desde o telefonema em que Derrida me propôs essa conferência, ficou claro que a importância performativa de realizá-la aqui tinha a ver com o passado ditatorial de países da América do Sul, como Chile, Argentina e Brasil, mas também com nossa herança colonial e escravocrata. Nessa perspectiva, "enxertei" a reflexão derridiana com dados e referências que me pareceram relevantes, tais como o problema do racismo no Brasil ontem e hoje. O pensamento de Derrida nunca se restringe a uma nacionalidade, transitando numa espécie de geofilosofia, a qual vai além do próprio conceito de era globalizada, na qual o espetáculo do perdão por parte de autoridades públicas tende a se multiplicar. Segundo penso, ao lê-lo é sempre decisivo não apenas compreender as questões éticas, políticas e estéticas em articulação com sua imensa obra, mas também interpretá-las a partir do contexto de sua enunciação. Não é nada irrelevante que sua última conferência tenha sido realizada no Brasil, em torno do tema do perdão e levando em conta a questão do apartheid; daí a referência explícita no subtítulo de minha Introdução a "*Derrida au Brésil*". Nessa mesma perspectiva contextual, o que acho mais fascinante nesse tipo de encontro universitário é justamente a multiplicidade dos idiomas e sotaques: o português do Brasil (carioca, baiano, mineiro, paulista), o português de Portugal, o francês do Canadá e da França, o espanhol argentino. E cada autor ou autora ex-apropria esses falares a seu modo, escrevendo sempre em "mais de uma / nenhuma língua" (*plus d'une langue*).

No momento atual, é preciso disseminar cada vez mais essa obra, separando-a de si própria, de uma suposta autoidentidade, a fim de que ela dê outros frutos, a partir de enxertos e contaminações com textualidades alheias, e não necessariamente as que Derrida comenta. Aproveito uma citação de Ginette Michaud, a fim de ver como o próprio pensador concebia o porvir de sua obra: "É preciso entregar a obra ao mais além de sua vida, exposta à manipulação e à reinterpretação. É por isso que se constrói. A própria fragilidade faz parte da possibilidade da obra".[3] Cabe então disseminar sem desfigurar, preservando a

3 DERRIDA, Jacques. Jacques Derrida et Daniel Libeskind: discussion. In: MICHAUD, Ginette; MASÓ, Joana. *Les arts de l'espace*. Com a colaboração de Cosmin Popovici-Toma. Paris: La Différence, 2015, p. 286.

singularidade do legado por cruzamentos, trocas e mutações de toda ordem. Pode-se assim atender à mais uma injunção de Derrida, a qual diz respeito à herança: "Seria preciso, portanto, partir dessa contradição formal e aparente entre a passividade da recepção e a decisão de dizer 'sim'; em seguida, selecionar, filtrar interpretar, portanto transformar, não deixar intacto, indene, não deixar *salvo* aquilo mesmo que se diz respeitar antes de tudo. E depois de tudo. Não deixar salvo: salvar, talvez ainda, por algum tempo, mas sem ilusão quanto a uma salvação final".[4] Para que novas gerações textuais surjam, cabe então multiplicar as abordagens diferenciais e até mesmo divergentes. Foi isso a meu ver o que fizeram todos os participantes do Colóquio Derrida na UERJ em abril de 2017: dar uma contribuição singular, por meio de seleções, a fim de bem disseminar a obra aqui e alhures.

A ilustre colega da Universidade de Coimbra Fernanda Bernardo deu uma excelente contribuição fazendo um minucioso levantamento dos textos em que Derrida abordou o tema do perdão, alguns inclusive de difícil acesso. Seu ensaio é uma rigorosa leitura da problemática, mantendo-se em admirativa fidelidade à escrita derridiana. Assim, comparecem todos os temas relacionados ao perdão e alguns outros que atravessam toda a obra publicada em vida pelo pensador franco-argelino. A autora nos fornece uma brilhante experiência reflexiva do que chama de "a Desconstrução derridiana", sintetizando, por metonímia, com recurso ao perdão e ao perjúrio, inúmeros aspectos dessa vasta textualidade. Os múltiplos pontos de exclamação apenas evidenciam a dedicação de uma vida a ler, traduzir e comentar o texto do outro, como interpretação singular da filosofia. Fica patente o desejo de totalização semântica do perdão no texto do outro, deixando-o praticamente sem resto a interpretar.

Marcos Siscar utiliza em dois momentos de seu belo texto a palavra "cumplicidade"; no primeiro deles, referindo-se à relação intelectual e amical que desenvolvemos desde os anos 1990. A despeito da diferença de tom, estilo e até certo ponto de "objeto", creio que essa intervenção textual confirma performativamente o sentimento de cumplicidade, que compartilho de igual maneira. Ele recorre ao pré-texto do perdão, com toda relevância, para falar tanto de sua relação com a obra de Derrida, quanto da relação deste com os poetas, os

4 DERRIDA, Jacques; ROUDINESCO, Elisabeth. *De quoi demain... dialogue*. Paris: Fayard/Galilée, 2001, p. 16.

poemas e a poesia, termos que devem ser utilizados com todas as aspas, visíveis e invisíveis. Quanto ao autoperdão, há uma referência ao contexto do golpe de Estado no Brasil, a que meu texto-conferência também se refere, e à necessidade de abordá-lo, embora de forma inevitavelmente sintética. Ocorre igualmente o autoperdão pela relação distanciada, mas nem por isso desapaixonada, do próprio autor para com os textos de Derrida, particularmente nos que o pensador da disseminação trata de "poesia". Nesse aspecto, Siscar observa uma relação assimétrica. Em sua arguta interpretação, quando se trata de filósofos, Derrida presta bastante atenção ao que normalmente a exegese sobre filósofos ignora: os dados factuais, por assim dizer extrafilosóficos, que acabam por ganhar relevância em pensadores como Hegel, Kant, Nietzsche, Rousseau e Benjamin, entre outros. No entanto, quando se trata de poetas como Baudelaire, Ponge, Celan e Mallarmé, a vida literária parece não ter muita importância. Como se o texto literário valesse por si mesmo, sem carecer de confronto com a biografia dos poetas, nem sobretudo com a teoria e a crítica literária tradicional. Essa é uma hipótese de re-leitura dos textos de Derrida que mereceria futuros desdobramentos, verificando até que ponto isso é válido para qualquer escritor, ou somente para os poetas. Apenas para pensar (com) Siscar, a título de instigação: será que na leitura a partir de Genet, em *Glas*, questões da vida e da teoria literária não comparecem com alguma nitidez?

Cláudia Perrone-Moisés, como grande especialista em direito penal, enfatiza a relação entre o perdão e o direito, lembrando como o "perdão puro" escapa ao campo do jurídico. Pode-se perdoar incondicionalmente, sem com isso solicitar que o crime em questão não seja julgado. Daí a dificuldade de se falar em perdão coletivo, em nome de um povo ou de uma nação: o perdão seria intransferivelmente pessoal. Para Derrida, em certo sentido, o verdadeiro perdão não passa nem mesmo pelo plano da consciência, é um acontecimento que vai além da vontade do sujeito. Como desenvolvi na "Introdução" ao livro *La solidarité des vivants et le pardon*, o perdão incondicional não é sobretudo um ato de soberania, como uma concessão da vítima a seu malfeitor. Perrone-Moisés compara ainda o conceito de perdão de Hanna Arendt ao de Derrida, mostrando como, para aquela, o perdão é da ordem do humano, e como ambos refletem sobre a noção de "crime contra a humanidade", que não é passível de anistia, segundo o direito internacional. Acho particularmente interessante a questão que ela coloca sobre Eva Kor, a judia que teria perdoado o nazismo, e que se defendeu dizendo não o fazer para beneficiar o oficial nazista contemplado por seu ato, mas para sentir-se finalmente livre. De algum modo, por mais dadivoso que tenha sido esse ato, houve nele a finalidade de "libertar-se" da memória terrível dos campos de concentração. Derrida não nega a legitimidade desse tipo de gesto, longe disso, apontando apenas seus limites, na medida em que, nesses casos, o perdão se dá sob determinadas condições. Razão pela qual julgo a noção derridiana de perdão da ordem do além-do-humano, tal como a epígrafe destes Comentários bem consigna.

Nabil Araújo faz um importante *close reading* do primeiro texto de *Force de loi*, "*Du droit à la justice*", no sentido de expor como direito e justiça não se confundem no discurso de Derrida. Como se sabe, em diálogo com Kant, Pascal, Montaigne, Benjamin, Levinas e Heidegger, Derrida estabelece uma distinção fundamental, mostrando como a justiça não se resume à legalidade, que é o âmbito próprio do direito. A justiça, se há, ocorre sempre por meio de uma decisão aporética, a partir de ao menos duas perspectivas conflitantes e igualmente válidas. O indecidível da justiça faz com que ela tenha um vínculo com a lei e simultaneamente, ao reinterpretá-la, vá além da legalidade consignada pelo direito. O *double bind* implicado no ato de decisão justa não resulta, contudo, numa paralisia, pois, como Derrida defende também em outros textos, a verdadeira decisão se faz através de um impasse, de forma não programada, no limite da im-possibilidade. Por fim, Araújo propõe uma articulação entre sua pesquisa em torno da "crítica" e o pensamento desconstrutor.

Ginette Michaud, como grande especialista da obra de Jacques Derrida, tira o máximo proveito do fato de ser uma das organizadoras e editoras dos seminários de Derrida, a começar pelos dois volumes de *La bête et le souverain*. Ela organiza atualmente para publicação o seminário *Le parjure et le pardon*, de onde a conferência do Rio de Janeiro foi extraída. Além disso, tanto quanto Fernanda Bernardo, procura agenciar uma série de textos menos acessíveis sobre o tema, como a reflexão derridiana *On Forgiviness*, que lhe oferece dados suplementares para reforçar sua argumentação de base. Esta se sustenta na correlação intrínseca entre perjúrio e perdão, pois, para Derrida, todo ato de fala implica uma promessa que pode nunca se cumprir. Assim, estruturalmente, o perjúrio contamina desde dentro a possibilidade de realização da promessa investida no ato de enunciar e fazer coisas com palavras. Michaud explora todas as aporias do pensamento derridiano do perdão, destacando inclusive a decisiva questão do "gênero" (*genre* / *gender*).

Élisabeth Roudinesco dá a contribuição mais diferenciada ao volume. "Jacques Derrida: espectros de Marx, espectros de Freud" é uma conferência por ela pronunciada em 2005, no Centro Georges Pompidou, em homenagem ao primeiro aniversário da morte de Derrida.[5] A historiadora e teórica da psicanálise intenta mostrar como a obra de Derrida foi marcada por esses dois pensadores. De certo modo, a leitura proposta do *Hamlet*, de Shakespeare, em *Espectros de Marx*, ajuda a deslocar o paradigma do Édipo rei, de Sófocles, como lido por Freud. Tanto Marx, leitor de Shakespeare, quanto Freud foram pensadores da espectralidade, e de cada um Derrida tira proveito para elaborar o que ele mesmo chamou de *hantologie* (algo como uma "assombrologia", do verbo *hanter*, frequentar, assediar, assombrar), a fim de deslocar o essencialismo metafísico da *ontologia* clássica.

Alcides Cardoso dos Santos aborda a questão do perdão e da chamada "pós-verdade", tomando como exemplo a ficção do escritor norte-americano Don DeLillo, em particular o romance *White Noise* [Ruído branco]. No livro de DeLillo, numa sociedade que se convencionou chamar de pós-moderna, um professor universitário decide dar aulas sobre Hitler. Todavia, em vez de transmitir as informações históricas adequadas ao conhecimento dos fatos que compuseram a história do nazismo, o curso investe numa glamourização do Führer, obtendo assim um grande êxito. Como mostra Cardoso dos Santos, a pós-verdade seria um fenômeno típico da sociedade digital, em que alguns indivíduos forjam versões de fatos e as transmitem como se fossem verdadeiras. Outras pessoas recebem essas verdades factícias e as retransmitem como verazes, numa cadeia infinita de autorreprodução do discurso falacioso. Isso somente é possível porque na sociedade da hiper-reprodutibilidade técnica muitos indivíduos querem apenas confirmar suas certezas, independentemente de corresponderem ou não a fatos reais. Cardoso dos Santos articula esse fenômeno ainda ao apartheid e a acontecimentos que lhes são correlatos como a cultura do perdão instalada pela Comissão Verdade e Reconciliação. Isso torna viável reinterpre-

5 A maioria dos textos dessa homenagem póstuma intitulada *Un jour Derrida* se encontra numa publicação on-line do Centro Georges Pompidou, com data de 2006. Disponível em: <http://books.openedition.org/bibpompidou/1352>. Último acesso 20 dez. 2018.

tar as aporias do perdão com referência aos conceitos de verdade, reconciliação e anistia, tal como propõe Derrida.

O texto de Mónica Cragnolini começa com uma injunção que acho extremamente pertinente num colóquio sobre Derrida, qual seja, a necessidade de "criar conceitos" na chamada América Latina. Parece-me que também essa seria uma das linhas de força da proposta derridiana: não necessariamente repetir os quase-conceitos que ele inventou, mas também inventar outros a partir de seus textos. A pesquisadora argentina expõe dois condicionamentos históricos, que tornaram as vidas animais disponíveis para o sacrifício praticado pelo humano. Por um lado, o discurso religioso sempre considerou a disponibilidade da vida animal para esse que não deveria ser apenas um bicho entre outros. Já no ato adâmico de nominação dos viventes se inscreve a soberania humana sobre as demais espécies. A cena abrahâmica, em que Isaac é finalmente substituído por um carneiro, mostra também como, em hipótese alguma, as duas vidas se equivalem. Por outro lado, o discurso filosófico, sobretudo a partir de Descartes, precisou substituir a noção aristotélica do humano como *logos zoon* (traduzido precariamente como animal racional) pela de uma alma imortal, cujo corpo não passa de uma máquina. No cartesianismo, os animais são desprovidos de alma imortal, daí seus corpos serem considerados simples máquinas. Baseada em suas pesquisas e no que Derrida fala sobre a questão da morte para o *Dasein* no pensamento de Heidegger, Cragnolini expõe como a concepção religiosa e a filosófica clássica convergem no sentido de expor a maneira pela qual os animais, para a cultura, não têm suas vidas valorizadas; isso ocorre porque de algum modo já estão mortos, podendo ser sacrificados a qualquer momento. Por fim, ela assinala como duas constituições de países da chamada América Latina, Equador e Bolívia, incluíram em suas respectivas constituições a necessidade do respeito à natureza, tratada como verdadeira subjetividade (embora Cragnolini sublinhe a dificuldade do recurso ao termo "sujeito" nesse contexto). Ainda que eu mesmo não subscreva o conceito de "América Latina" e prefira pensar a questão do sacrifício animal, vegetal e humano no conjunto das Américas, entendo perfeitamente a proposta da filósofa argentina de, no rastro dessas novas constituições, se afirmar "desde" nosso continente uma "solidariedade geral dos viventes".

Finalmente, se cabe também um pequeno autocomentário, diria que meu texto procurou não repetir alguns dos argumentos desenvolvidos originalmente no livro francês com Derrida. O perdão aparece agora vinculado a uma reflexão mais geral sobre as plantas, em Derrida e mais além. Tal é a proposta formulada de substituir a ideia de "desconstrução" pelo valor de *disseminações* plurais.

Deslocar as desconstruções em nome das disseminações foi uma decisão recente e quase impossível, que precisei tomar como intérprete fiel *e* infiel de Derrida. No fundo, quem define a herança é sempre o herdeiro, fazendo suas escolhas *a partir do* legado. E é então movido por essa *paixão do outro*, como forma indecidível de responsabilidade, que tudo o que escrevo intenta – decerto nem sempre com êxito – espalhar as sementes que jamais retornam à origem.

Em torno de Jacques Derrida: testemunhos

Aprender/ensinar a ler com Derrida

Ginette Michaud

Solicitaram-me que testemunhasse acerca de minha "relação" com Jacques Derrida:[1] treze anos após seu desaparecimento, é um gesto para mim ainda muito difícil de realizar, e a que até o momento me recusei, especialmente quando Benoît Peeters fazia as entrevistas para a biografia, *Derrida*;[2] não apenas por pudor ou timidez, mas em razão da discrição e do silêncio, que estão no cerne da amizade. Nada mais direi aqui, portanto, pois o essencial se relaciona para mim à escrita, ao trabalho de edição de seus seminários, que levo adiante com outros, aos ensaios que consagrei à obra de Derrida e que deveriam falar por si próprios, a quem desejar lê-los.[3] A fim de corresponder ao convite de meus anfitriões, já

1 Nessa mesa-redonda, que aconteceu na mediateca da Maison de France no dia 19 de agosto de 2017, as intervenções de Jean-Paul Lefèvre, de Evando Nascimento e a minha foram em grande medida improvisadas. Sendo impossível a reconstituição de minhas palavras, apresento aqui as notas que havia preparado, tendo em vista a discussão.

2 PEETERS, Benoît. *Derrida*. Paris: Flammarion, 2010.

3 Para o trabalho de edição, ver os dois volumes do seminário *La bête et le souverain*, que coeditei com Michel Lisse e Marie-Louise Mallet (vol. I, Paris: Galillé, 2008, e vol. II, Paris: Galilée, 2010), tanto quanto a edição, com Joana Masó e Javier Bassas, dos escritos de Jacques Derrida sobre as artes, *Penser à ne pas voir* [Pensar em não ver] (Paris: La Différence, 2013, traduzido no Brasil por João Camillo Penna), e de suas intervenções sobre a arquitetura, *Les arts de l'espace* (Paris: La Différence, 2015). Consagrei diversos escritos a sua obra: *Tenir au secret (Derrida, Blanchot)* (Paris: Galilée, 2006); *Veilleuses*: sur trois images de Jacques Derrida (Montreal: Nota Bene, 2009); *Juste le poème, peut-être (Derrida, Celan)*

que me encontro no Brasil, país que Derrida amava e que, como o Quebec, pertence a uma América diferente dos Estados Unidos e de sua hegemonia política, lembrarei alguns pontos de referência, no que diz respeito à relação mantida por Derrida com o Quebec (a qual, infelizmente, escapa ao radar das histórias oficiais da recepção de sua obra, o mais das vezes centrada na polarização entre a França e os Estados Unidos, deixando de lado "o resto do mundo").

Começarei, todavia, dizendo que, no plano pessoal, minha relação com a obra de Derrida marcou profundamente toda minha vida de "leitora", visto que, em setembro de 1973, para indicar uma data, eu lia (era meu primeiro curso na universidade!) o episódio da fita roubada de Rousseau na... *Gramatologia*: não compreendia tudo, longe disso, mas fiquei fascinada pela força do gesto crítico, que trazia à luz o rebaixamento sistemático da questão da escrita na tradição ocidental (Platão, Rousseau, Saussure, Lévi-Strauss). Foi meu primeiro choque de leitura, que perdura até hoje. Depois disso, nunca mais parei de me aproximar dessa obra tão rica. Minha tese de doutorado, *Lire le fragment*: théorie du transfert de la lecture chez Rolland Barthes [Ler o fragmento: teoria da transferência da leitura em Roland Barthes] (defendida em 1984 e publicada em 1989), testemunha acerca da importância da reflexão de Derrida, tanto quanto a de *L'Absolu littéraire*, de Jean-Luc Nancy e Philippe Lacoue-Labarthe, e claro, da obra de Maurice Blanchot: houve, aliás, um colóquio importante sobre essa questão do fragmento na Universidade de Montreal, no inverno de 1978.

Derrida veio três vezes ao Quebec (como ao Rio, acredito). Porta de entrada na América, ex-colônia francesa e britânica, lugar de resistência à homogeneidade linguística de todo um continente, o Quebec interessava a Derrida por várias razões; entre outras, porque havia leitores atentos, que abordavam seu trabalho sob ângulos distintos de sua fulgurante (e muitas vezes polêmica) recepção americana. Em 1971, ele participou, com Paul Ricoeur (de quem roubou um tanto a cena), do XV Congresso da Sociedades de Filosofia de Língua Francesa, "*La Communication*", em Montreal, no qual ele apresentou a confe-

(Montreal: Le temps volé, 2009; reedição, Paris: Hermann, 2017); *Battements:* du secret littéraire et "Comme en rêve...". Lire Jacques Derrida et Hélène Cixous (Paris: Hermann, 2010); *Jacques Derrida. L'art du contretemps* (Nota bene, 2014) e co-organizado com Danielle Cohen-Levinas, *Appels à Jacques Derrida* (Paris: Hermann, 2014).

rência "Assinatura acontecimento contexto". Convidado por Claude Lévesque (professor de filosofia na Universidade de Montreal, um dos primeiros a ensinar seu pensamento, introduzindo-o com o ensaio *L'Étrangeté du texte*) e de Christie V. McDonald, Derrida retornou a Montreal no outono de 1979: realizou a conferência "*L'Otobiographie de Nietzsche*" [A otobiografia de Nietzsche] e participou de duas mesas-redondas sobre a autobiografia e a tradução, textos editados com o título de *L'Oreille de l'autre* [A orelha do outro].[4] A primavera de 1997 marcou sua terceira viagem a Montreal, onde participou, no Centro Canadense de Arquitetura, de um seminário com Gad Soussana e Alexis Nouss, que resultou na publicação *Dire l'événement, est-ce possible?*[5] [Dizer o acontecimento, é possível?], além de fazer, na Biblioteca Nacional, uma impressionante leitura integral do manuscrito de "*Un ver à soie*" [Um bicho para si/Um bicho da seda].[6] Foi nessa ocasião que encontrei Derrida pessoalmente, quase vinte e cinco anos após ter experimentado o primeiro choque de leitura, em 1973.

Derrida também realizou seminários nas universidades anglófonas do Canadá: em 1987, na Universidade de Toronto, durante o Congresso de Semiótica; em 1995, a Universidade de Kingston lhe conferiu um doutorado *honoris causa*; em 2002, em Toronto, no colóquio da American Academy of Religion, ele pronunciou, perante uma multidão gigantesca, uma conferência notável sobre a prece.

Seu pensamento deixou diversos vestígios no Quebec: além de *L'Oreille de l'autre*, um número duplo da revista Études françaises, "*Derrida lecteur*", saiu em 2002: Derrida colaborou generosamente com um grande texto "*Le parjure, peut-être ('brusques sautes de syntaxe')*" [O perjúrio, talvez ("bruscos saltos de sintaxe")] (o número reunia vários de seus melhores leitores, e ele ficou muito feliz com essa publicação, ilustrada com obra de Simon Hantaï). Diversos dossiês do periódico cultural *Spirale* seguiam seu trabalho de perto (já em 1988), e em diversos colóquios Derrida citou a publicação como exemplo (em *D'ailleurs*

4 DERRIDA, Jacques. *L'oreille de l'autre*. Montreal: VLB, 1982.

5 DERRIDA, Jacques. *Dire l'événement, est-ce possible?* Séminaire de Montréal. Participações de Gad Soussana e Alexis Nouss. Paris: L'Harmattan, 2001.

6 Publicado no ano seguinte como DERRIDA, Jacques. Un ver à soie: points de vue piqués sur l'autre voile. In: CIXOUS, Hélène; DERRIDA, Jacques. *Voiles*. Paris: Galilée, 1998, p. 23-85.

Derrida [Aliás / D'alhures Derrida], o filme de Safaa Fathy, fiquei emocionada ao perceber de relance um número da revista, no momento em que ela filma sua biblioteca de Ris Orangis).

Devo também dizer algo sobre o *Cahier de l'Herne, Derrida,*[7] cuja preparação ele me confiou, e que realizei com Marie-Louise Mallet: Derrida prezava muito essa publicação, cedendo-nos não apenas diversos textos (nove no total), que lhe importavam particularmente, mas também muito de seu tempo para revisá-los cuidadosamente, a despeito da enfermidade que o debilitava. Tivemos diversas sessões de trabalho em Ris Orangis, a fim de acertar os detalhes desse projeto que reunia sessenta contribuições (tinha prometido a Derrida que esse *Cahier de l'Herne* seria o mais volumoso da história e mantive a palavra!).

Tive também a sorte de participar, em sua presença, de vários colóquios em torno de seu trabalho, especialmente em Sófia, na Bulgária; era a primeira vez que Derrida comparecia a esse país do leste europeu, no instante em que uma frágil democratização começava a se impor; nesse colóquio, ocorreu uma pugna memorável entre ele e os marxistas, que o aguardavam resolutamente. Houve em seguida, em 2000, os Estados Gerais da Psicanálise, no qual pronunciou, numa atmosfera bastante tensa, elétrica, seu "*Adresse*" [Endereçamento], perante mais de mil psicanalistas. Esse evento se desdobrou no ano seguinte, num colóquio sobre "*La Souveraineté*", em Castries; mais confidencial, porém como prolongamento das questões abertas durante os Estados Gerais da Psicanálise, esse colóquio tinha como finalidade preparar o quarto encontro de Cerisy-la-Salle, consagrado a "*La démocratie à venir*" [A democracia por vir] (2002). Participei igualmente do colóquio "*Genèses Genéalogies Genres: Autour d'Hélène Cixous*", na Biblioteca Nacional da França, em que ele pronunciou a grande conferência publicada com o título *Gêneses, genealogias, gêneros e o gênio: os segredos do arquivo*.[8]

A notícia da morte de Derrida, em 9 de outubro de 2004, foi vivamente sentida no Quebec, como em outras partes do mundo. No dia 3 de dezembro, aconteceu uma cerimônia emocionante no teatro de Quat'Sous, uma antiga

7 MALLET, Marie-Louise; MICHAUD, Ginette (Org.). *Cahier de L'Herne*. Derrida. Paris, L'Herne, n. 83, 2004.

8 DERRIDA, Jacques. *Genèses, généalogies, genres et le génie*: Les secrets de l'archive. Paris: Galilée, 2003.

sinagoga reformada: a sala estava lotada para dar adeus ao filósofo, ouvindo-se testemunhos, leituras de seus textos e um concerto, os quais forneceram matéria para uma publicação, em 2006, dos *Cahiers Littéraires Contrejour* (no qual apareceu pela primeira vez, em francês, a homenagem de Derrida a Hans-Georg Gadamer).

Pode-se afirmar que em Montreal há toda uma "memória" viva, que se manifesta nas inúmeras "Memórias de Derrida", levando à criação, em 2004, de um ciclo de grandes conferências anuais com esse título. Não se trata apenas de comemorar a obra de Derrida, mas de inscrever de outro modo seu nome nessa "universidade sem condição", a qual ele desejava ardentemente. O ciclo de conferências está vinculado a uma coleção da editora da Universidade de Montreal, "Humanités à Venir" [Humanidades por vir], que tenho a honra de codirigir com Georges Leroux.[9]

Tentemos agora dizer algo sobre "o pensamento de Derrida hoje". Que acharia ele dessas palavras? Será que elas o fariam sorrir... ou suspirar? Se se pensa em sua concepção de atualidade, pode-se imaginar que ele ficaria no mínimo cheio de dúvidas em relação a esse sintagma. Penso na estranha "cronotopia" que marca todo seu pensamento, da qual me ocorre um exemplo: no número de *La Quinzaine Littéraire*, publicado logo depois de sua morte, encontrava-se na frente e no verso da mesma página uma petição que Derrida acabara de assinar a favor de Paule Thévenin, relativa à nova edição das obras de Artaud, pela Gallimard; um artigo de Catherine Malabou intitulado "*Les morts de Derrida*" [As mortes de Derrida], em sua homenagem; e um fragmento de uma entrevista antiga publicada no periódico, em que ele desconstruía exatamente... a questão da atualidade. "Quem" é Derrida, em qual tempo? Nessas duas páginas, ele estava, de uma só vez, morto e vivo, *sobrevivente*, no sentido que ele deu a essa palavra em sua entrevista testamentar, *Apprendre à vivre enfin* [Aprender/Ensinar a viver enfim].

Pode-se mesmo, a respeito de Derrida, utilizar a palavra "pensamento"? O que acharia ele, com efeito, desse modo de reuni-lo sob certa unidade, a qual

9 Três títulos foram publicados até o momento: COHEN-LEVINAS, Danielle. *Le devenir-juif du poème. Double envoi*: Celan et Derrida (2015); RABATÉ, Jean-Michel. *Les guerres de Jacques Derrida* (2016); e ANIDJAR, Gil. *Qu'appelle-t-on destruction?* Heidegger, Derrida (2017).

autoriza falar do "pensamento" de um "autor"? Isso não é óbvio para quem escrevia na *Gramatologia* que, "De certo modo, 'o pensamento' não quer dizer nada",[10] enfatizando que "o que se continuará a chamar de pensamento, designando, por exemplo, a desconstrução do logocentrismo, não quer dizer nada; em última instância, não procede mais do 'quer-dizer'".[11] Em suma, levando-se em conta tais análises, e sem que se tomem muitas precauções, haveria dificuldade em pronunciar as palavras "o pensamento de Derrida".

A palavra "hoje" não é menos problemática. De fato, como pensar esse "hoje", no caso de um filósofo que desconstruiu incessantemente a atualidade, a ilusão de imediato, a "metafísica da presença"? O que quereria dizer "depois de" (*after* e desde, *a partir de*) Derrida, do ponto de vista de sua concepção complexa das temporalidades? O que significa "pós", para o filósofo que terá desejado pensar o tempo no modo do futuro anterior ou ainda segundo a *nova modalidade do subjuntivo* de certa "oni-potência literária" em *H. C. pour la vie, c'est à dire...*[12] [H. C. pela vida, quer dizer...] Ao longo de toda sua obra, Derrida privilegiou, com a psicanálise, a inatualidade, o arcaico, o que retorna [*le revenant*, a assombração]. Elaborei, aliás, o título de uma coletânea de ensaios, reconhecendo essa "arte do contratempo" como um dos fios condutores de seu pensamento, de sua política e de sua ética (para utilizar uma palavra de que ele também desconfiava). Pois, para Derrida, o contemporâneo, a "artefatualidade", é uma ilusão fenomenal, que exige uma análise incansável, e portanto, uma "desconstrução". A disjunção do tempo – o famoso "*time is out of joint*", de Hamlet – cruza, em *Espectros de Marx* e noutros lugares, não apenas a questão da justiça, ou seja, do que se relaciona a dar mais além da dívida e do dever, mas também o cerne mesmo da experiência poética – a qual forma, segundo penso, o essencial de todo seu pensamento político.

Como, portanto, pensar esse "hoje" ou "agora", no caso daquele que dizia do "retardo" que o amava "como o que [lhe] dá mais a pensar, mais do que o instante, mais do que o porvir ou a eternidade"?[13] E o contratempo, bem enten-

10 DERRIDA, Jacques. *De la grammatologie*. Paris: Minuit, 1967, p. 20.

11 *Ibid.*, p. 21.

12 DERRIDA, Jacques. *H. C. pour la vie, c'est à dire...* Paris: Galilée, 2002.

13 DERRIDA, Jacques. *Demeure, Athènes*: Photographies de Jean-François Bonhomme. Paris: Galilée, 2009, p. 24.

dido, é o tempo do "inconsciente" e do que nos acontece, quando alguma coisa, enfim, produz acontecimento.

É difícil fazer um balanço "hoje", ainda que sumário, das recepções da obra de Derrida. Certamente, há uma profusão de livros, números de revistas, vários colóquios também, como o que nos reúne aqui no Rio, mas nada disso de forma alguma garante que, ao invocar incessantemente seu nome, não o silencie, citando-o de qualquer modo, sem fazer justiça a todas as complicações que ele prezava, e sem encontrar, entre o "demasiado" e o "insuficiente", a justa medida, confirmando assim a situação que ele próprio previa em *Apprendre à vivre enfin*:

> [...] tenho simultaneamente – e peço que me creia – o *duplo sentimento* de que, por um lado, para dizê-lo sorrindo e sem modéstia, não se começou a me ler, e de que, se decerto há muito bons leitores (algumas dezenas no mundo, talvez, e que são também escritores-pensadores, poetas), no fundo, é mais tarde que tudo isso terá uma chance de aparecer; mas também de que, por outro lado, simultaneamente, portanto, quinze dias ou um mês depois de minha morte, *nada mais restará*. Exceto o que estiver guardado como depósito legal em biblioteca. Juro que acredito sincera e simultaneamente nessas duas hipóteses.[14]

Como não lhe dar razão acerca do que ele imaginava, com tanta lucidez, a respeito dessa dupla cena do póstumo e da posteridade? Seria evidentemente exagerado pretender que o nome de Derrida foi obliterado ou sua obra esquecida, mas, apesar disso, como não constatar também, e simultaneamente, tal como ele predizia, que certo recalque se esforça para banalizar seu pensamento, quando simplesmente não o apaga?

O astrofísico Aurélien Barrau – originário, portanto, de um domínio completamente diferente, o da "ciência" – publicou recentemente um texto intitulado "*Qui a peur de la déconstruction? Pour une philosophie du don*" [Quem tem medo da desconstrução? Por uma filosofia do dom], que resume bem os aspectos essenciais do pensamento de Derrida "hoje". Nesse texto, Barrau enfatiza a

14 DERRIDA, Jacques. *Apprendre à vivre enfin*: Entretien avec Jean Birnbaum. Paris: Galilée / *Le Monde*, 2005, p. 34-35 (grifos de Derrida).

inteligência desse pensamento, a forma de sutileza e de nuança que lhe é característica. Lembrando que a desconstrução é, antes de tudo, uma "super-reversão das oposições binárias de origem metafísica" (natureza/cultura, presença/ausência, fala/escrita, corpo/alma etc.), e mais particularmente da hierarquização violenta sempre associada a isso de forma implícita, essa "super-reversão" não consiste em pôr o termo minorizado à frente, mas sim de fato em pensar mais além da própria estrutura opositiva. Igualmente, como Derrida nunca deixou de sublinhar, o "des" de desconstrução não é uma demolição, mas trata do "que resta a pensar mais além dos esquemas construtivistas e destrutivistas", visando uma "espécie de efeito fantasma inscrito nas próprias coisas", que contém em potência a reconstrução por vir. Barrau lembra também que a desconstrução não é um método, sendo ao contrário, para Derrida, "original e estruturalmente ligada ao imprevisível e ao inantecipado" e que "Um pensador dotado de um método [que] já decidiu como proceder" é para ele a própria irresponsabilidade. Derrida, prossegue ele, "intenta menos *descrever* o real do que *produzir* real. Tudo está aí. É antes de tudo um pensamento que cria amor no sentido mais original do termo".[15]

A contribuição essencial do pensamento de Derrida, sua des-marcha [*dé-marche*], que se aventura sempre para fora dos caminhos batidos, se deve ao modo de sustentar posições paradoxais: as aporias, o im-possível. Longe das tomadas de posição grosseiras, seu pensamento questiona sem rodeios todas as certezas tranquilas, as aparências, as crenças, as normas, o "bom senso", tanto quanto os modos de avaliação, os esquemas reguladores, tudo o que se apresenta como "universal" ou "natural". Daí a atenção extrema a todas as "dobras", nuanças, complicações, que imunizam, dirá Derrida, contra a besteira: suas leituras dos grandes textos, os da tradição filosófica e literária ou os dos contemporâneos, se fazem sempre e primeiramente como um trabalho respeitoso, minucioso, detalhista.

É esse aspecto, predominante em seu trabalho, que o distingue de tantos filósofos: a relação com a língua, com a escrita. Ao dizer isso, penso não apenas na divisãq entre literatura e filosofia, a qual, mais do que qualquer outra, ele

15 BARRAU, Aurélien. Qui a peur de la déconstruction? Pour une philosophie du don. Publicado na revista digital *Diacritik*, em 20 de março de 2017. Disponível em: <https://diacritik.com/author/barrauaurelien/>. Último acesso 24 jul. 2017.

questionou incessantemente; nem mesmo na importância que a literatura e os escritores sempre tiveram para ele, mas, de maneira mais essencial, em sua ética da leitura e da justiça. Por exemplo, em *Béliers* [Carneiros], é um verso de Paul Celan que o leva a pensar uma "Reversão de fôlego" [*renverse de souffle*] radical da própria ética, na qual não é porque o mundo se foi que preciso carregá-lo, mas antes, "*ich muss dich tragen*", preciso carregá-lo, "sem o solo de nenhum mundo",[16] a fim de que, *talvez*, haja um mundo. Qualquer que seja o assunto abordado (os *animots*, o luto, a fé, o acontecimento, o perdão, a hospitalidade, a lei, a arte), a escrita de Derrida, seu dispositivo, sempre atinge pela intervenção. Como sublinha Barrau, essa questão da língua permanece crucial, a desconstrução derridiana

> [...] hibridiza uma poética da língua com uma estética do rigor, ela enxerta uma lógica da distância com uma ética da pré-ausência. Ela sabe que é fora de gênero e não teme. Busca mais a esclarecer do que a extinguir, para re-agenciar. Abraç(s)a o texto numa profusão de devires. Não se trata apenas de descrever, mas também de agir. É antes de tudo um amor em eterno nascimento. E por isso, acredito que quem não começou a caminhar com ela perdeu um pouco da beleza de nosso tempo.[17]

Ainda uma palavra acerca das recepções de Derrida. Mais ou menos uma década após sua morte, o mínimo que se pode dizer é que sua herança continua tão contestada e criticada por rivalidades, rejeições e apropriações, quanto no momento em que, nos anos 1960, a desconstrução suscitava ataques. Jean-Michel Rabaté observa que "Derrida fez Escola, mas que ele não tem escola".[18] A recepção comparada entre a França e os Estados Unidos é interessante nesse aspecto. Se o impacto continua mínimo na universidade francesa (exceto em alguns lugares, como o Colégio Internacional de Filosofia, o Instituto de

---

16 DERRIDA, Jacques. *Béliers*: Le dialogue ininterrompu: Entre deux infinis, le poème. Paris: Galilée, 2003, p. 23 e p. 68-69.

17 BARRAU, Aurélien. Qui a peur de la déconstruction?, *op. cit.*

18 RABATÉ, Jean-Michel. Introduction. In: RABATÉ, Jean-Michel (Org.). *After Derrida*: Literature, Theory and Criticism in the 21st Century. Cambridge (UK): Cambridge University Press, 2018, p. 1-18.

Estudos Femininos e de Gêneros da Universidade Paris 8 ou nos seminários do Instituto de Altos Estudos em Psicanálise), o mundo anglo-saxão funciona de outro modo, pois lá existe toda uma infraestrutura cultural e editorial, não sendo esse o caso da França (a maioria das obras de Derrida são publicadas pela editora Galilée, e se os livros são elegantes, custam muito caro): encontram-se várias *Introductions* ao pensamento de Derrida, *Readers* (Nicholas Royle, Peggy Kamuf, Martin McQuillan), inúmeras obras sobre a desconstrução e o pensamento francês contemporâneo (Derek Attridge, *Not Half No End*, 2010; Alain Badiou, *Pocket Pantheon*: Figures of Postwar Philosophy, 2009; Rodolphe Gasché, *Deconstruction: Its Force, its Violence*, 2016; Martin Hägglund, *Radical Atheism*, 2008; Michael Naas, *Taking on the Tradition*: Jacques Derrida and the Legacies of Deconstruction, 2002, para nomear alguns). Livros recentes tais como os de Leonard Lawlor (*From Violence to Speaking out*, 2016) e de Raoul Moati (*Derrida/Searle*: Deconstruction and Ordinary Language, 2014), ou *A Companion to Derrida* (Zeynep Direk e Leonard Lawlor (org.), 2014), abordam os grandes temas filosóficos derridianos (a Verdade, a Diferença, o Transcendental, a Messianicidade, a Lei), mas, como sublinha Rabaté, essas obras não se interessam mais por seus "conceitos" do que pela literatura, lacuna que *After Derrida* propõe justamente preencher. Nos Estados Unidos, o pensamento de Derrida exerceu uma forte influência nos estudos literários, desenvolvendo-se nos departamentos de literatura comparada e dos *Gender Studies*. Se não há "escola" na França, houve, no outro lado do Atlântico, "efeitos de escola" com a "Yale School", e repercussões notáveis no trabalho de vários críticos maiores. "*Derrida's sudden victory in major American departments of comparative literature was followed by entrenched resistance and then by the simultaneous opening of new theaters of operations. Fifty years later ethical and political issues of a democracy still to come*".[19] O impacto do pensamento de Derrida se fez sentir em muitas disciplinas (o direito, os estudos religiosos), e mais recentemente nos "*Animal Studies, Translation studies, Literature and Law studies, World Literature and its interpretive Communities, and the digital humanities*". Mas a recepção da obra não segue sempre um curso tranquilo e o porvir continua imprevisível.

19 *Ibid.*

Em "*Justices*", conferência relacionada ao seminário *La Bête et le souverain* e por mim editada em *Appels à Jacques Derrida* [Apelos a Jacques Derrida], Derrida escreve: "Responder à responsabilidade e ao que a vincula e obriga à justiça é pensar a responsabilidade, formulando e formalizando a possibilidade, tanto quanto a aporia. Responsabilidade ética (quer dizer, também jurídica e política) que se expõe não apenas no que se chama de vida ou de existência, mas na tarefa de decifração, de leitura e de escrita".[20]

Nos trabalhos que realizei a partir de 1997, procurei estar à altura – de maneira modesta, mas também fiel-infiel – a essa "responsabilidade" da leitura, envolvendo-me com seus rastros em torno de cinco grandes questões: a questão do político, a questão da guerra, cuja desestabilização crescente ele jamais deixou de interrogar (guerras "mundiais" e nuclear, guerras revolucionárias, guerras de independência, guerras de partidários, guerras econômicas, étnicas, contra o terrorismo, e todas aquelas doravante sem "declaração", nem "frente"); a questão da tradução, questão igualmente política (é preciso lembrar que se trata de uma das definições mais importantes da desconstrução: "*plus d'une langue*" [mais de uma/ nenhuma língua]; a questão da literatura e de sua i-responsabilidade; enfim, a questão da arte, que implica também outra maneira de "ver", na verdade, para Derrida, mais um problema de "pensar em não ver", convocando ainda de outro modo essas "questões de responsabilidade", que lhe importam. Pois, para ele, trata-se sempre de responder, com justeza e justiça, e essa justeza é por si poética.

Para terminar, acrescentarei algumas frases minhas, deixando-lhe a palavra. Numa das respostas ao arquiteto Daniel Libeskind, Derrida diz o seguinte, valendo para qualquer obra, inclusive a sua: "É preciso entregar a obra ao mais além de sua vida, exposta à manipulação e à reinterpretação. É por isso que se constrói. A própria fragilidade faz parte da possibilidade da obra".[21] Em "*Maintenant l'archicteture*" [Mantendo a arquitetura / agora a arquitetura], ele

20 DERRIDA, Jacques. "Justices". In: COHEN-LEVINAS, Danielle; MICHAUD, Ginette (Org.). *Appels de Jacques Derrida*. Paris: Hermann, 2014, p. 60-61.

21 DERRIDA, Jacques. Jacques Derrida et Daniel Libeskind: discussion. In: MICHAUD, Ginette; MASÓ, Joana. *Les arts de l'espace*. Com a colaboração de Cosmin Popovici-Toma. Paris: La Différence, 2015, p. 286.

dá essa definição da promessa, que nos diz respeito particularmente, enquanto leitores "herdeiros" de sua obra:

> O que entendo por "promessa"? [...] Uma promessa fundada numa certeza não é promessa. Uma promessa deve sustentar algo, como uma fé – é um não saber. É possível que a promessa não seja mantida ou que o conteúdo da promessa nem mesmo seja conhecido, seja um não saber. Pois bem, mesmo se não há verdade ou promessa de verdade, [...] a promessa empenha um porvir para si própria; ainda que esse porvir seja indeterminado, ela determina por sua promessa ou seu envio, sem saber aonde ela própria deverá comparecer, incerta quanto a sua chegada, pois, em razão da estrutura do anacronismo, uma promessa pode sempre não ser mantida. Um contratempo é sempre possível, e é do contratempo do "agora" da arquitetura que queria falar.[22]

Tradução Evando Nascimento

22 DERRIDA, Jacques. Maintenant l'architecture. Conférence donnée au Palazzo delle Albere, Musée d'art de la province de Trente. In: MICHAUD, Ginette; MASÓ, Joana (Org.). *Les arts de l'espace*, *op. cit.*, p. 59-60.

Ao encontro de Derrida

Jean-Paul Lefèvre

Gênese de um colóquio

Foi com interesse e muito prazer que aceitei participar da organização do colóquio "Jacques Derrida: pensar a desconstrução", que viria a ser realizado no teatro da Maison de France, em agosto de 2004. Eu era na época o adido cultural francês no Consulado do Rio de Janeiro. Recebi no ano anterior a visita de Evando Nascimento, responsável pelo projeto, que estava muito motivado para trazer Jacques Derrida mais uma vez ao Brasil. Não sabíamos que seria pela última vez, já que Derrida faleceu algumas semanas depois do evento, sendo a vinda ao Rio sua última viagem. Evando, que tinha sido o aluno de Jacques Derrida e que tinha uma forte ligação com ele, sabia que ele estava doente. Muitas vezes, enquanto nos reuníamos para preparar sua vinda, junto com a minha colega do Escritório do Livro da Embaixada, a jovem Laetitia Daget, Evando evocava a possibilidade de Derrida ter que cancelar sua viagem. Mesmo assim, continuamos trabalhando. O colóquio iria se realizar de qualquer forma, mas todos nós esperávamos ansiosamente a confirmação da chegada dessa figura central do pensamento contemporâneo.

Lembranças acadêmicas

Fui estudante de Letras nos anos 1980, preparei o concurso da Escola Normal Superior da rue d'Ulm e estudei na Sorbonne para passar no concurso da *agrégation*. Um percurso bem clássico. Apesar dessa formação em Letras, conhecia pouco a obra de Jacques Derrida. Para falar a verdade, nossos professores não se referiam muito a ele e era então mais conhecido no exterior do que na França. Paradoxalmente, descobri Derrida através do seu amigo Paul de Man, crítico literário americano de origem belga. Tinha lido *Allegories of Reading: Figural Language in Rousseau, Nietzsche, Rilke, and Proust*, de 1979, que só foi traduzido para o francês e lançado na França dez anos mais tarde. Estudei bastante a obra de Rousseau que estava no programa da *agrégation* e queria ler o máximo sobre ele. Me lembro que, depois de ler o excelente livro de Jean Starobinski, *Jean-Jacques Rousseau: La Transparence et l'Obstacle*, de 1957, encontrei na biblioteca do Centro Georges Pompidou (o Beaubourg) o artigo da *Gramatologia* de Derrida, no qual ele analisa o ensaio do Rousseau sobre a origem das línguas e fala muito também de Lévi-Strauss. Achei muito interessante. Aí entra a relação com o Brasil. A Professora Leyla Perrone-Moisés foi professora convidada na Sorbonne logo depois, e assim fui durante um ano assistir ao seu seminário sobre literatura brasileira. Era leitora de Derrida. Foi muito enriquecedor. Não fiquei surpreso de reencontrá-la alguns anos depois no colóquio do Rio.

O encontro

Como muita gente, eu tinha uma imagem física de Jacques Derrida pelas capas de livros e fotos de revistas. Imaginava um homem alto e atlético. Acho que na minha imaginação se confundiam representações de Derrida e de Camus, os dois nascidos na Argélia, amantes de futebol, do mar, do sol. Fiquei surpreso, no dia em que fomos com Evando buscá-lo no aeroporto do Galeão, em ver um homem menor e mais frágil do que tinha pensado. Ele havia passado uma noite no avião e estava debilitado pelo câncer, mas conservava uma grande elegância, com seu terno claro. Vi de longe seu cabelo branco, cor de neve. Ele era muito educado e cortês. Senti nele força e carisma, com uma alma incrivelmente delicada e doce. Simpatizei imediatamente com ele. Os dias seguintes confirmaram a minha impressão desse primeiro encontro. Derrida, apesar de sua grande fadiga, conseguia concentrar toda a sua energia durante as intervenções no colóquio. Ficava o máximo possível na sala do colóquio, dialogando com o público, ouvindo as palestras, respondendo às perguntas. Deu entrevistas e aceitou uma entrevista coletiva com jornalistas, que se realizou na Mediateca da Maison. Mas ele precisava descansar. Voltar para o hotel, nem pensar. Ele não queria. Tinha na minha sala um sofá confortável, com um belo tecido azul claro. Logo gostou e o escolheu para longas sestas, cochilos profundos, que o permitiam recuperar suas forças. Quando acordava, pedia água e conversávamos um pouco antes de ele voltar para o colóquio.

Lembranças de conversas

Um dos temas dessas conversas era a tradução. Fundamental. Ele tinha uma grande admiração pelos tradutores. Evando acabava de traduzir *Papier Machine /Papel Máquina.* No colóquio, ele encontrou e parabenizou Ana Valeria M. Lessa, que tinha traduzido *La Carte Postale.* Yves Bergougnoux assumiu toda a tradução simultânea do evento, em parceria com Pierre Guisan, e fez a tradução consecutiva na entrevista coletiva. Derrida ficava sempre muito atento à precisão dos termos escolhidos e à clareza da definição dos conceitos. Ele chegou a dar uma entrevista ao programa Milênio, da Globonews, provavelmente a última de sua vida.

Outro tema foi a arte. Ele ficou feliz em encontrar no Rio a artista Lena Bergstein, que ilustrou e organizou a tradução de *Enlouquecer o subjétil* (Ateliê Editorial), com texto da autoria de Derrida. A minha sala tinha uma vista linda para a baía, para a Glória, o MAM, para o prédio do Ministério da Educação. Foi a ocasião de falar com Derrida sobre arquitetura, deste sincretismo carioca, das várias épocas, do Outeiro da Glória ao museu do Reidy, da igreja Santa Luzia ao edifício Capanema do Lúcio Costa e sua equipe. Falamos do Niemeyer, ainda vivo na época, e de Brasília. Na minha estante havia vários catálogos de arte. Derrida perguntou sobre a criação contemporânea brasileira. Mostrei a ele os trabalhos de Cildo Meireles, Tunga, Adriana Varejão, Ernesto Neto. Ele ficou interessado pela abordagem estética e política de Cildo. Me perguntou de quem era aquele "grande pirulito", que ficava na pracinha em frente ao consulado. Era a "Obra para o Rio" de Waltércio Caldas, que aliás foi demolida recentemente, em 2015, por causa das obras do VLT, o novo bonde carioca, cuja linha foi construída para as Olimpíadas.

Reflexões políticas

A questão política interessava muito a Derrida. Perguntava sobre a situação no Brasil, naquela época dos anos Lula. Já tinha boas informações gerais a respeito do país. Conhecia Fernando Henrique Cardoso, que ele estimava, mas parecia mesmo fascinado pelo Presidente Lula, sua história pessoal, sua trajetória, sua ação a nível nacional e internacional. Trocamos ideias sobre a situação na França: a emergência e o crescimento já notável da extrema direita, que tinha levado ao segundo turno das eleições presidenciais, em maio de 2002, o candidato da Frente Nacional, Jean-Marie Le Pen. Me lembrava que, em um artigo do jornal *Libération*, eu tinha lido que ele não tinha votado no primeiro turno daquela eleição, e me perguntava muito por quê. Eu sabia de sua antiga relação com Sylviane Agacinsky, com quem ele teve um filho e que era a esposa do candidato socialista, o então primeiro ministro Lionel Jospin. Mas não perguntei nada. Uma das muitas perguntas que não ousei lhe fazer...

A situação política na Argélia foi também um assunto de nossas conversas. Visivelmente, ele mantinha pelo seu país natal uma ternura profunda e ao mesmo tempo uma grande preocupação. Acabava de acontecer lá, na primavera de 2004, uma eleição presidencial com a vitória muito surpreendente do presidente Abdelaziz Bouteflika, que recebeu 85 % dos votos. A situação parecia confusa e o deixava preocupado. A oposição não se conformava com esse resultado e acusava o presidente de fraude. Derrida mencionou o risco de uma nova guerra civil e falou da necessidade de um longo trabalho de reconciliação nacional. Era um assunto sobre o qual ele tinha trabalhado muito naqueles últimos anos, especialmente pela sua participação na comissão "Verdade e Reconciliação" da África do Sul, aliás tema central de sua fala na abertura do colóquio do Rio. A estruturação do direito internacional era fundamental para ele. Falamos do tribunal internacional para a ex-Iugoslávia, do processo por crime contra a humanidade do Ex-Presidente Slobodan Milosevic, do tribunal internacional de Haia e da ONU.

Família

Derrida parecia feliz no Rio. A cordialidade, a hospitalidade, o calor humano, a expressão de amizade o tocavam, o emocionavam. Todos os dias ele ligava para sua esposa. Perguntou sobre minha família, meus filhos. Um dia, se abriu mais e falou da dificuldade de ser pai e da dificuldade que ele encontrava em se relacionar com seus filhos. Mencionou um em particular, com quem tinha alguns problemas naquele momento. Mas não me lembro qual deles era: Pierre Alféri, Jean Derrida ou Daniel Agacinski.

O adeus

Nunca imaginei que o encontro do Jacques Derrida deixaria em mim uma marca tão profunda. Voltei a ler recentemente a dedicatória que ele fez para mim na primeira página do seu livro *Papel Máquina*. Ele fala de *affecteuse reconnaissance*: afetuosa gratidão. Em tão pouco tempo, por incrível que pareça, eu criei com ele um laço de real e profundo afeto. Quando terminou o colóquio e ele tinha que regressar para Paris, Evando e eu o levamos para o aeroporto. Ele parecia muito cansado. Tinha dificuldade para andar. Se apoiava no meu braço. Pedi a autorização para acompanhá-lo até o avião. Me foi concedida, pois estava com meu passaporte diplomático. O Galeão não era tão grande como hoje. Mesmo assim, andar até a porta do avião foi uma caminhada longa. Andávamos juntos muito devagar. Ou pelo menos tive essa sensação. Deixei-o na porta. Ele apertou minha mão e me deu um abraço "à brasileira", e quando ia embora, me virei e vi aquela silhueta pequena e frágil no vão da porta da aeronave, acenando com a mão, como uma criança, com um sorriso pálido. Sorri para ele, comovido até as lágrimas, e fui embora.

Evando depois me contou que ele tinha sido hospitalizado logo na chegada e havia falecido algumas semanas depois, no dia 09 de outubro.

Rio de Janeiro, 22 de maio de 2017.

P.S.: peço desculpas pelo caráter algo impressionista deste texto. Não queria me gabar desta relação com Derrida, efêmera, obviamente, para ele, mas muito importante para mim, como testemunha essa lembrança ainda viva, mais de uma década depois. Foi um encontro rápido e incompleto. Como já disse, deixei de fazer muitas perguntas: por exemplo, a respeito da relação com seu amigo Paul de Man, como ele o defendeu após sua morte, e o perdoou no caso dos escritos pró-nazistas de juventude. Não ousei. Não quis entrar nesse assunto com ele. Sentia que era uma questão de foro íntimo, mesmo que se tratasse, no fundo e mais uma vez, da questão do perdão e da reconciliação, temas principais do colóquio. Este texto é um testemunho, meu testemunho, de um dos últimos episódios da vida de Derrida. Agradeço a Evando Nascimento, pela oportunidade de ter podido escrever e registrar essa história pela primeira vez.

Uma amizade de pensamento

Evando Nascimento

À memória de Sarah Kofman

Boa noite a todos e a todas aqui presentes. Gostaria, inicialmente, de agradecer a Alice Toulemonde e a sua assistente Madeleine Deschamps, pelo convite para participar dessa mesa-redonda, na companhia de minha amiga Ginette Michaud e de Jean-Paul Lefèvre, diretor geral da aliança Francesa no Brasil.

Creio que a importância desta mesa-redonda "em torno de Jacques Derrida", não consiste evidentemente em falar da amizade como categoria privada, embora esse assunto, se bem abordado, possa ter bastante relevância, visto que o próprio em mais de um momento se declarou filosoficamente favorável à hétero e à autobiografia. O importante aqui é expressar como, para esses três participantes que somos, o contato pessoal com a obra e com o próprio pensador marcou nossas vidas. Assinala-se desse modo o que ele chamava de "amizade de pensamento", tão importante quanto, porém de natureza distinta do que familiarmente chamamos de amizade. Há decerto um ponto fulcral em que os dois conceitos de amizade se cruzam e se correspondem indecidivelmente.

Para ficar então próximo do tema da mesa, vou intentar uma pequena anamnese, não com a finalidade de recuperar a memória integral do passado, mas para referir alguns índices importantes e assim discernir minha relação com a obra de Jacques Derrida. Peço antecipadamente perdão por esse curto relato.

Minhas leituras de Derrida começaram nos anos 1980, quando preparava meu mestrado na Pontifícia Universidade Católica do Rio de Janeiro. Lembro-me de ter lido então "Freud e a cena da escritura" e "A farmácia de Platão" (este em francês), dois textos que me abriram todo um mundo de novas conceitualidades, de estratégias textuais e sobretudo de perspectivas de leitura. Quando iniciei meu doutorado na Universidade Federal do Rio de Janeiro, Derrida se tornara uma referência maior. Depois de um ano de estudos no doutorado, comecei a preparar o que iria se tornar meu projeto de tese, cujo título "curto" era algo como "O conceito de sujeito segundo o pós-estruturalismo francês, tendo como referência o pensamento de Nietzsche e de Freud"! Esse título é autoexplicativo: eu queria extrair um conceito de "sujeito" nos textos de pensadores tão complexos como Gilles Deleuze, Michel Foucault, Sarah Kofman, Jacques Derrida, Roland Barthes, entre outros, com relação às leituras que esses autores tinham feito da obra de Freud e de Nietzsche.

Poderia ter passado toda a vida trabalhando com tal assunto e nunca concluir o projeto! Felizmente, iria encontrar Derrida no caminho de minha pesquisa. Foi assim que, em 1991, obtive uma bolsa do Conselho Nacional de Desenvolvimento Científico e Tecnológico (CNPq), para acompanhar os seminários de Sarah Kofman sobre Nietzsche na Sorbonne. Kofman já tinha vindo ao Rio para uma série de conferências (na Universidade Federal Fluminense), e eu tinha lido sua primeira obra-prima, *A infância da arte*.[1] O problema era que, na Sorbonne, o pessoal da secretaria não sabia como fazer para me inscrever nos seminários de Kofman, pois eu fora convidado como "ouvinte" e não para desenvolver um projeto completo de doutorado. Mas eu precisava de uma inscrição universitária oficial para poder obter o visto de permanência junto à administração francesa.

Razão pela qual decidi procurar na École des Hautes Études en Sciences Sociales (EHESS) um orientador que pudesse me conceder a inscrição oficial. Quando vi a lista de possíveis orientadores na École, percebi que Derrida era o único professor a ter relação direta com minha pesquisa: seu trabalho informava um capítulo do ambicioso projeto. Tomei então a decisão de marcar uma entrevista com ele, mas confesso que sem muita esperança... Porém, eu sabia que, se a solicitação não obtivesse êxito, teria o direito de escolher outro orientador, até o problema ser resolvido.

No dia da entrevista, éramos alguns estudantes esperando no corredor da École, e eu pensava que seria um secretário ou uma secretária que viria nos atender. Mas não, era o próprio Derrida, o mito encarnado, que discutiria com

1 KOFMAN, Sarah. *L'enfance de l'art*. Paris: Galilée, 1985.

cada candidato a respeito de seu projeto! Expliquei-lhe qual era meu objetivo em Paris, que estava lá com uma bolsa para assistir aos seminários de Kofman sobre Nietzsche e, portanto, tinha necessidade de uma inscrição oficial, mas não iria defender uma tese na França. Também lhe falei do projeto, e de como seu trabalho fazia parte da pesquisa. Ele não apenas me deu a inscrição, mas acrescentou que não estava obrigado, mas "seria um prazer", se eu acompanhasse os seminários... Tal era sua maneira de acolher os estudantes, com uma atenção e um sentido de hospitalidade incomparáveis. Dito isso, soube depois que ele apenas aceitou os projetos que tinham alguma relação com suas pesquisas, o que é bastante lógico.

Durante dois anos, assisti a suas aulas na EHESS, bem como às de Kofman na Sorbonne. Seu seminário de 1991/1992 abordava a questão do *segredo*, que formava o primeiro módulo da rubrica mais geral intitulada "Questões de Responsabilidade", a qual ele desenvolveria até o final da vida, envolvendo outros temas como o perdão, a pena de morte e os animais. O seminário de Kofman girava em torno do *Ecce homo*, de Nietzsche, que se transformou mais tarde em dois alentados volumes, *Explosions I e II*. Depois de algumas semanas de curso, descobri que, como aluno efetivamente inscrito, tinha direito a encontros com Derrida, para falar de minhas pesquisas; e ele correspondia a minha demanda com toda gentileza. Lembro-me que discutíamos textos de Nietzsche e também o conceito de literatura, pois esqueci de dizer que meu projeto tratava "também" de uma obra de Clarice Lispector, *A maçã no escuro*, representando um exemplo maior para as ideias desenvolvidas. Derrida me pôs em contato com Hélène Cixous, e chegamos a nos encontrar, porém não houve desdobramentos naquele instante.

A partir desse momento, discutíamos bastante acerca do sentido (*le sens*) ou da "essência" (*l'essence*) do literário, com relação às formulações de Maurice Blanchot, no *Livro por vir* e no *Espaço literário*, entre outras obras. Até que um dia ele me disse para procurá-lo no final de um seminário, pois tinha algo a me dar. Esse "algo" era um livro que tinha acabado de sair nos Estados Unidos, *Acts of Literature*, uma coletânea de ensaios de Derrida, relacionados com a literatura, sob a organização de Derek Attridge.[2] Havia nessa obra, como uma

2 DERRIDA, Jacques; ATTRIDGE, Derek. "This Strange Institution Called Literature". In: ATTRIDGE, Derek (Org.). *Acts of Literature*. Nova York, Londres: Rout-

espécie de "aperitivo" ou um *hors d'oeuvre*, uma longa entrevista do organizador Attridge com Derrida em torno da literatura. Era como se ele me dissesse, com a oferenda: "aí você encontrará algumas respostas às perguntas que o preocupam". Li e reli a entrevista e acabei por abandonar o projeto inicial de tese, e elaborar outro sobre *a questão da literatura em Derrida*. Na verdade, transformei o que seria um capítulo da tese em sua totalidade: o pensamento derridiano. Isso me permitiu reduzir a totalidade do projeto e me concentrar em uma única questão, a qual, no entanto, se mostraria também muito ampla.

No início do segundo semestre letivo de 1992, propus a Derrida fazer, em seu seminário restrito, uma intervenção sobre "*La Double séance*" (publicado em *La Dissémination*),[3] um ensaio fundamental para compreender o papel da literatura em sua obra. Ele deu um sorriso, demonstrando certa incredulidade diante da audácia, mas mesmo assim acolheu a proposta. Foi talvez a experiência mais difícil de minha formação universitária: ainda em plena formação, ousar falar da obra do mestre diante dele! Os seminários restritos eram exclusivos para a apresentação e discussão dos trabalhos de alunos, porém frequentemente havia "penetras" lotando o auditório da EHESS, no bulevar Raspail. No dia da apresentação, eu estava angustiado e tenso. Porém, obtive êxito em analisar alguns temas desse texto magnífico que é "*La Double séance*", e assim tivemos uma boa discussão. No final, Derrida me deu os parabéns, mas o resultado de tudo foi que fiquei no leito durante uma semana...

Enviei uma carta ao CNPq, explicando que havia mudado de projeto, pois tinha a oportunidade extraordinária de falar de meu "assunto" (*sujet*) de tese com o "sujeito" (*sujet*) autor dos livros de referência e, portanto, precisava de mais um ano de bolsa para dar continuidade a minhas pesquisas doutorais na França. Derrida escreveu uma carta falando de meu trabalho, que anexei ao relatório de primeiro ano de pesquisas. O CNPq renovou a bolsa e assim pude permanecer em Paris. Todavia, ao final de dois anos de estadia a tese não estava

---

ledge, 1992, p. 33-75. Utilizarei aqui a versão francesa "'Cette Étrange institution qu'on appelle la littérature'", publicada no livro de DUTOIT, Thomas; ROMANSKI, Philippe (Org.). *Derrida d'ici, Derrida de là*. Paris: Galilée, 2009, p. 253-292. A tradução brasileira é apenas um livro com a entrevista, *Essa estranha instituição chamada literatura*. Tradução Marileide Esqueda; revisão técnica e introdução Evando Nascimento. Belo Horizonte: Ed. da UFMG, 2014.

3 DERRIDA, Jacques. *La dissémination*. Paris: Seuil, 1972.

ainda concluída, e precisei assumir o cargo de Leitor de literatura e civilização brasileiras, no Departamento de Estudos Lusófonos da Universidade Stendhal, de Grenoble.

Antes de continuar o relato, minha ficção "auto-bio-gráfica", preciso dizer que apreciei enormemente os seminários de Kofman sobre Nietzsche, de que tenho excelente recordação. Além disso, pude acompanhar também alguns de seus cursos na graduação; um deles tratava da questão da *mímesis* em Platão. Essas aulas me ajudaram a abordar o que Derrida nomeia como o "mimetologismo literário", o qual se tornou o tema do primeiro capítulo de *Derrida e a literatura*: "notas" de literatura e filosofia nos textos da desconstrução, tese defendida em 1995, na UFRJ, durante uma de minhas viagens ao Brasil.

É necessário também lembrar que, no início dos anos 1990, havia poucas traduções de Derrida no Brasil: *Gramatologia* e *A escritura e a diferença* (estamos entre os primeiros países no mundo a traduzi-los), "A farmácia de Platão", como ensaio isolado, e *Margens*: da filosofia. O que me espantou foi o fato de Derrida, por essa época, já ter publicado uns quarenta volumes.

Minha hipótese de trabalho era a de que a literatura não constitui para Derrida um discurso entre outros, mas que há algo em certos textos ditos literários que dão a pensar questões pouco ou não tratadas como tais na tradição filosófica. De certo modo, a literatura produzia ou antes propunha uma forma de pensamento inaudita perante a reflexão filosófica clássica. E num dos seminários restritos Derrida declarou que admirava a obra de Baudelaire porque, entre outras razões, ele escrevia "uma poesia pensante". Fui de pronto fisgado por essa expressão "uma poesia pensante" e a transformei em "uma literatura pensante". E foi com essa categoria que iniciei as pesquisas em sua obra, desde o início até os textos que ele publicava naquele exato momento, por assim dizer no calor da hora.

Tinha então diante de mim uma árdua tarefa, pois precisei enfrentar dois obstáculos difíceis de superar: 1) a complexidade da textualidade derridiana: decerto as leituras realizadas no Brasil me ajudaram bastante a dobrar o cabo de minhas tormentas; 2) a quantidade gigantesca de livros e ensaios, que chegariam a oitenta volumes no final da vida... Era um verdadeiro labirinto, e o Minotauro era o próprio mestre, com quem tinha a chance de conversar regularmente.

Naquele momento, havia poucas obras sobre Derrida na França e mesmo noutros países, especialmente nos Estados Unidos, onde ele fez uma boa parte de sua carreira universitária. Pude contar com três livros que serviram de guia inicial na "floresta Derrida" (metáfora que não explicarei aqui, pois falei a respeito da relação entre o pensamento de Derrida e os vegetais na conferência do colóquio da UERJ). O primeiro foi um livrinho que um Silviano Santiago publicou com seus alunos da pós-graduação na Pontifícia Universidade Católica do Rio de Janeiro (PUC-Rio), ainda nos anos 1970, o *Glossário de Derrida*.[4] O próprio Derrida se lembrou, durante o colóquio de 2004, de seu espanto ao receber, em 1976, aquele *glossário*, vindo do Brasil, quando ainda não tinha publicado uma dezena de livros.

Outro livro importante foi a obra que Derrida publicou com Geoffrey Bennington, na coleção "Les Contemporains", da editora Seuil.[5] Nela havia um texto de Bennington, que Derrida chamou de "teologiciel", uma espécie de "programa" digital, como resumo das principais categorias e quase-conceitos de J. D., sem fazer nenhuma citação de seus textos. No rodapé, há um texto de natureza completamente diferente, da pluma (ou antes, do teclado) do próprio Derrida, "Circonfissões". Foi a primeira vez que Derrida se deixou fotografar diante da tela de um computador, com Bennington às suas costas, como se reproduzissem o famoso cartão postal de Oxford (o qual, aliás, pode ser visto nessa fotografia), no qual Platão aparece atrás de Sócrates, que está escrevendo. É uma inversão da posição mestre/discípulo, que se tornou célebre na história da filosofia do século XX, com *O cartão postal*, de Derrida.

O terceiro livro foram as *Lectures de Derrida*, em que Sarah Kofman falava dele como um filósofo *unheimlich*.[6] Não foi por acaso que o texto de minha apresentação no seminário restrito de Derrida abordava a categoria do *unheimlich* e da *Unheimlichkeit* em Freud, a partir de três notas de "*La Double séance*", que dizem respeito justamente ao *Unheimliche* freudiano. Foi o próprio Derrida que, em um de nossos encontros, chamou minha atenção para essas três notas *unheimliche*.

Todavia, cabe dizer que o verdadeiro "guia" de Derrida foi sua própria textualidade. Comecei a lê-lo em Paris, como acabei de narrar, por *La dissémination*, livro que me provocou forte impressão. Em seguida, passei para *Margens*:

---

4 SANTIAGO, Silviano. *Glossário de Derrida*. Rio de Janeiro: Francisco Alves, 1976.

5 BENNINGTON, Geoffrey; DERRIDA, Jacques. *Jacques Derrida*. Paris: Seuil, 1991.

6 KOFMAN, Sarah. *Lectures de Derrida*. Paris: Galilée, 1984.

da filosofia, no qual observei que Derrida tinha uma tendência a remeter o leitor ou a leitora a outros textos, nos quais algumas questões tinham sido tratadas. Fui pesquisar as referências antigas da mesma temática, e ao fim de certo tempo, me vi preso num verdadeiro labirinto de envios e remessas (*envois* e *renvois*), e o envio é uma categoria derridiana essencial! Isso significa dizer que passei meses buscando respostas aos problemas que me atormentavam, mas as respostas eram sempre adiadas, postas em algum lugar que não conseguia alcançar. O que me salvou do fracasso foi a questão da literatura, que serviu de fio condutor nesse imenso labirinto. O problema é que eu não desejava isolar a literatura como uma questão à parte, mas sim apreendê-la em suas relações complexas com o discurso filosófico. Pois descobria finalmente que não há essência da literatura, tanto quanto não há essência da filosofia. E os dois discursos, especialmente se se toma como referência a palavra grega *poiésis*, se cruzam ao longo de toda a história cultural do Ocidente, às vezes de modo pacífico, mas noutras ocasiões de forma conflituosa.

Importa sublinhar também que Derrida estabelece uma distinção a meu ver muito pertinente entre a literatura no sentido moderno do termo e toda a produção literária, melhor dizendo, "poiética", antes da modernidade. Não se deve esquecer que a palavra "literatura", em seu sentido atual, tem pouco mais de dois séculos de existência. Razão pela qual Derrida estabelece uma relação entre a literatura e o que chama de "democracia por vir". Em poucas palavras: para Derrida, a literatura é uma "estranha" instituição, *unheimlich* e paradoxal, porque permite "dizer tudo" e, ao mesmo tempo, representa uma espécie de "segredo ostentado" (*secret affiché*). Sua estranheza reside no fato de pôr em causa seu próprio estatuto de "instituição", estabelecendo um modo inaudito de pensar a "responsabilidade" (componente fundamental da rubrica "Questões de responsabilidade, que orientou mais de uma década de seminários). Nesta altura, somente posso enviá-los a esse livro que me trouxe muitas alegrias, o *Derrida e a literatura*. Aproveito para citar um trecho curto da entrevista concedida a Attridge, na abertura dos *Acts of literature*:

> O espaço da literatura não é apenas o de uma *ficção* instituída, mas também o de uma *instituição fictícia*, que permite em princípio dizer tudo. Dizer tudo é, decerto, reunir, traduzindo todas as figuras umas nas outras, totalizar formalizando; mas dizer tudo é também transgredir [*franchir*] os interditos. É *li-*

> *berar-se* [*s'affranchir*] – em todos os campos onde a lei pode fazer a lei. A lei da literatura tende, em princípio, a desafiar ou suspender a lei. Ela dá, portanto, a pensar a essência da lei, na experiência do "tudo por dizer". É uma instituição que tende a transbordar a instituição.[7]

Dentre as referências maiores para a escrita derridiana, a que eu menos conhecia na época da pesquisa era Heidegger. As interpretações que se faziam então no Brasil desse filósofo alemão não me despertavam nenhum interesse, mas rapidamente compreendi que, na França, havia leituras inovadoras, como as de Jean-Luc Nancy e de Philippe Lacoue-Labarthe. Num dos encontros com o diretor de estudos Jacques Derrida, disse-lhe que estava lendo Heidegger e que, finalmente, estava compreendendo seu trabalho. Ele me respondeu com a seguinte frase: *Vous êtes sur la bonne voie* [Você está no bom caminho]. Heidegger foi e continua sendo o filósofo pelo qual jamais me apaixonei e que continuo rejeitando, mas cuja importância para o trabalho de Derrida e de diversos outros pensadores franceses do século XX reconheço como decisiva. Porém, é justamente essa relação complexa que me interessa cada vez mais refletir.

Para concluir o relato, vou apenas resumir de modo sucinto o restante da trajetória até o momento do colóquio 2004, no Rio.

No fim de minha estadia parisiense, como dito, não tinha terminado a tese e decidi aceitar o convite de um amigo brasileiro, o saudoso Ricardo Oiticica, para substituí-lo no cargo que ocupava na Universidade Stendhal, de Grenoble, onde passei dois anos como Leitor e mais um como ATER (Attaché Temporaire d'Enseignement et de Recherche – Professor Pesquisador) de literatura e de cultura brasileiras. Durante esse período, evitei qualquer contato com Derrida, pois era impossível escrever sobre a obra sem certo recuo em relação a sua "presença". A tese que defendi em 1995 na UFRJ, foi publicada em 1999, reeditada em 2001 (ambas as edições pela EdUFF) e em terceira edição, em 2015, pela É Realizações, com posfácios de Ginette Michaud, Fernanda Bernardo e Mónica Cragnolini.[8]

---

7 DERRIDA, Jacques; ATTRIDGE, Derek. "'Cette Étrange institution qu'on appelle la littérature'", *op. cit.*, p. 256.

8 NASCIMENTO, Evando. *Derrida e a literatura*: "notas" de literatura e filosofia nos textos da desconstrução. 3ª. ed. São Paulo: É Realizações, 2015.

Retornei definitivamente para o Brasil em 1996. No ano 2000, organizei com minha colega e amiga Paula Glenadel um colóquio intitulado *Em torno de Jacques Derrida*, de que participou o especialista suíço Serge Margel e que deu origem ao livro homônimo, publicado no mesmo ano (pela 7Letras). E publiquei muitos artigos na imprensa sobre a "desconstrução" e seu "inventor", textos que enviava regularmente a Derrida. Em sua dedicatória ao prefácio que escreveu para o livro de Alain David, *Racisme et antisémitisme*, ele utiliza a palavra "*gratitude*" (gratidão), precedida de um adjetivo que não consigo decifrar, pois sua letra era quase ilegível... Mas, na verdade, eu é que lhe sou imensamente grato e devedor.[9]

Voltei à França apenas em 2001, quando fiz a primeira entrevista com Derrida, antes de sua segunda viagem ao Brasil, ao Rio de Janeiro, onde ele participou de um colóquio internacional, com seu amigo René Major (ele já tinha vindo a São Paulo, em 1995, a convite de Leyla Perrone-Moisés). Naquele encontro de 2001, concebemos juntos o projeto de um colóquio internacional sobre sua obra, o qual não pudemos pôr em prática no ano seguinte por razões que não dá para explicar em poucas palavras, ficará para outra ocasião. Em 2003, Derrida cai enfermo e inicia o primeiro tratamento quimioterápico. Em novembro do mesmo ano, o reencontrei bastante enfraquecido no colóquio internacional organizado por nossa amiga Fernanda Bernardo, na Universidade de Coimbra, onde recebeu o título de doutor *honoris causa*. Foi então que decidimos relançar o projeto de colóquio no Rio, e a partir daí nos telefonamos e nos escrevemos a fim de que nosso desejo comum se realizasse. Eu estava um tanto preocupado, porque sabia de seu delicado estado físico. Mas Derrida me tranquilizava a cada vez que lhe telefonava, dizendo que, apesar dos problemas de saúde, poderia vir. Foi apenas um mês antes de sua viagem que, pela primei-

9 Dois artigos mais recentes dão continuidade a esse desejo de divulgação da obra de Derrida mais além do recinto universitário: 1- NASCIMENTO, Evando. Depois de Derrida: retrato de uma obra viva. *Folha de S. Paulo*, Ilustríssima, 23 de novembro de 2014. Disponível em: <http://www1.folha.uol.com.br/ilustrissima/2014/11/1551934-depois-de-derrida---retrato-de-uma-obra-viva.shtml>. 2- NASCIMENTO, Evando. Derrida na UERJ: um encontro solidário. *Suplemento Pernambuco*, 10 de abril de 2017. Disponível em: http://www.suplementopernambuco.com.br/artigos/1844-derrida-na-uerj-um-encontro-solidário.html. Último acesso a ambos os artigos em 3 dez. 2017.

ra vez, me disse que não ia muito bem, mas que iria consultar o médico para saber se poderia atravessar o Atlântico... Eu lhe disse que já tínhamos o texto da conferência (enviado com antecedência por motivo de tradução) e que, se ele não pudesse vir, o leríamos na abertura do colóquio. Na véspera do evento, fui buscá-lo no aeroporto em companhia de Jean-Paul Lefèvre (então adido cultural no Consulado), e ele me recebeu com um sorriso, me beijou no rosto e disse: "Evando, essa é a viagem mais improvável que já fiz". Durante os três dias do evento, ele não somente fez a conferência de abertura durante três horas, ao final das quais disse que iria parar a fim de não cansar o público, mas assistiu a todas as mesas, debatendo com cada um dos expositores. Como me contou sua esposa Marguerite, ele lhe telefonava todas as noites, dizendo que estava se sentindo muito bem, porque estava entre amigos e o colóquio tinha trabalhos de qualidade.[10] Creio que sua vinda, em condições extremas de saúde, se deveu em grande parte à disposição dadivosa expressa na pequena palavra *gratitude*.

Narro com mais detalhes essa última parte da história na bela biografia escrita por Benoît Peeters, publicada em 2010 pela Flammarion e traduzida em 2013 pela Civilização Brasileira, com uma introdução minha.[11] No livrinho que Peeters publicou ao mesmo tempo que a biografia, *Trois ans avec Derrida*,[12] um diário de bordo que acompanhou seu trabalho, ele diz logo no começo que é estranho, pois sua pesquisa vai começar pelo fim, ou seja, pelo organizador do último colóquio de que Derrida participou. Acontece que naquele momento (segundo semestre de 2007) eu estava em Berlim, realizando estudos pós-doutorais sobre Derrida e Benjamin na Universidade Livre. E foi o diretor do Escritório do Livro no Rio, Dominique Desjardins, que me pôs em contato por e-mail com Peeters, para que marcássemos encontro em Paris, a fim de aproveitar minha estadia na Europa. Também por esse motivo, dei um testemunho como ex-aluno, no auditório do bulevar Raspail, para o documentário

10 O livro do evento saiu como NASCIMENTO, Evando (Org.). *Jacques Derrida*: pensar a desconstrução. São Paulo: Estação Liberdade, 2005. Foi lançado em São Paulo, Rio de Janeiro e Juiz de Fora, com a participação de Michel Lisse.

11 PEETERS, Benoît. *Derrida*. Paris: Flammarion, 2010. Tradução brasileira: *Derrida*: biografia. Tradução André Telles; revisão técnica e introdução Evando Nascimento. Rio de Janeiro: Civilização Brasileira, 2013.

12 PEETERS, Benoît. *Trois ans avec Derrida*: Les carnets d'un biographe. Paris: Flammarion, 2010.

"*Derrida, le courage de la pensée*", difundido no canal ARTE, em comemoração aos dez anos da morte do pensador.[13]

Seria uma ingenuidade acreditar que nossos pequenos testemunhos dão conta da passagem de Derrida em nossas vidas, de forma breve ou prolongada. Toda anamnese se faz igualmente por seu tanto de amnésia: aquilo que não se quis ou não se pôde (estruturalmente) declarar. Todo registro é, por essência, falho, parcial e, em certa medida, insuficiente, pois lhe faltam as palavras exatas, que Gustave Flaubert tanto prezava. No entanto, é forçoso relembrar, narrar, em suma arquivar, sustentando assim nosso bem e nosso mal de arquivo. Conto, portanto, com as reticências que devem sempre acompanhar a escuta e a leitura de qualquer depoimento... Muito obrigado e, enfaticamente, mil perdões!

13 LINHART, Virginie; PEETERS, Benoît. *Derrida, le courage de la pensée*. Paris: ARTE, difusão em 8 de outubro de 2014. Cf. o excelente artigo de BIRNBAUM, Jean. *Derrida, le courage de la pensée*. Paris, *Le Monde*, outubro 2014.

Autores

Alcides Cardoso dos Santos é formado em Antropologia pela UNICAMP, tem mestrado e doutorado em Estudos Literários pela UNESP e pós-doutorado pela DePaul University (Chicago). É docente da UNESP e atua como docente efetivo no Programa de Pós-Graduação em Estudos Literários do Campus de Araraquara e como professor colaborador do Programa de Pós-Graduação em Estudos de Literatura da Universidade Federal de São Carlos (UFSCAR). É autor de *Visões de William Blake*: palavras e imagens em *Jerusalém a Emanação do Gigante Albion* (Editora da Unicamp, 2009), *De cegos que vêm e outros paradoxos da visão*: questões acerca da natureza da visibilidade (Editora da UFSM, 2013), autor e organizador de *Estados da Crítica* (Ateliê Editorial, 2007) e *Desconstruções e contextos nacionais* (7Letras, 2006), além de capítulos de livros e artigos sobre temas relacionados à desconstrução.

Cláudia Perrone-Moisés é Professora Associada (livre-docente) do departamento de Direito Internacional e Comparado da Faculdade de Direito da Universidade de São Paulo. Bacharel, Mestre e Doutora pela mesma Faculdade. Pós-Doutorado no Collège de France (*Chair d'études juridiques comparatives et internationalisation du droit*). Professora convidada na Université de Paris V-René Descartes e na Université Lyon III- Jean Moulin. Especializada em direito internacional dos direitos humanos e direito internacional penal, é autora de *Direito Internacional Penal-Imunidades e Anistias*, São Paulo: Manole, 2012 (Prêmio Jabuti-categoria Direito).

Élisabeth Roudinesco é psicanalista, historiadora da psicanálise e Diretora de pesquisas na Université de Paris VII. Publicou cerca de vinte livros, entre os quais se destacam: *Histoire de la psychanalyse en France*, vol. 1 e 2 (Seuil, 1982 e 1986; reedição Fayard, 1994). *Jacques Lacan*: esquisse d'une vie, histoire d'un système de pensée (Fayard, 1993). *Sigmund Freud en son temps et dans le nôtre* (Seuil, 2014). Junto com René Major, organizou, em 1994, uma conferência de Derrida em Londres, a qual deu origem ao livro *Mal d'archive*: une impression freudienne (Galilée, 1995). Publicou igualmente um livro de diálogos com Derrida, *De quoi demain...* (Fayard/Galilée, 2001). Recebeu, em 1996, o prêmio do melhor livro da Sociedade Francesa de História da Medicina, por *Généalogies*, como também o Prêmio Décembre, e o Prêmio dos prêmios literários, ambos em 2014, pela biografia de Freud.

Fernanda Bernardo é professora de Filosofia na Faculdade de Letras da Universidade de Coimbra – trabalha privilegiadamente, como docente e investigadora, na área da Filosofia Contemporânea (Meta-Ética e Desconstrução) e é tradutora de Jacques Derrida, de Jean-Luc Nancy, de Maurice Blanchot e de Emmanuel Lévinas. É autora, nomeadamente, de *Lévinas Refém* (organização, Palimage); *Les equivoques de l'éthique / Os equívocos da ética* (F. António Almeida); "Une pensée pour un monde à venir. À l'écoute de Jean-Luc Nancy", entrevista com Jean-Luc Nancy (*Biblos*); "*Uma voz de aliança por vir. Derrida e a paixão do outro/animal*" (A *Kairos)* e "L'inconditionnalité d'un acte de foi dans l'avenir. L'hospitalité, les humanités et l'université à venir" (*Revista Filosófica de Coimbra*).

Ginette Michaud é professora do Departamento das literaturas de língua francesa da Universidade de Montreal. Membro do comitê internacional responsável pela edição dos seminários de Jacques Derrida, coeditou os dois volumes do seminário *La bête et le souverain* (Galilée, 2008 e 2010), bem como a coletânea dos escritos de Derrida sobre as artes, *Penser à ne pas voir* (La Différence, 2013; EdUFSC, 2012), e sobre a arquitetura, *Les arts de l'espace* (La Différence, 2015). Consagrou diversos estudos à obra do filósofo: *Tenir au secret (Derrida, Blanchot)* (Galilée, 2006); *Veilleuses:* autour de trois images de Jacques Derrida (Nota Bene, 2009; Mimesis, 2012); *Battements – du secret littéraire* et "*Comme en rêve...*". Lire Jacques Derrida et Hélène Cixous (Hermann, 2010); *Jacques Derrida*: L'art du contretemps (Nota bene, 2014); e *Derrida, Celan*:

Juste le poème, peut-être (Hermann, 2017). Igualmente, coeditou o *Cahier de L'Herne. Derrida* (L'Herne, 2004) e o volume coletivo *Appels de Jacques Derrida* (Hermann, 2014). Codirige a coleção "Humanités à venir" (Presses de l'Université de Montréal). Membro da Sociedade Real do Canadá, recebeu em 2017 o prêmio Adrien-Pouliot do ACFAS, pela cooperação científica com a França.

Jean-Paul Lefèvre realizou a graduação e a *maîtrise* em Literatura geral e comparada, na Sorbonne. Obteve a *agrégation* de Letras Modernas e iniciou uma pesquisa doutoral sobre as missões universitárias francesas no Brasil nos anos de 1930. Foi pesquisador associado na Maison des Sciences de l'Homme, em Paris. Em 1990, realizou uma missão cultural no Marrocos. Em seguida, ocupou os seguintes cargos no exterior: Adido para a cooperação educacional, na Embaixada da França em Brasília (1994-1999), Adido cultural no Consulado Geral do Rio de Janeiro (2002-2006) e depois na Embaixada de Lisboa (2006-2010), Diretor Geral da Aliança Francesa no Brasil (2013-2017). No Ministério das Relações Exteriores, em Paris, foi o Chefe do serviço da cooperação linguística (1999-2001), Encarregado de missão para os recursos humanos (2001-2002) e Subdiretor da Diversidade cultural e do Patrimônio Mundial (2010-2013). Atualmente, é o Diretor Geral da Aliança Francesa, em Madri.

Marcos Siscar é professor do Departamento de Teoria Literária da Unicamp, pesquisador do Conselho Nacional do Desenvolvimento Científico e Tecnológico (CNPq), tradutor e poeta. Doutorou-se pela Université de Paris 8 e defendeu Livre-docência na Unesp. Desenvolveu estudos de pós-doutorado sobre poesia francesa, com supervisão de Jacques Derrida, Michel Deguy e Jean-Michel Maulpoix. É autor de *Jacques Derrida. Rhétorique et Philosophie* (L'Harmattan, 1998), *Poesia e crise*: ensaios sobre a "crise da poesia" como topos da modernidade (Ed. Unicamp, 2010), *Jacques Derrida*: literatura, política, tradução (Autores Associados, 2013) e *De volta ao fim*: o "fim das vanguardas" como questão da poesia contemporânea (7Letras, 2016), entre outros.

Mónica Cragnolini é professora de *Metafísica*, Filosofia da Animalidade e Problemas especiais de metafísica, e diretora do Mestrado em Estudos Interdisciplinares da Subjetividade na Faculdade de Filosofia e Letras da Universidade da Universidade de Buenos Aires. É pesquisadora titular do

CONICET. Autora entre outros, de *Nietzsche*: camino y demora (EUDEBA, 1998), *Moradas nietzscheanas*: del sí mismo, del otro y del entre (Buenos Aires: La Cebra, 2006; México: UACM, 2008), *Derrida, un pensador del resto* (Buenos Aires: La Cebra, 2007 e 2017), *Extraños animales*: filosofía y animalidad en el pensar contemporáneo (Prometeo, 2016). Diretora de *Instantes y azares. Escrituras nietzscheanas*.

Nabil Araújo é doutor em Estudos Literários pela Universidade Federal de Minas Gerais (UFMG). Professor de Teoria da Literatura na graduação e na pós-graduação em Letras da Universidade do Estado do Rio de Janeiro (UERJ). Pesquisador bolsista do programa Jovem Cientista do Nosso Estado (JCNE) da FAPERJ. Coordenador da área de Estudos de Literatura do PPGL-UERJ. Foi Vice-Diretor, Coordenador de Graduação e Coordenador de Licenciaturas do Instituto de Letras da UERJ. Líder do grupo de pesquisa interinstitucional "Retorno à Poética: imagologia, referenciação, genericidade" (CNPq). Coordenador do conselho editorial da "Coleção Letras UERJ" (EdUERJ). É autor de *O evento comparatista: da morte da literatura comparada ao nascimento da crítica* (EdUEL, 2019) e de *Teoria da Literatura e História da Crítica: momentos decisivos* (EdUERJ, 2020). Organizou diversos volumes coletivos na área dos Estudos Literários. Pela sua tese de doutorado, recebeu o Prêmio UFMG de Teses, em 2014, e o Prêmio ANPOLL de Teses, em 2016. Seu projeto "Ensino de literatura e desenvolvimento da competência crítica: uma 'terceira via' didático-pedagógica" foi premiado pela Fundação Carlos Chagas como a melhor experiência educativa inovadora realizada por docente de Licenciatura em 2014. Por duas vezes, em 2015 e em 2019, foi contemplado com o Prêmio Docência Dedicada ao Ensino Anísio Teixeira, conferido pela Pró-Reitoria de Graduação da UERJ.

Alameda nas redes sociais:
Site: www.alamedaeditorial.com.br
Facebook.com/alamedaeditorial/
Twitter.com/editoraalameda
Instagram.com/editora_alameda/

Esta obra foi impressa em São Paulo na primavera de 2021. No texto foi utilizada a fonte Minion Pro em corpo 10,5 e entrelinha de 15,5 pontos.